国家と音楽家

中川右介

集英社文庫

国家と音楽家

私は《フィデリオ》を指揮する。
するべきことはそれだけだ。
もし彼らが何かしらの儀式をしたいのであれば、
前日か翌日にやればいい。
私は家で寝ているから。

エーリヒ・クライバー

私は藝術上の問題で誰にも口出しをさせない。
私は命令されるように生まれついていない。

ヘルベルト・フォン・カラヤン

はじめに

この本は、音楽史に刻まれている大音楽家たちが、二十世紀という戦争と革命の時代に国家とどう対峙（たいじ）したかを描く、歴史読み物である。

国家と音楽家——本来ならば対峙するものではない。だが、二十世紀という「戦争と革命の世紀」は多くの音楽家を国家と対峙せざるをえない局面に追い込んだ。

ある者は妥協した。ある者は屈服した。ある者は対立を避けて国外へ出た。闘い抜いた人もいるし、死の一歩手前にあった人もいれば、故国喪失者となった者もいる。

「音楽に国境はない」と言われるが、そんな能天気なことは平和な時代だから言える。少なくとも、音楽家には国境がある。

登場する国家は、ドイツ、イタリア、スペイン、フランス、ソ連、ポーランド、チェコ、アメリカ、そしてイスラエルの九カ国だ。独裁国家もあれば、自由と民主主義の国もあれば、社会主義国もある。

登場する政治家は大物としてはヒトラー、ムッソリーニ、フランコ、スターリン、ケネディ、ニクソンで、彼らと対峙する音楽家として、フルトヴェングラー、カラヤン、トスカニーニ、カザルス、コルトー、ミュンシュ、ショスタコーヴィチ、ムラヴィンスキー、ルービンシュタイン、クーベリック、ターリヒ、アンチェル、ノイマン、バーンスタインなどが登場する。

現代史や政治に詳しい方は、よく知っている人物や事件に、これほどまでに音楽家が関与していたのかと驚くかもしれない。その逆に、音楽について詳しい方は、音楽家たちがこれほどまでに政治に深く関わり翻弄されていたのかと驚くかもしれない。「音楽家から見た現代史」であり、「現代史の中の音楽家像」を描いたものだ。

記述にあたっては、いつ・どこで・だれが・なにを・したについては、当然のことながら、一切、創作はない。だが、学術書ではないのでひとつひとつの情報の出典は記さず、巻末に参考資料一覧を載せた。また文中で触れた演奏会で録音されているものは、註番号を付け、巻末に紹介した。

二十一世紀初頭――ナチス政権崩壊から七十五年が過ぎ、ソ連崩壊からも三十年以上が過ぎた。当時と現在とは政治状況も音楽と音楽家の在り方も違い過ぎる。したがって、事実のみを記し、それぞれの音楽家の言動への評価は読む方それぞれに委ねたい。

目次

第Ⅲ章　沈黙したチェロ奏者

第IV章 占領下の音楽家たち

第V章 大粛清をくぐり抜けた作曲家と指揮者

第Ⅶ章 プラハの春

第VIII章　アメリカ大統領が最も恐れた男

終章　禁じられた音楽

第I章

独裁者に愛された音楽

ヴィルヘルム・フルトヴェングラー

Adolf Hitler
Richard Wagner
Wilhelm Furtwängler
Herbert von Karajan

政治家が藝術（げいじゅつ）を愛好していると、好意的に受け取られる。料亭通いをすれば批判されるが、コンサートやオペラ、あるいは歌舞伎などに行くことへの批判は少ない。文化・藝術への予算を増やすと言えば、反対する声は出ないだろう。その逆に、文化・藝術への予算を削ると批判される。

史上最も藝術に理解があり、藝術を保護し支援した政治家は、おそらく、アドルフ・ヒトラーである。彼の政権ほど、クラシック音楽とオペラを優遇した政権はない。それゆえに音楽家たちは、戦後、ナチス協力者として批判された。はたして、音楽家たちに罪はあったのかなかったのか。

この音楽好きの独裁者と、世界的名声を得ていた音楽家たちは、どのような関係にあったのか。

ヒトラー政権

アドルフ・ヒトラー（一八八九〜一九四五）がドイツの首相に就任したのは一九三三年一月三十日だった。新首相はその二日後に議会を解散した。

この時代のドイツは、一九一八年の革命で帝政が倒れた後にワイマールで一九一九年に制定された憲法による共和政だった。「ワイマール共和国」とも呼ばれるがこれは通称で、正式には単に「ドイツ国（Deutsches Reich）」である。直接選挙によって選ばれた大統領が、国家元首となり、首相任命権を持っていた。議会には首相を指名する権限はないが、不信任する権限があったので、大統領としては議会の支持が得られる者を首相にしないと政権が不安定になる。権力は分散していたが、それゆえに政権が不安定になる体制だった。

ドイツは前年の一九三二年春の大統領選挙から、選挙を繰り返していた。五人が立候補した大統領選挙では現職のパウル・フォン・ヒンデンブルク（一八四七〜一九三四）が獲得票数で第一位となったが過半数が得られず、第二位のヒトラーと三位となった共産党のエルンスト・テールマン（一八八六〜一九四四）の三人による第二回投票となり、ヒンデンブルクがようやく再選された。ヒンデンブルクが取ったのは約一九三六万票、二位のヒトラーは約一三四二万票と、いい勝負だった。ヒトラーの発言力は大きくなり入閣を要請されたが、首相以外は嫌だと言って断った。首相には無名に近いフランツ・フォン・パーペン（一八七九〜一九六九）という軍人出身の政治家が就いた。

パーペン内閣は政権の安定化を狙って議会を解散し、七月に選挙が行なわれると、ナチス（国民社会主義ドイツ労働者党）が第一党となった。ヒトラーは副首相のポストを打診されたがまたも断り、共産党が出した内閣不信任案にナチスが同調すると、内閣は議会を解散し、またも総選挙となった。十一月の総選挙ではナチスは第一党の座こそ維持したものの議席数は減らし、共産党が躍進した。危機感を抱いたパーペンはまたもヒトラーに副首相での入閣を要請したが、ヒトラーはまたも拒否し、政権は不安定なまま年を越した。そして、さまざまな駆け引きがあり、一月三十日にヒンデンブルク大統領はヒトラーに組閣を命じ、ここにヒトラー政権が樹立されたのだ。

ヒトラーはそれまで一度も内閣に入ったことがない。行政経験のないまま首相になったのである。そして政権を獲得すると、権力基盤を確固たるものにしようと、すぐに議会を解散したのだ。前年十一月の選挙でナチスは第一党ではあったが過半数は得ていなかったからだ。

投票日は三月五日だったが、その一週間前の二月二十七日深夜、国会議事堂が何者かによって放火され炎上した。ヒトラーとヘルマン・ゲーリング（一八九三〜一九四六）はこの事件は共産主義者が犯人だと断定し、翌二十八日に憲法の基本的人権条項の停止を大統領に求めた。

選挙ではナチスは議席数の四十五パーセントしか獲得できなかったが、共産党や社会民主党の議員たちを次々と逮捕し、これらの議員を「出席したが投票しなかった者」と数えるように議会の規則を改正した。これによって、三月二十四日には全権委任法を可決させ、議会と大統領の権力の形骸化に成功した。すでに三月九日の時点で強制収容所の設置も告知されている。ヒトラーと大統領選挙で争った共産党のテールマンは一九四四年に収容所で殺害される。

独裁政権の誕生である。しかしこの政権は、ドイツ音楽にとっては優しく気前のいい庇護者(ひごしゃ)だった。

三月二十一日、ポツダムにある守備隊教会内のフリードリヒ大王の棺(ひつぎ)の前で、新国会の開会式が、社会民主党と共産党の議員以外が出席して、開かれた。この三月二十一日は一八七一年にビスマルクがドイツを統合後、最初に議会を開いた記念日でもあった。式典ではヒンデンブルク大統領とヒトラー首相が握手をした。ドイツの権力が旧(ふる)い世代から新世代へと明け渡された象徴だった。

この夜、ベルリンのプロイセン州立歌劇場ではリヒャルト・ワーグナーの《ニュルンベルクのマイスタージンガー》が上演され、中央桟敷にはヒトラーとその側近が陣取っていた。指揮をしたのは、ヴィルヘルム・フルトヴェングラー（一八八六〜一九五四）である。

オペラはフルトヴェングラーが指揮したが、その日の新国会の開会式から夜のオペラ鑑賞までのすべてを演出したのは、ヒトラー政権で藝術・文化行政を担当したヨーゼフ・ゲッベルス（一八九七〜一九四五）だった。

ヒトラー政権は新たに「国民啓蒙(けいもう)・宣伝省」を設置し、ゲッベルスが大臣となった。この宣伝省の下に、全国文化院が置かれ、その一部門として全国音楽院が設置された。他に、美術院、劇場院、文学院、新聞雑誌院、放送院などがあった。

音楽院総裁となったのは後期ロマン派を代表する作曲家で指揮者でもあるリヒャルト・

シュトラウス（一八六四～一九四九）、副総裁にはフルトヴェングラーが就いた。いずれも名誉職的なもので、実務を担っていたわけではない。後にシュトラウスは罷免され、フルトヴェングラーは辞任する。しかし、彼らが優遇されたことには変わりない。

ドイツを去った音楽家たち

ナチスはドイツ音楽には優しい政権だったが、ドイツで活躍するユダヤ系の音楽家には過酷だった。政権は公職からのユダヤ人追放を決め、それは世界的音楽家とて例外ではなかった。

ドレスデンのザクセン州立歌劇場音楽総監督フリッツ・ブッシュ（一八九〇～一九五一）はユダヤ系ではなかったが、弟で世界的ヴァイオリニストであるアドルフ・ブッシュ（一八九一～一九五二）がナチスへの嫌悪感を表明し、またアドルフの妻がユダヤ系だったことなどから、ナチスにとって好ましくない人物だった。

三月七日、ドレスデンでブッシュが指揮する予定のオペラが中止になった。ブッシュはやがてドレスデンを離任し、ドイツも離れる。ドレスデンの後任にはナチス政権を礼賛していたカール・ベーム（一八九四～一九八一）が就任した。

ベームはゲッベルスのよき相談相手となる。

三月十六日、ライプツィヒのゲヴァントハウス管弦楽団はブルーノ・ワルター（一八七六〜一九六二）の指揮で演奏会を予定していたが、政府から中止命令が出た。ワルターはユダヤ系だったのだ。

ユダヤ系ではあるが、ワルターは当代随一の指揮者であり、そのレパートリーはドイツ音楽が中心だった。しかし、ナチス政権は容赦しない。ワルターは二十日にはベルリンでフィルハーモニーの演奏会を指揮する予定だったが、楽団はゲッベルスから「ワルターが指揮すると不快な示威行動が予想されるのでキャンセルするように」と警告された。その「不快な示威行動」をするのはナチスなのだから、キャンセルしなければ妨害するぞと脅迫しているに等しい。ワルターは降板し、リヒャルト・シュトラウスが代役として指揮をした。

ワルターはドイツを去り、当時はまだナチス支配下にはなかったオーストリアへ向かった。

ナチス政権は四月七日に「職業官吏再建法」を制定した。「非アーリア人種」や「政治的に信用のできない者」を公務員から追放するという法律だ。音楽家の多くは州立や市立の歌劇場に雇用されている公務員だったので、ユダヤ系音楽家は解雇されることになった。それだけならまだいい。逮捕されるかもしれなかった。

その前後からユダヤ系の音楽家たちはドイツを去っていく。

四月四日、ベルリン州立歌劇場の指揮者、オットー・クレンペラー（一八八五～一九七三）はユダヤ系だったため、歌劇場を解雇される前に自ら辞め、ドイツを出てスイスへ向かった。

クレンペラーは五日にスイスへの国境を越えた。その時の心境を「かつて紅海を無事に渡り終えたユダヤ人のような気分だった」と後に語っている。

ヒトラー政権誕生時のベルリン州立歌劇場音楽監督のひとりがエーリヒ・クライバー（一八九〇～一九五六）だった。ウィーンで生まれ、プラハで学んだこの指揮者は、このドイツの首都の歌劇場で一九二三年、三十三歳の年から指揮者として活躍していた。古典的レパートリーだけでなく、アルバン・ベルク（一八八五～一九三五）の新作《ヴォツェック》の上演など、画期的な仕事を多くしていた。

クライバーはユダヤ人ではなかった。それなのに彼はナチス政権が誕生して二年目が終わろうとする一九三四年十二月に、音楽監督を辞任した。契約が残っていたので、翌一九三五年一月までは指揮をしたが、ドイツを去った。

辞任の理由は、ナチス政権が上演作品について口を出してきたからだった。自分が何を演奏するかは自分で決める――それがクライバーの仕事の流儀だった。それが認められない所にはいたくない、だから、辞める、という単純なもので、彼はその後も同じ理由でいくつかのポストを手放す。

クライバー辞任にプロイセン州首相ゲーリングは狼狽し、「どんな条件でも呑む、いくらでも払う」と言って慰留した。しかしクライバーは断った。それでもしつこく迫るので、「メンデルスゾーンを演奏してもいいのですか」と言うと、ようやくゲーリングは諦めた。メンデルスゾーンはユダヤ人で、彼の音楽はドイツでは演奏できなくなっていたのだ。

このようにさまざまな理由で、多くの音楽家たちがドイツを出て行った。ブッシュ、ワルター、クレンペラー、クライバーらは著名だったので、亡命しても仕事があり、最も恵まれていた部類に入る。収容所に送られ殺された音楽家もいれば、失業した者もいる。ユダヤ人であれば、確実に悲劇が待っていた。

そういうなか、ドイツに留まり、ドイツで暮らすドイツ人のために音楽を奏で続けた人びともいた。ナチス音楽の伝統を守り、ドイツが合法的に成立した政権である以上、彼らの選択は決して責められるものではないはずだ。少なくとも、彼らはそう思っていた。

フルトヴェングラーの抵抗

ヒトラー政権二年目の一九三四年八月二日、ヒンデンブルク大統領が亡くなった。八十七歳になる二カ月前での死だった。

ヒトラーはこの日が来るのがそう遠くないことを予期していたので、大統領が亡くなる前日の八月一日に「ドイツ国家元首法」を制定し、ヒンデンブルクの死後は、ドイツ国大統領職はドイツ国首相と統合されると決めていた。この法律は、単に首相職と大統領職を統合するだけでなく、大統領の権限をアドルフ・ヒトラー個人に委譲するという内容でもあり、八月十九日に国民投票にかけられ、八十九・九パーセントの賛成を得た。

かくして、ワイマール共和政は実質的に終焉を迎えた。新しい国家元首の呼称としては、ヒンデンブルクに敬意を表して「大統領」ではなく「指導者（Führer）」となった。これを日本では「総統」と訳している。また、ヒトラー政権時代を「ドイツ第三帝国」と呼ぶが、これも通称であり、正式な国名変更の手続きは取られていない。

ともあれ、ドイツはヒトラー総統が支配する独裁体制となった。

一九三四年秋、ベルリン州立歌劇場のエーリヒ・クライバーと同じように、ベルリン・フィルハーモニー首席指揮者ヴィルヘルム・フルトヴェングラーも、ナチス政権が公演内容に介入したことに抗議し、政権と緊張関係にあった。

ヴィルヘルム・フルトヴェングラー——二十世紀の演奏史に燦然と輝く大指揮者である。改めて紹介しよう。フルトヴェングラーは一八八六年にベルリンで考古学の大学教授の子として生まれた。七歳で作曲を始め、個人教授のもとで音楽を学び、作曲家を目指していたが、一九〇五年にブレスラウ市立劇場のコレペティトゥア（練習指揮者）となり、〇六年にはカイム管弦楽団（現在のミュンヘン・フィルハーモニー管弦楽団）を指揮し、さらにチユーリヒ市立劇場の第三楽長に就任するなど、指揮の仕事も始めた。ところが二十一歳になる〇七年に父が急死し、一家の生計を立てるために、作曲を棚上げし、専業の指揮者になった。

フルトヴェングラーはドイツ各地の歌劇場で指揮者として働き、一九一五年にマンハイムの国民・宮廷劇場の楽長となり、二〇年にフランクフルト博物館管弦楽団音楽監督に就いた。その後、二二年にワルターに決まりかけていたベルリン・フィルハーモニー首席指揮者のポストを権謀術数を駆使して奪い取ったのを皮切りに、ウィーン・フィルハーモニーの首席指揮者（この楽団は一九三三年以後は首席指揮者というポストを置いていない）となり、ウィーン国立歌劇場とも密接な関係を持ち、さらに、ヒトラー政権誕生直前に、ベルリンの州立歌劇場の音楽監督のひとりにも決まっており（就任は一九三四年一月）、ドイツ音楽界最高の地位にあった。

一九三四年十一月、フルトヴェングラーはナチスが演奏会のプログラムに介入し、さらにナチス系の新聞がフルトヴェングラー批判を繰り返したことに抗議し、ベルリンのフィルハーモニー首席指揮者、州立歌劇場音楽監督の二つの職を辞任し、さらに全国音楽院副総裁と枢密院顧問官などすべての公職を辞任すると表明した。ところが三五年になると、フィルハーモニーから、看板指揮者がいなくなると客が入らず困るので復帰してくれと懇願されていたこともあり、ゲッベルスの懐柔策の前に屈服した。

話し合いの結果、フルトヴェングラーは公職には就かないが、フリーランスの立場で今後もフィルハーモニーを指揮することなどが決まった。しかし、フルトヴェングラーが最も嫌っていた枢密院顧問官については「役職ではなく称号なので辞任できない」とゲッベルスに突っぱねられてしまった。結局、彼はナチス政権崩壊の時まで、つまり、この枢密院顧問官というポストが存続する限りは、この役職だか称号だかにあった。実質的には何の仕事もないが、外国からみれば、フルトヴェングラーはナチス政権の枢密院顧問官であり続けたのだ。戦後の非ナチ化審理においても、この肩書が問題とされる。

彼の内面は窺い知れないが、ともかく、フルトヴェングラーにはドイツを去る決断ができなかった。そこがエーリヒ・クライバーとの違いだった。フルトヴェングラーが亡命できなかったのは妻の他に何人もの愛人とその子供たちがいたからでもあった。抜群に女性にもてたこの指揮者には、認知しただけで十三人の婚外子がいたのだ。何組もの母と子を連れて亡命するのは困難だった。

ゲッベルスとの協議が終わると、フルトヴェングラーはヒトラーとの直談判を求めた。

ヒトラーにとって、フルトヴェングラーは最も尊敬すべき音楽家であった。ヒトラーが愛するワーグナーやベートーヴェンといったドイツ音楽を、フルトヴェングラーほど素晴らしく演奏できる指揮者はいない。ヒトラーにとってフルトヴェングラーは、いまの日本でいう「人間国宝」、重要無形文化財のような存在だ。

一九三五年四月十日、ゲーリングと女優エミー・ゾンネマン（一八九四～一九七三）の結婚式の合間に、フルトヴェングラーとヒトラーの面談が実現した。フルトヴェングラーはドイツに留まる条件として、自分が政権とは関係がないことを公表するように求めたが、ヒトラーはそれはできないと撥ねつけた。面談後、フルトヴェングラーが今後もドイツで指揮をすることだけが公表された。

四月二十五日、フルトヴェングラーはベルリン・フィルハーモニーに復帰し、歓呼の声で聴衆に迎えられた。このコンサートがあまりにも好評だったので、八日後の五月三日にも同じプログラムで演奏されることになった。二十五日と大きく異なったのは、客席最前列に、ヒトラーと、ゲッベルス、ゲーリング他のナチス政権の幹部が並んでいたことだ。

ヒトラー政権は広報・宣伝を重要視した政権だった。国民啓蒙・宣伝相であるゲッベルスはプロパガンダの天才である。演奏会場には当然のようにカメラマンが配置され、演奏が終わり、客席に挨拶するフルトヴェングラーと、客席最前列に陣取るヒトラー以下の幹部たちが同じフレームに収まる写真が撮られたことは言うまでもない。

この時、フルトヴェングラーはささやかな抵抗として、ナチス式敬礼だけはすまいと決めていた。それは右手を斜め上に向けるものだった。これをしないために、フルトヴェングラーは指揮棒をずっと持っていた。指揮棒を持っていたのでは敬礼はできないからだ。この抵抗に、ヒトラーやゲッベルスが気づいたのかどうかは、定かでない。

半年後の十月、フルトヴェングラーとベルリン・フィルハーモニーがベートーヴェンの交響曲第九番（以下、「第九」）を演奏する慈善演奏会が開かれた。これに、何の予告もなく、ヒトラーがやってきた。もちろん、カメラマンも待機している。演奏が終わると、客席にいたヒトラーは立ち上がり、ステージに近寄り、右手を差し出した。総統の握手を拒む勇気はフルトヴェングラーにはない。「総統と握手するフルトヴェングラー」の姿は全世界へ配信された。

フルトヴェングラーは当人の意思にかかわらず、「ナチスの広告塔」となった。

そして、ベルリン・フィルハーモニーは、政権から財政的な援助と「帝国オーケストラ」という称号を得るのと引き換えに、国家的行事での演奏を求められるようになっていく。

ヒトラーの誕生日をめぐる駆け引き

四月二十日はヒトラーの誕生日である。ナチスが政権を獲得した一九三三年から、この日を祝うことが、ドイツの公立学校での公式行事となった。権力者が、教育現場から「強制」を始めるのは、どの国でも同じようだ。

政権二年目の三四年四月、ヒトラーはナチス発祥の地であるバイエルンを旅して、自らの誕生日を祝った。

三五年の誕生日のヒトラーの詳細な動きは分からないが、四月十日にゲーリングの結婚式とフルトヴェングラーとの面談があり、その後、中旬にミュンヘンの自宅へ帰っている。

コンサート終了後、ヒトラーのナチ式敬礼に応じず、
握手しようと右手を差し出すフルトヴェングラー（1935 年）

そこでは、英国のファシスト指導者のオズワルド・モーズリー（一八九六〜一九八〇）を招いての会食があり、ワーグナー家のヴィニフレート・ワーグナーも参加している。彼女については後に記す。

一九三七年四月十八日と十九日、フルトヴェングラーはベルリンで、フィルハーモニーを指揮して「第九」を演奏した。これは別にヒトラーの誕生日を祝うための演奏会ではなかった。だがゲッベルスはこれを利用した。新聞に「昨日のベートーヴェンの第九は、総統の誕生日にあたり、その力強さと闘争、征服と、幸運な勝利を象徴的に認めたものにほかならない」と書かせたのだ。

フルトヴェングラーは困惑した。彼としてはヒトラーの誕生日を祝うつもりなどなかったからだ。そして、以後、四月二十日前後にはベルリン以外の都市での仕事を入れることにした。彼なりに警戒心を抱いていた。その逆に、ゲッベルスは味をしめた。偶然に実現したベルリン・フィルハーモニーのヒトラー誕生日祝賀演奏会は、以後、恒例となっていく。

公式には誕生日祝賀演奏会とは銘打たれてはいなかったが、新聞などは、これを祝賀演奏会と書き立てたのだ。

一九三八年は四月十日にオーストリア併合の是非を問う国民投票が行なわれ、圧倒的な賛成を得た。

ドイツを出てオーストリアのウィーンで活躍していたブルーノ・ワルターの運命はまたも暗転する。ウィーンにもナチスはいたので、ワルターが指揮したウィーン国立歌劇場でのワーグナーの《トリスタンとイゾルデ》公演中、悪臭ガス弾が投げ込まれる事件もあったが、この時、ワルターは少しも動ぜず、「最後まで指揮!」と言って、演奏を続けた。

オーストリア併合直前の一九三八年一月十六日のウィーン・フィルハーモニーの演奏会で、ワルターはマーラーの交響曲第九番を指揮した。[*1] これは録音もされこの曲の名演のひとつとなっている。

三月の併合時、ワルターはアムステルダムに客演中だった。娘がナチスに逮捕されるなどの悲劇もあったが、ワルターと妻は亡命し、まずスイスのルガーノに落ち着いた。パリ藝術院の斡旋(あっせん)でフランスの市民権を得たが、パリに落ち着く暇もなく、ヨーロッパ各地をまわっていた。しかし、一九三九年九月に第二次世界大戦が始まると、アメリカへ渡った。ドイツは偉大な指揮者をひとり失い、アメリカは偉大な指揮者をひとり得たのである。

ドイツとオーストリアがひとつの国家となったことを深刻に受け止めていたのが、ウィーン・フィルハーモニーだった。ドイツ一のオーケストラの地位はベルリン・フィルハーモニーが占めていた。ウィーン・フィルハーモニーはオーストリア一のオーケストラである。だが、この併合によって、ウィーン・フィルハーモニーの地位はどうなってしまうのか。ベルリン・フィルハーモニーはドイツ音楽界で特別の地位を得ていた。ウィーン・フィルハーモニーも同等の地位が欲しい。彼らは、フルトヴェングラーを頼った。

フルトヴェングラーはウィーンの音楽家たちのためにヒトラー政権の機嫌を取らなければならなくなった。ヒトラーの誕生日の四月二十日、ウィーンへ行ったフルトヴェングラーは国立歌劇場で、ワーグナー作品のなかでヒトラーが最も好きな《ニュルンベルクのマイスタージンガー》を指揮した（ウィーン・フィルハーモニーはこの国立歌劇場管弦楽団のメンバーによって結成されている）。

そしてフルトヴェングラーは、二十二日と二十三日にはウィーン・フィルハーモニーを連れてベルリンへ行き、ヒトラー臨席のもと、シューベルトやブルックナーを指揮した。

そのおかげもあって、ウィーン・フィルハーモニーは解散を免れた。だが、一九四五年には、メンバーの四割がナチスの党員となっていた。

一九三九年の誕生日でヒトラーは五十歳になった。この年の九月に第二次世界大戦は始まる。四月の誕生日には陸海空三軍による四時間に及ぶ軍事パレードが行なわれた。

ベルリン・フィルハーモニーの楽団員は徴兵を免除され、特別扱いが続いた。

戦時下となった一九四〇年は、とくに誕生日の行事は記録されていない。三軍は戦争をしていたので、パレードなどしている場合ではなかったのだ。独裁者の誕生日に軍のパレードが行なわれるのは、平和な証拠なのである。

一九四〇年の誕生日前後の出来事としては、四月十八日にポーランドのアウシュヴィッツに強制収容所を建設する決定がなされた。

一九四一年のヒトラー誕生日の演奏会が近づくと、ゲッベルスは今年こそはフルトヴェングラーが指揮するようにと、強く求めた。しかし、フルトヴェングラーは幸いにも――というべきであろう――三月にスキーをしていて転倒し、怪我(けが)をして休んでいた。復帰は十月である。

一年後、一九四二年になると戦況は悪化していた。ゲッベルスは焦っていた。そして、国民統合の象徴として、今年こそはフルトヴェングラーに総統誕生日祝賀演奏会を指揮させようと決意した。一方、フルトヴェングラーはこの年も四月後半はベルリンを避けるようにスケジュールを組んでいた。この四二年はウィーンでベートーヴェンの第九を演奏する予定だったのだ。しかし、ゲッベルスは強硬だった。ウィーン市に圧力をかけ、ついにフルトヴェングラーはベルリンで指揮をしなければならなくなった。曲はベートーヴェンの第九である。

誕生日前日の四月十九日の祝賀演奏会[*2]には、ナチス政権の高官たちが出席したものの、ヒトラーは総統官邸の地下壕(ちかごう)にこもっていたため臨席しなかった。

この日の演奏はドイツ全土に放送されたので、録音が遺(のこ)り、一部だが映画にも撮られた。フルトヴェングラーとしては気乗りのしない演奏のはずなのに、鬼気迫る、とんでもない熱演になってしまった。これが、音楽の不思議さだ。

ゲッベルスは日記にこう書いている。

〈祝賀はバッハのニ長調組曲のアリアで始まった。私のスピーチは、もっぱら映画『大王』に関したもので、そこから総統の人柄を結論づけたのだが、評判がよかった。それからフルトヴェングラーがベルリン・フィルハーモニー、キッテル合唱団、選ばれたソリストたちとベートーヴェンの交響曲第九番を演奏した。完璧な演奏で、圧倒的な印象を残した。〉

一九四二年のヒトラー誕生日演奏会を厭々(いやいや)ながら指揮してしまったフルトヴェングラーは、翌年は巧妙な計画を立てた。

彼はドイツが占領していたフランスと、フランコ将軍が独裁政権を樹立したスペインでの演奏をそれまで拒み続けていたが、一九四三年は、この二国への演奏旅行を三月から四月にかけて行なうことを受諾したのだ。ゲッベルスは、「ようやくフルトヴェングラーも愛国心に目覚めたか」と喜んだ。

ところが、直前になって、フルトヴェングラーは指揮者の職業病ともいえる頸椎(けいつい)の炎症を訴え、医師の診断書を提出して、キャンセルした。

やがてヒトラーの誕生日が近づいてきた。ゲッベルスは静養と称してウィーンにいるフルトヴェングラーに電話をかけた。どうせ仮病であろうと思っていたので、「飛行機の手配をするから、すぐにベルリンへ戻り、誕生日記念演奏会の指揮をするように」と迫った。

フルトヴェングラーは答えた。

「総統の誕生日のためでしたら、私はどんな痛みにでも堪えましょう。しかし、この私が元気にベルリンで指揮をしたら、つい先日キャンセルしたスペインの人びとは、気分を悪くするのではないでしょうか」

ゲッベルスの負けだった。この時点でのスペインは、ドイツにとって数少ない友好的な国だった。この指揮者のせいでフランコ将軍の機嫌が悪くなるのは得策ではない。ゲッベルスはフルトヴェングラーに指揮をさせるのを断念した。

代役として白羽の矢が立ったのが、ハンス・クナッパーツブッシュ（一八八八～一九六五）だった。一八八八年生まれなので、フルトヴェングラーの二歳下になる。長身で金髪碧眼で、ナチスが理想とする外貌を持つ男だ。過激な国粋主義者で、ナチスが政権を取る前からその思想に共鳴していた。

クナッパーツブッシュは一九二二年に三十四歳でミュンヘンのバイエルン州立歌劇場の音楽監督になるなど、出世コースを歩んでいた。ミュンヘンはナチス発祥の地でもある。入党はしなかったようだが、クナッパーツブッシュはナチスから同志とみなされた。そのナチスが政権を取ったのだから、彼は前途洋々のはずだった。

ところが、クナッパーツブッシュは一九三六年一月一日をもって、バイエルン州立歌劇場を解任されてしまう。

失脚の理由は戦後になってこう伝えられた。「クナッパーツブッシュは極右思想だったが、一方で規律が嫌いで皮肉屋でもあり、客演先で、うっかりヒトラーをからかう発言をして、それがヒトラーの耳に入ったからだ」。

これが拡大解釈されて、「クナッパーツブッシュは反ヒトラーの言動をしたために干された」となり、あたかも彼が反ナチスの闘士だったかのように書く文献もあるほどだ。

しかし、実情は違った。ヒトラーの逆鱗（げきりん）に触れたのは事実だが、それは、クナッパーツブッシュの音楽があまりにもひどかったからだ。当時の演奏の録音が遺っていないので、クナッパーツブッシュのどこがどう悪いのかの検証はできないが、とにかく、ヒトラーはその音楽を嫌ったのだ。失脚の理由は政治的発言ではなく、藝術上の失点だった。

そんなクナッパーツブッシュだったが、代役とはいえ、栄（は）えある総統誕生日に指揮できた。ヒトラーの愛人エーファ・ブラウン（一九一二～四五）が、その外見に惹（ひ）かれ、彼を起用するよう言ったからだった。

こうしてクナッパーツブッシュは、四三年と最後の誕生日祝賀演奏会となる四四年も、ベルリン・フィルハーモニーを指揮した。

これだけ、ヒトラー政権に擦り寄りながらも、彼は戦後、「自分は反ナチスだった」と言い張るのである。

一九四四年のヒトラー誕生日祝賀演奏会はベルリンだけでなく、ウィーンでも行なわれた。ウィーン・フィルハーモニーを指揮したのは、前年からウィーン国立歌劇場音楽総監督という念願のポストに就いたカール・ベームだった。

クナッパーツブッシュやベームは、ナチスの党員ではなかったが、ナチス政権に忠実に尽くした。それなのに彼らが日本でそれほど批判されることなく、名声を得ていたのは、他にもっと「悪い奴」がいたからだった。

「ナチス音楽家」としての批判を一身に浴びる指揮者、それがヘルベルト・フォン・カラヤン（一九〇八〜八九）である。実際に、党員だったのだから、言い訳はできない。しかし、本当にカラヤンが「一番悪い奴」だったのであろうか。

ナチスとカラヤン

ヘルベルト・フォン・カラヤンは、フルトヴェングラーやクナッパーツブッシュよりも二十歳以上若く、ナチス政権が始まった一九三三年は、二十五歳だった。フルトヴェングラーやベームたちはすでにドイツの大都市の歌劇場やオーケストラで音楽総監督のポストを得ていたが、カラヤンはこれからだった。

戦後、「ヨーロッパ楽壇の帝王」と称され、絶大な人気を得て、日本においては「クラシック音楽の代名詞」でもあったカラヤンは、一九〇八年にモーツァルトの生地であるオーストリアのザルツブルクに生まれた。ウィーンで学んだ後、ドイツのウルムという地方都市の劇場の指揮者となったが、そこはオーケストラに二十六名しかいない、小さな歌劇場だった。

ヒトラーが首相に就任した一九三三年一月の時点では、カラヤンはまだウルムにいた。

だが、若く意欲的な指揮者と、地方で埋もれていくことに何の疑問も抱かない楽団員たちとは、やがて決裂した。「あいつは若いのに生意気だ」というわけだ。かくして、カラヤンは一九三四年春にウルムの指揮者の仕事を解任されてしまう。「君は、ウルムにはもったいない」という理由だったが、だからといって、カラヤンにふさわしい大都市でのポストをウルム市が斡旋してくれるわけでもなかった。

一九三四年四月、失業したカラヤンはベルリンへ出て、職探しをした。ようやく六月にアーヘンという歴史のある都市の歌劇場に職を得て、一年間の試用期間の後、三五年に正式に楽長となり、四月にはアーヘン市の音楽総監督というポストも得た。ドイツでは各都市にこういうポストがあるのだが、二十七歳での音楽総監督は史上最年少だった。

この音楽総監督の話が市当局からもたらされた時、「総監督になるにはナチスに入党したほうがいい」とカラヤンは言われた。それが、ナチスへの入党理由だったと、カラヤンは主張している。つまり、ナチスの思想に共鳴したわけでもなければ、ヒトラーを崇拝しているわけでもなく、単に自分の出世のために入党した、という。

ところが、研究者がナチスの党員名簿を調べたところ、どうもそうではないらしい。カラヤンが一九三三年四月八日に、故郷のザルツブルクでオーストリア・ナチスに入党していた記録が発見されたのだ。

当時のオーストリアはまだドイツには併合されておらず、隣国で政権を取ったナチスに警戒心を抱いたオーストリア政府はナチスの活動を禁止した。せっかく入党したのに、こ

ヘルベルト・フォン・カラヤン

のままでは党員資格を失うと考えたのか、カラヤンは三五年五月一日に当時の職場であるウルムで改めて入党した。

この時期、破竹の勢いのナチスには入党希望者が殺到しており、政権獲得前の党員数は八十五万人だったのに、それ以降の三カ月で百五十万人以上が新たに入党した。カラヤンもそのひとりだ。あまりに入党希望者が多いので、カラヤンが手続きした五月一日をもって、以後二年間、新規入党はできなくなるほどだった。

いずれにしろカラヤンが入党したのは、ナチスが政権を獲得した後である。彼がナチスの思想に共鳴していたわけではなく、単に勝ち馬に乗っただけというのは——「いい」「悪い」は別にして——確かだ。

それでも、「カラヤンはヒトラーを尊敬していたのではないか」と思う人もいるだろう。これについては、カラヤンの兄が、「あいつは、自分が世界で一番偉いと思っている。ヒトラーなんか尊敬していたはずがない」と、弟を庇(かば)っているのか、より批難しているのか分からない証言をしている。

では、フルトヴェングラーら他の指揮者は入党していないのに、なぜカラヤンだけが入党したのか。これは他の音楽家たちの年齢をみれば分かる。ヒトラー政権が始まる一九三三年、ワルター(一八七六年生)は五十七歳、フルトヴェングラー(一八八六年生)は四十七歳、クナッパーツブッシュ(一八八八年生)は四十五歳、フリッツ・ブッシュ(一八九〇年生)とクライバー(一八九〇年生)は四十三歳、アドルフ・ブッシュ(一八九一年生)は四十二歳、ベーム（一八九四年生）は三十九歳である。彼らはすでにキャリアを積んで出世し、著名人となっていた。彼らは、出世のために自分からナチスに入る必要などなかったのである。だがカラヤンは、そうはいかなかった。もっとも、カラヤンと同世代の指揮者たちも入党していないので、やはりカラヤンは特別だったともいえる。

ともあれ、カラヤンは出世のためにナチスの党員となり、その目的は達せられた。

カラヤンのアーヘンでの活躍は、やがてベルリンの音楽関係者の耳にも入り、一九三八年四月十一日、三十歳の誕生日の三日後に、カラヤンはベルリン・フィルハーモニーにデビューした。

そして四月二十日のヒトラー誕生日、カラヤンはアーヘンで、ベートーヴェンの《フィデリオ》を指揮して祝った。

カラヤンは前途有望な青年指揮者として注目されていた。

ヒトラーが政権の座にある間、音楽家たちは、その寵愛（ちょうあい）を得ようと競った。しかし、ヒトラーが自殺し、ドイツが戦争に負け、連合国による非ナチ化が始まると、音楽家たちは競って、「自分がいかにナチス時代には虐げられていたか」を語るようになる。

カラヤンもそのひとりだった。

一九三八年のベルリンへの客演が成功すると、カラヤンはアーヘンのポストは維持したまま、ベルリン州立歌劇場にも頻繁に客演するようになっていった。

　こうしたカラヤンの出世にはヒトラー政権内部での派閥争いも絡んでいた。ドイツ音楽界全体は国民啓蒙・宣伝省の下にある全国音楽院が管轄しており、その最高権力者はゲッベルスである。ベルリン・フィルハーモニーは当然、その支配下にあった。だが、プロイセン州直轄のベルリン州立歌劇場については、同州首相の肩書も持つゲーリングの支配下にあったのだ。

　ゲッベルスとゲーリングは政権内でライバル関係にある。ゲッベルスはフルトヴェングラーを擁していた。そこでゲーリングとしては、自分の手駒が欲しい。だが、エーリヒ・クライバーは州立歌劇場から出て行ってしまった。そこで、自分の言いなりになりそうな若い指揮者として、ゲーリングはカラヤンを重用したのだ。

　カラヤンがどこまで自分の置かれている状況を理解していたのかは定かではない。

　一九三九年のヒトラー誕生日の四月二十日、カラヤンは「シュターツカペレマイスター（国家指揮者）」の称号を得た。その将来は明るく、向かうところ敵なしといった感じだった。三十一歳のカラヤンは得意の絶頂にあったのである。

　そしてついにカラヤンに、総統ヒトラーの御前演奏の機会がやってきた。

　一九三九年六月二日、ベルリン州立歌劇場で、ヒトラーが最も好きなワーグナーの《ニュルンベルクのマイスタージンガー》を指揮することになったのだ。しかもこの日は、ドイツ訪問中のユーゴスラヴィアの王子をヒトラーが接待することにもなっていた。歌劇場にはヒトラー以下、ゲッベルス、ゲーリングといった政権の幹部たちも並んだ。

ところが、この栄えある公演で、カラヤンは失敗した。

厳密には、失敗したのは主役のハンス・ザックスを演じていた、ヒトラーのお気に入りの歌手、ルドルフ・ボッケルマン（一八九二～一九五八）だった。この歌手はヒトラーが観ているという緊張を紛らわせようとしたのか、開演前から酒を呑み、泥酔した状態で舞台に出て、歌い出すタイミングを間違ってしまったのだ。

《マイスタージンガー》は、ヒトラーが大好きな作品だった。だからヒトラーは、すぐに間違いに気づいた。

公演中に出演者あるいはオーケストラの誰かが間違えることはよくある。その場合、いかに被害を最小限に留めるか——つまり、いかに短い時間で音楽を元に戻せるかが指揮者の腕の見せ所である。音楽を止めるわけにはいかないし、声を出して指示することもできない。カラヤンはこれに失敗した。

カラヤンは暗譜で指揮をしていた。つまり、スコアをすべて記憶し、指揮台には何も置かずに指揮していた。交響曲ならともかく、この長大なオペラを暗譜するなど、不可能と思われたが、カラヤンは抜群の記憶力の持ち主だったのだ。だが、これが仇となった。

ヒトラーは、「失敗したのは、カラヤンが暗譜で指揮していたからだ」と思い込んだ。彼としては、気に入っているボッケルマンのせいだと思いたくなかったのだ。そこでわざわざフルトヴェングラーに、「《マイスタージンガー》を暗譜で指揮できるものなのか」と問い合わせた。カラヤンをライバル視していたフルトヴェングラーは「そんなことは不可能です」と答えた。失敗はカラヤンのせい、となった。

かくして、カラヤンの前途に暗雲が垂れ込めだした。

カラヤンの再婚相手が四分の一ユダヤ人だったことも問題視され、カラヤンはベルリンで干され、仕事がほとんどなくなってしまったのだ。

ところが、戦後、こうしたナチス時代のマイナス面がすべて、カラヤンにとって有利に働く。

戦後の非ナチ化審理でカラヤンは「私はヒトラーに嫌われていた」と主張するのだ。たしかに、それは嘘ではなかった。カラヤンは自分が干されていた証拠をいくつも挙げ、無罪を勝ち取る。しかし、ナチスの党員であった事実は消すことができず、死んだ後も批判され、ナチス音楽家の烙印を押されているのである。

バイロイトとの蜜月と軋轢

ヒトラーがリヒャルト・ワーグナーを崇拝していたことはよく知られている。ワーグナーは――どこまで本気だったかには疑問があるが――反ユダヤ主義の論客でもあった。ヒトラーはワーグナーの音楽だけでなく、その思想をも崇拝していた。ワーグナーはナチス政権にとって最重要の藝術家だった。そうした過去があるので、いまもイスラエルではワーグナーの音楽が演奏されると一騒動となる（終章「禁じられた音楽」参照）。

しかし、ヒトラーはワーグナーが亡くなった一八八三年の後に生まれており、ヒトラーに崇拝されたからといって、ワーグナーにもその音楽にも罪はないはずだ。

実際、ナチス政権が重要視したベートーヴェンやブラームスは、ヒトラーとの関係を云々されない。なぜ、ワーグナーだけが、いまだにヒトラーとの関係を取り沙汰されるのか。

その最大の理由が、バイロイト音楽祭だった。

リヒャルト・ワーグナーが自作を理想的なかたちで上演するために創設したのが、バイロイト音楽祭である。一八七六年から始まり、現在も毎年夏にワーグナー作品のみを上演する音楽祭として続いている。世界で最もチケットが入手しにくいことでも知られているが、創設当時は客が入らず、財政的に苦しい状態が続き、開催できない年もあった。

ワーグナーが亡くなると、妻コージマ（一八三七〜一九三〇）が後を継いで音楽祭を続け、やがて息子ジークフリート（一八六九〜一九三〇）が後を継いだ。

しかし一九三〇年にコージマと長男ジークフリートは相次いで亡くなってしまった。ジークフリートの妻ヴィニフレート（一八九七〜一九八〇）が後を継いだが、このとき、彼女はまだ三十三歳だった。夫とは二十八歳も離れていたのだ（結婚した時は十七歳、夫ジークフリートは四十五歳だった）。

日本とは異なり、西洋で世襲で藝術ポストを継承していく例は珍しい。ワーグナー家はその例外中の例外だった。

ヴィニフレートは、ヒトラーが政権を取る前の一九二三年に彼と知り合い、以後ずっとヒトラーとナチスを支持、支援していた。ワーグナーを崇拝していたヒトラーにとって、その一族との交流は名誉なことだった。やがて政権を取ったヒトラーが、ワーグナー家とバイロイト音楽祭のために尽力しても何の不思議もない。ナチスは、音楽祭のチケットを組織的に買い、財政的に支援した。

かくしてバイロイトは総統のお気に入りの地となり、バイロイト音楽祭はドイツ音楽界の頂点に立つ。

こうした経緯があるので、ワーグナーとヒトラー、あるいはバイロイトとヒトラーは一体と見做(みな)されるようになったのである。双方が利用し合ったと言っていい。

ヒトラーがバイロイトのワーグナー家を初めて訪れたのは一九二三年十月、ミュンヘン一揆(いっき)の直前のことで、以後、「家族ぐるみ」の交流が始まった。

この時点でナチスは結党されているが、権力からはまだ遠い。ミュンヘンの蜂起は失敗し、ヒトラーは逮捕された。ヴィニフレート・ワーグナーは、この不遇時代のヒトラーを援助した。

一九二四年十二月に釈放されたヒトラーは、二五年夏のバイロイト音楽祭に出かけた。彼はワーグナーに心酔していたが、この音楽祭に行くのはこの年が初めてだった。

ヒトラーとヴィニフレートはこの頃から手紙や電話でやりとりをするなど、関係が深くなっていく。しかし、この二人が男女の関係にあったと確認できる史料はなく、「友情」

「同志」といった関係が続いたと考えたほうがよさそうだ。

当時のバイロイト音楽祭はチケットが売れず、財政的に厳しい状態だった。ヒトラーはワーグナー家という権威を必要とし、ワーグナー家と音楽祭はやがてヒトラーの観客動員力に依存するようになる。

一九二六年の音楽祭は開催されず（当時は二年開催したら、次の年は休むことになっていた）、二七年は開催されたが、ヒトラーは来なかった。主役の歌手のひとりがユダヤ系だというのが、その理由だった。ヴィニフレートは落胆した。しかし、二人の友情は続いていた。

そして前述のように、一九三〇年にワーグナー家当主ジークフリートが亡くなった。未亡人となったヴィニフレートは、四人の子供を育てながら、音楽祭を運営しなければならなくなった。ヒトラーとの友情関係はより深まる。

そして一九三三年一月、ヒトラーはついに政権を獲得した。

一九三三年はリヒャルト・ワーグナー没後五十周年でもあった。この年の音楽祭開幕の日、ヒトラーは貴賓席に招かれた。彼の人生で最高の日だったはずだ。ヴィニフレートも満足だった。ゲッベルスの国民啓蒙・宣伝省が大量のチケットを購入し、ナチスの党員に配り、内閣官房は音楽祭に毎年十万マルクを補助金として与えることになり、さらに国営ラジオ放送が音楽祭の放送権料として十万マルクを支払う――このようにバイロイト音楽祭へ公金が注ぎ込まれた。

こうしてバイロイト音楽祭は財政的には危機を脱したが、それは新たな危機の始まりでもあった。ワーグナーにも音楽にも興味のない党員たちが観客となったのはいいが、彼らにとってワーグナー作品は長いだけで退屈だったので、居眠りしたり、騒ぐ者もいた。従来からのワーグナー・ファンは、この動員されてきた客たちを嫌悪し蔑視した。

さらに、ナチス政権の政策により、音楽祭の出演者やスタッフから、ユダヤ系のみならず、自由主義者、民主主義者、社会主義者、あるいは同性愛者たちが排除された結果、藝術的レベルが低下してしまった。

前述のようにナチス政権では、すべての文化・藝術組織は、ゲッベルスの国民啓蒙・宣伝省の下に置かれた全国文化院の管轄下に入ることになり、バイロイト音楽祭もそうなるはずだったが、ヴィニフレートはヒトラーに直訴し、独立を守った。これにはゲッベルスが激怒した。

ヴィニフレートとヒトラーの個人的関係は、法律や組織論を超越するようになっていた。やがて彼女はヒトラーとの友情ルートを使い、ユダヤ系藝術家の救出に成功した。だが、それは政権全体との軋轢(あつれき)を生むことにつながる。

ヴィニフレート・ワーグナーとバイロイト音楽祭は、当初こそナチス政権のプロパガンダに役立ったが、やがて政権にとって厄介な存在となっていく。

ブレスラウ（現ポーランド・ヴロツワフ）の音楽総監督を務めるフランツ・フォン・ヘス

リン（一八八五〜一九四六）という指揮者がいた。彼は「四分の一ユダヤ人」で、妻はユダヤ系だったため、政権から「指揮者として活動したければ離婚しろ」と強要されていた。ヘスリンはそれを拒み、一九三六年に解任され、ドイツでの音楽活動すべてが禁止されてしまった。

ところが、ヘスリンはバイロイト音楽祭には一九四一年まで出演し続けた。ヴィニフレートはヒトラーとの親密な関係を利用し、まずヒトラーとヘスリンとをバイロイトで対面させた。その結果、ヘスリンはバイロイトで指揮していいことになったのだ。だがその代償として、妻はドイツに戻れなくなった。バイロイトに出演している間も、ヘスリンへの嫌がらせは続き、ついに彼はドイツを出てしまう。

ヘスリン以外にも、バイロイトではユダヤ系の配偶者を持つ音楽家が活動していた。ヴィニフレートの意思だった。それだけではない。ヴィニフレートは収容所送りになったユダヤ系の人びとを、ヒトラーに直談判して救出していった。

彼女は「私がこのような姿勢をとることで、他の劇場も勇気をもって、ヘスリンに仕事を与えることを期待した」と後に語る。それは本音だったであろう。しかし、他の劇場は彼女に続かなかった。そんなことはできなかった。ヒトラーと親しいヴィニフレートだから、可能だったのだ。

ヒトラーのドイツに限らず、どの時代、どの国の権力者にも共通することだが、権力を握る前の不遇時代からの友人・知人あるいは部下と、権力掌握後の側近たちとの間は、ぎくしゃくとする。権力者にとって最大の悩みの種が、不遇時代からの支援者との距離の取り方でもあるのだ。

ナチス政権のヒトラー以外の幹部たちにとって、ヴィニフレート・ワーグナーは目障りな存在になっていく。

第二次世界大戦開戦から一年後の一九四〇年も、音楽祭は開催された。そして、この時がヒトラーの最後のバイロイト訪問となる。

それだけではない。ヴィニフレートとヒトラーが会うのも、これが最後だった。

ヒトラーは戦争で忙しくなるのだ。それでも二人の、電話や手紙でのやりとりは続いた。しかしヒトラーの側近たちは、やがてヴィニフレートからの電話を取り次がないようになる。手紙もヒトラーに届いているのかどうかすら分からなくなってしまう。

ヒトラーとヴィニフレートとのあまりにも親密な関係が、側近たちの不興を買い、ホットラインは絶たれてしまったのだ。

神々の黄昏

一九四四年六月六日、連合国軍のノルマンディー上陸作戦が成功した。

七月二十日にはドイツの陸軍大佐が爆弾を仕掛け、ヒトラー暗殺を企む事件が起きた。

奇蹟的に助かったヒトラーは、この暗殺未遂事件に関与した者の大粛清を始め、ロンメル将軍までもが関与を疑われ、自殺した。政権は弱体化していった。八月には連合国軍によってパリが解放される。

秋になると、ゲッベルスはドイツ、オーストリアの劇場の閉鎖を決めた。もはや演奏会やオペラを開く余裕がなかった。国民総力戦が宣言された。

たとえゲッベルスが決めなくても、コンサートやオペラの上演は不可能になっていく。ドイツ全土が連合国軍の空襲に遭っていたのだ。すでに一九四四年一月に、ベルリン・フィルハーモニーの本拠地であるフィルハーモニー楽堂が空襲で焼け落ち、州立歌劇場も十一月に二度目の空襲で瓦解した。一九四五年三月にはウィーン国立歌劇場も焼け落ちた。

それでも、ベルリン・フィルハーモニーは演奏を続けていた。フルトヴェングラーは四五年一月二十三日[*3]にベルリン・フィルハーモニーを指揮し、その翌日、ウィーンへ向かった。彼にまでヒトラー暗殺未遂事件への関与容疑がかけられ、逮捕される寸前だとの情報を得たので、ドイツを脱出したのだ。

二十八日と二十九日にウィーン・フィルハーモニーを指揮すると、三十日早朝、フルトヴェングラーは秘密裡にウィーンを出て、スイスへの国境を越えた。亡命したのだ。

たとえ逮捕されなくてもベルリンにいたのでは空襲でいつ死ぬか分からない状況だった。カラヤンは二月十八日に指揮をしたのを最後に、その数日後にベルリンを脱出し、イタリアへ向かった。

ヒトラーはベルリンに留まっていたが、すでに公の場には出なかった。総統官邸の地下壕に籠っていたのだ。

バイロイトも四月に空襲を受けたが、祝祭劇場は無事だった。

四月二十日のヒトラー誕生日、ヴィニフレート・ワーグナーは、この親友へ誕生日を祝う手紙を書いたが、それが届いたかどうかは分からない。

四月三十日、ヒトラーは自殺した。ゲッベルスも妻と子供たちと共に自殺した。

ヒトラーの死を告げるベルリンのラジオは、フルトヴェングラーが指揮するブルックナーの交響曲第七番第二楽章と、ワーグナーの《神々の黄昏(たそがれ)》の「ジークフリートの葬送」の音楽を流した。しかし、電力不足のせいで、この放送を聴けた者は一割にも満たなかったという。

ヒトラー政権は自滅し、戦争は終わった。

復権できた者、できなかった者

ヒトラーは死によって審判を免れたが、生き延びた音楽家たちは、再び舞台に立つために審判を受けなければならなかった。

戦後の「非ナチ化」審理で、フルトヴェングラーは「多くのユダヤ人を助けた」と立証され無罪となり、カラヤンは「ヒトラーに嫌われていた」と主張して無罪となった。

それでも、フルトヴェングラーの非ナチ化審理は時間がかかり、彼はなかなか演奏活動に復帰できなかった。

フルトヴェングラーが再び指揮台に立ったのはイタリアで、一九四七年四月六日のことだ。ローマでサンタチェチーリア管弦楽団を指揮し、その後、フィレンツェでも指揮し、さらにミラノでもコンサートが予定されていたのだが、直前になって中止になった。イタリアの指揮者トスカニーニが抗議したためだという。なぜトスカニーニが抗議をしたかは、第Ⅱ章をお読みいただきたい。

フルトヴェングラーがドイツよりも先にイタリアで指揮したのは、ベルリンへの出演を連合国軍司令部がなかなか許可しなかったからだ。しかしイタリアで指揮したとベルリンに伝わると、四月二十七日、フルトヴェングラーの無罪が急に正式決定した。

こうしてその一カ月後の五月二十五日に、フルトヴェングラーはベルリン・フィルハーモニーを指揮することになった。フィルハーモニー楽堂は空襲で破壊されていたので、映画館だったティタニア・パラストが会場となった。切符は前売り発売と同時に完売となり、ダフ屋が横行した。現金に家具や電化製品をつけて、ようやく入手した観客もいるほどの異常人気だった。まだ瓦礫（がれき）が残り食料品も不足していたこの都市の人びとが、何にもまして待ち焦がれていたのが、フルトヴェングラーの音楽なのだ。

五月二十五日、ティタニア・パラストは開演前から異常な熱気に包まれた。オーケストラがステージに揃うとフルトヴェングラーが登場した。観客は総立ちとなった。拍手、歓声、まだ一音も発せられていないのに、まるで世紀の名演を聴いた後のようだった。ようやく、演奏が始まった。曲はすべてドイツ音楽の象徴、ベートーヴェンだ。最初が《エグモント》序曲、続いて交響曲第六番《田園》、休憩の後、第五番である。終演後の拍手喝采は凄まじいものとなり、十五分以上にわたり拍手が続いた。

ドイツの作家トーマス・マン（一八七五～一九五五）の娘、エーリカ・マン（一九〇五～六九）はニューヨーク・ヘラルド・トリビューン紙の特派員としてヨーロッパにいた。彼女は実際にこのベルリンでのコンサートを聴いたわけではないが、ベルリン特派員からの報告を受けてというかたちで、フルトヴェングラーとそれを喝采したベルリンの聴衆を批判した。

「この時のコンサートについて、ベルリン市民は『政治のことを忘れ、音楽に没頭した』と評されているが、本当にそうなのか。むしろ、フルトヴェングラーを絶賛することそのものが、政治的示威行動なのではないか。反ナチスとしてドイツを追放されたブルーノ・ワルターや、ブロニスラフ・フーベルマン、アドルフ・ブッシュといった音楽家がベルリンに復帰したというのであれば、祝福すべき出来事かもしれないが、ベルリンは、彼らよりも先に、フルトヴェングラーを望んだ。ドイツ人は何も反省していないのではないか」

エーリカ・マンはこのように、フルトヴェングラーを歓呼で迎えたベルリンを弾劾した。

これを読んだフルトヴェングラーは、トーマス・マンに宛てて弁明の手紙を書いた。

「十五分の拍手は、ベルリン・フィルハーモニーのベートーヴェンのコンサートとして考えれば、驚くほど長いものではない。ウィーンで《トリスタンとイゾルデ》を振った時は三十二分も拍手があった。ドイツ人は、ベートーヴェンやブラームスを聴き、その精神に触れることによって、ヒトラーとその誘惑から遠く離れて、真の意味でより大きな自己を再発見できる。（略）なぜ偉大なドイツの作家である貴方がそれを理解しないのか。（略）デマの策謀によって中傷され、人為的に何年間も遠ざけられていた人間が、再び世間に復帰したのを人びとが喜び迎える権利はないのか、これは政治とは関係のないことだ」

これを読んだトーマス・マンは娘に言った。

「自分の落ち度を認めない、ドイツ的エゴイストの典型だな」

一九四八年十二月、シカゴ交響楽団はフルトヴェングラーを一九四九／五〇年シーズンに招聘すると発表した。八月からフルトヴェングラーに打診し、将来的には音楽監督になってほしいとの含みで交渉していたのだ。ところが発表されると、アメリカのユダヤ系の音楽家と愛好家たちが猛反発した。シカゴ交響楽団には抗議の手紙や電報が殺到し、フルトヴェングラーを招聘するのなら、同楽団とは共演しないと宣言する音楽家も相次いだ。

この事態にフルトヴェングラーは動揺し、「シカゴ交響楽団に面倒が起こるのを避けるため」という理由で、招聘を辞退した。

音楽界にユダヤ系が多いアメリカは、フルトヴェングラーを赦(ゆる)さなかったのだ。結局、この指揮者は戦後、アメリカ合衆国へは行かないまま生涯を終える。

ヴィニフレート・ワーグナーもユダヤ人を助け、政権に嫌われていた。しかし彼女は、ヒトラーの友人であることを否定しなかったため、バイロイト音楽祭総監督を引退させられてしまう。それが音楽祭再開の条件だった。

ヴィニフレートに代わり総監督となったのは、彼女の二人の息子、リヒャルト・ワーグナーの孫にあたる、ヴィーラント・ワーグナー(一九一七~六六)とヴォルフガング・ワーグナー(一九一九~二〇一〇)だった。

一九五一年夏、再開したバイロイト音楽祭は、フルトヴェングラーが指揮するベートーヴェンの「第九」[*4]で開幕した。

その後、カラヤンとクナッパーツブッシュが指揮する《ニーベルングの指環》[*5・6・7]や《パルジファル》[*8]が上演された。

ナチスの恩恵を受けた多くの者が、戦後はヒトラーを否定したり、自分がいかにヒトラーと関係が薄かったかを強調したりした。

しかし、ヴィニフレート・ワーグナーは戦後も「ヒトラーとは友情で結ばれていました。

もし今、彼が扉を開けて入って来たら、心から嬉しい」と公言した。
彼女だけが筋を通したのである。

カラヤンは非ナチ化審理が終わると、ウィーンで演奏活動に復帰し、以後ロンドンを中心に活動していた時期に、一九五一年の戦後最初のバイロイト音楽祭に出た。だが、彼のドイツ音楽界への本格的な復帰はまだ先だった。

カラヤンが戦後初めてベルリンで指揮したのは一九五二年春で、ロンドンのフィルハーモニア管弦楽団のツアーで訪問したのだった。カラヤンが戦後初めてベルリン・フィルハーモニーを指揮するのは一九五三年九月八日だった。ドイツ敗戦から八年もかかったのは、カラヤンがナチスの党員だったという政治的理由ではなく、フルトヴェングラーがカラヤンを嫌っていたためだった。

しかし一九五四年十一月三十日にフルトヴェングラーが亡くなると、ベルリン・フィルハーモニーは後任の首席指揮者にカラヤンを選び、以後、一九八九年までカラヤンはそのポストにあった。さらに、ウィーン国立歌劇場藝術監督、ザルツブルク音楽祭総監督などの主要ポストを独占し、「ヨーロッパ楽壇の帝王」と呼ばれた。

そして一九八九年七月十六日、カラヤンは八十一歳で亡くなり、その四カ月後にベルリンの壁が崩壊した。

ヴィニフレート・ワーグナーは一九八〇年三月五日に八十二歳で亡くなった。バイロイト音楽祭総監督を継いだ長男ヴィーラントは一九六六年に、母よりも先に亡くなった。音楽祭はヴィニフレートの次男ヴォルフガングが継いで、彼は二〇一〇年に九十歳で亡くなるまで音楽祭に君臨した。

バイロイト音楽祭はヴォルフガングの二人の娘エーファとカタリーナが共同で総監督となり、二〇一三年にはワーグナー生誕二百年を盛大に祝った。

ワーグナーのバイロイト音楽祭は帝政ドイツ時代のバイエルン王国、ワイマール共和政ドイツ、ナチス・ドイツ、東西分裂時代の西ドイツ、そして現在のドイツと五つの政治体制のもと、続いている。

第II章 ファシズムと闘った指揮者

アルトゥーロ・トスカニーニ

Benito Mussolini
Arturo Toscanini

イタリアはオペラ発祥の地だ。主要都市には必ず伝統のある歌劇場があるが、なかでも一七七八年に開場したミラノのスカラ座は世界最高峰の歌劇場として知られている。二十世紀初頭、この歌劇場に君臨していたのが、トスカニーニだ。彼はオペラの改革者であり、歌劇場の独裁者でもあった。独裁者でなければ改革ができないというのもまた事実である。とくにオペラやオーケストラ音楽のように、何十人、ときには何百人もの共同作業で作っていく藝術の場合、統率者が必要だ。指揮者、演出家は独裁者であることを求められる。

そして歌劇場の独裁者が国家の独裁者と対峙できたのは、イタリアが音楽国家だったからだろう。

スカラ座の独裁者

指揮者アルトゥーロ・トスカニーニ（一八六七〜一九五七）はイタリアのパルマで生まれた。その生家は「トスカニーニ・ミュージアム」となっている。

トスカニーニの父クラウディオはイタリアが統一される前、小国が分立し、そのいくつかがオーストリアやフランスの統治下にある時代に、独立・統一運動に身を投じた活動家だった。

イタリアがサルディーニャ王国を中心に統一され、イタリア王国となるのは一八六一年のことで、トスカニーニはその後に生まれたので、独立・統一運動を直接には知らないが、愛国者であった父の血を継いで、彼もまた愛国者となった。

この独立・統一運動を音楽家として鼓舞したのが、ジュゼッペ・ヴェルディ（一八一三〜一九〇一）である。彼はその功績を称えられ、国会議員にまでなり、一九〇一年に亡くなった際は国葬となった。国家の英雄のひとりだったのだ。その国葬でヴェルディの《ナブッコ》のなかの合唱曲で、イタリアの「第二の国歌」と称される〈行け、我が想いよ、金色の翼に乗って〉を指揮したのが、トスカニーニだった。

ヴェルディが亡くなった一九〇一年は、トスカニーニの最初のスカラ座監督時代にあたる。

トスカニーニは最初は歌劇場のオーケストラでチェロを弾いていたが、南米公演の際、突然の代役で指揮したところ、大成功し、これがきっかけで指揮者となった。一八八六年、十九歳の年だ。

指揮者となったトスカニーニは、イタリア各地の歌劇場を転々としていたが、一八九五年にトリノの王立歌劇場で初めて年間を通しての指揮者となり、まだそういう名称はなかったが、いまでいう「音楽監督」となった。これはトスカニーニにとっても初めてだったが、イタリアのオペラ上演史においても初めての「音楽監督」だった。

この時までイタリアの歌劇場には「音楽監督」にあたるポストは存在しなかったのである。指揮者はいたが、シーズンごと、あるいは公演ごとに雇われているだけで、まさに現場監督的な、オーケストラの進行管理の仕事しかしていない。オーケストラの楽団員も合唱団の歌手もシーズンごとに雇われており、専属の恒久的な楽団ではなかった。歌手も同じである。

イタリアの歌劇場はシーズンごとに興行師と契約し、その興行師がシーズンごと、公演ごとに、歌手、楽団員、指揮者を集めていたのだ。この点において、ドイツとはまったく異なっていた。ドイツの場合、それぞれの宮廷が歌劇場を持ち、スター歌手は公演ごとの契約ではあったが、合唱団やオーケストラの楽団員は終身雇用だった。

トリノ市はこのシーズンごとに寄せ集めるシステムでは藝術的水準が高まらないと判断し、劇場に専門の支配人を置くことにした。さらに、藝術面の責任者として、ひとりの指揮者に全権を委ねることとした。その大役に二十八歳の若きトスカニーニが抜擢(ばってき)されたのである。トリノ王立歌劇場は専属オーケストラを持つことにし、その楽団員の人選もトスカニーニに委ねられた。

それまでの指揮者はオーケストラの一員、楽団員の同僚という立場だったが、トスカニーニが全権を掌握したことで、指揮者はオーケストラの一員から管理者、統率者へと立場を変えた。

トスカニーニによるオペラの改革は評判を呼び、一八九八年、イタリアで最高の歌劇場であるミラノのスカラ座に呼ばれた。

スカラ座は一七七八年に開場したので、この時点で百二十年の歴史を持つが、この時期、経営不振に陥り、閉鎖されようとしていた。根本的な改革が必要だった。そこでこの若い指揮者に白羽の矢が立ったのだ。

トスカニーニは三十一歳にしてスカラ座の音楽監督に就任した。

同じ頃、ウィーンではグスタフ・マーラー（一八六〇～一九一一）が宮廷歌劇場総監督となりオペラ上演の改革を推進していた。トスカニーニやマーラーが改革したのは、音楽そのものというより、上演にあたってのシステムの改革だ。それまでの歌劇場は社交の場としての要素が強く、上流階級の着飾った女性客のなかには、オペラを観(み)に来ているのか自分の衣装を見せびらかしに来ているのか分からない人もいた。

トスカニーニは、上演中は客席を暗くした。さらに、客席での女性の帽子着用を禁じた――つまり、それまでは女性客は大きな帽子を着けて観ていたのだ。さらには劇中でのアリアのアンコールも禁じた。人気歌手たちは得意とするアリアの後、拍手喝采を浴びるとそれを繰り返すのが慣習となっていたが、それを止(や)めさせたのだ。

こうした改革は、当然のことながら、女性客や人気歌手たちからの反感を買ったが、トスカニーニは歌劇場を藝術鑑賞の場とすることを貫いた。しかし、その闘いで、トスカニーニは疲れ果て、五年後の一九〇三年四月、そのシーズンを終えると、「もう戻らない」と電報を打って、スカラ座を去った。

ニューヨークへ

その後、トスカニーニはフリーランスの指揮者としてイタリア各地と南米で活躍した。トスカニーニが、再び常任の職に就くのは一九〇五年で、トリノに一シーズンだけ復帰し、その次の一九〇六年十二月からのシーズンでスカラ座に復帰した。だが、このスカラ座の第二次トスカニーニ政権は二シーズンと短期で終わった。一九〇八年十一月からトスカニーニは、ニューヨークのメトロポリタン歌劇場で指揮するのである。

一九一四年七月、第一次世界大戦が勃発した。単純な図式としては、ドイツ・オーストリア・オスマン帝国・ブルガリアによる「同盟国」と、イギリス・フランス・ロシアの「連合国」（協商国とも）との闘いである。日本とアメリカは後に連合国に加わる。

イタリアはドイツとオーストリアと一八八二年に三国同盟を結んでいたにもかかわらず、当初は参戦せず、中立を宣言した。イタリアとしては、オーストリアとの間には未解決の領土問題があったので、英仏と秘密裡に交渉し、連合国側に加わる見返りに領土を取得する約束を交わした。一九一五年五月、イタリアは三国同盟を破棄し、オーストリアに宣戦布告した。

イタリアの参戦と同時に、トスカニーニのメトロポリタン歌劇場時代は終わった。彼がメトロポリタン歌劇場を離れることにしたのは、当人によると「藝術的理由」である。実際、公演ではトラブルが起きるようになっていたし、長期にわたり同じ歌劇場で指揮していると飽きてもくるし、不満も重なるものだ。あるいはメトロポリタン歌劇場のプリマドンナとの不倫が深刻化し、彼女に「私と家族のどちらを選ぶの」と迫られたので、イタリアの妻子の許へ帰ることにしたとの噂もある。半年間に五十公演を指揮していたので疲労も蓄積していた。どれかひとつの理由というより、複合的なものだろう。

トスカニーニはこうして一九一五年五月にイタリアへ帰国した。そのタイミングで、イタリアは戦争に加わったのだ。まるでトスカニーニの帰国を待っていたかのようだった。

トスカニーニは、父が独立・統一運動の闘士であったことに影響されたのか、彼もまた愛国者だった。戦争という事態になると、彼は銃を手に戦場で戦う代わりに（もう四十八歳だった）、音楽で戦争に参加した。無報酬のチャリティーコンサートをすることになったのだ。アメリカでかなり稼いでいたとはいえ、家計は厳しくなった。

第一次世界大戦は一九一八年十一月に終わり、その半年後にようやくトスカニーニは指揮活動に復帰した。イタリアは戦勝国だったが、念願の領土回復はならなかった。政府の弱腰に国民の不満が鬱積していった。戦争では多くの戦死者を出していたのに、なぜ領土が回復しないのか。さらに戦後の急激なインフレで、ますます国民は不満を募らせていく。

工業都市では労働者の工場占拠が起き、農村部でも暴動が起きた。

トスカニーニとムッソリーニ

こうした情勢下、ベニート・ムッソリーニ（一八八三〜一九四五）は「イタリア戦闘ファッショ」を結党した。「ファッショ」は「団結」「連帯」という意味だ。この「戦闘ファッショ」がファシスト党へと発展する。

ムッソリーニは一八八三年生まれなので、トスカニーニより十六歳下になる。父は鍛冶屋で母は教師だった。その父は無神論者で社会主義者で、ムッソリーニはその影響を受けていた。大人になると教職に就いたが、スイスへ移住し亡命中のレーニン（一八七〇〜一九二四）と知り合っている。帰国後、教職に復帰しながらも政治活動にも身を投じ、一九〇八年にはイタリア社会党へ入党した。彼は最初は左翼だったのである。第一次世界大戦が勃発すると、社会党は反戦の立場を決めたが、ムッソリーニは党の方針に逆らい、参戦論を機関紙で主張し、除名された。

イタリアは社会的に不安定な状況のなか、一九一九年十一月に総選挙となり、イタリア社会党が第一党になった。ドイツ、オーストリアでは帝政が倒れ、戦勝国のロシアでも革命が起きていた。一方、社会党を除名されたムッソリーニは戦闘ファッショを結党して選挙に臨んだが、当選者はゼロだった。この時の戦闘ファッショの比例代表名簿に、トスカニーニの名も記載された。当時のムッソリーニは王制廃止、宗教団体の財産没収、農民への土地の分与、普通選挙権といった共和主義・民主主義的な政策を掲げていたので、トスカニーニは共感して名簿への登載を了解したのだ。

やがてムッソリーニは共和主義・民主主義的な政策から大転換し、国王、資本家、地主、軍隊、教会といった既成支配層に近づいていった。

こうしたムッソリーニの変節にトスカニーニは反発し、反ファシズムの立場を公言した。しかし、いくらトスカニーニが世界的名声を持つ音楽家であっても、ムッソリーニの勢いは止まらない。一九二一年十一月、戦闘ファッショは国家ファシスト党に改組され、ムッソリーニは統領（ドゥーチェ）に就任した。

その翌月、トスカニーニはスカラ座の音楽監督に復帰した。スカラ座の第三次トスカニーニ政権の始まりである。

一九二二年十月、ムッソリーニ率いるファシスト党は武装部隊によるクーデターで政権を奪い取った。以後イタリアは一九四三年までファシスト党が支配することになる。

ムッソリーニ政権となった直後の一九二二年十二月、スカラ座は新しいシーズンの開幕を迎えた。その一連の開幕公演のある晩、トスカニーニがヴェルディの《ファルスタッフ》を指揮していた時のことだ。第三幕が始まる直前にファシスト党の党員たちがスカラ座に押しかけ、党歌《ジョヴィネッツァ》（青春、若者という意味）を演奏するように求めた。

トスカニーニが拒否すると、ファシスト党員が公演を妨害し始めたので、彼は怒って一旦引き上げた。劇場側が党歌を終演後に演奏することで話をつけ、どうにか公演は再開された。終演後、党歌はピアノで細々と演奏された。

イタリアでは、一八六一年にイタリア王国が建国された際に《王室行進曲》が国歌となったが、これには歌詞がない。一方、ファシスト党の党歌《ジョヴィネッツァ》には歌詞があり、ムッソリーニ政権時代は、実質的にはこの歌が国歌となっていた。

独裁者の発想は古今東西変わらない。ムッソリーニは公的な行事で《ジョヴィネッツァ》を歌うように求めたほか、すべての公共施設にイタリア国王とムッソリーニの肖像画を掲げよとの命令を出した。しかし、トスカニーニが君臨するスカラ座は拒絶した。ムッソリーニとしては国際的知名度を持つ指揮者に手荒な真似はできず、緊張関係が続いた。

《トゥーランドット》世界初演をめぐって

ムッソリーニは着々と独裁体制を築いていった。

一九二三年にはファシスト党に有利なように選挙法を改正し、議会で過半数を獲得した。

一九二五年一月三日の議会での演説ではついに独裁体制を宣言した。

ムッソリーニもヒトラーと同じく演説の名人だった。イタリア国民は熱狂的にこの独裁者を支持した。

一九二五年からイタリア政府は四月二十一日をローマ建都記念の祝日と定め、この日はすべての公共施設でファシスト党党歌を演奏しなければならないと決めた。しかしトスカニーニが音楽監督として君臨するスカラ座はこれに従わず、二十一日はリハーサルのみで公演をしないことで、党歌演奏を回避した。このあたり、第Ⅰ章で記した、フルトヴェングラーがヒトラーの誕生日の演奏会を避けていたのと同じである。

オペラのシーズンが終わると、トスカニーニとスカラ座のオーケストラは六月にスイスへのコンサート・ツアーに出た。

スカラ座の一九二五／二六年シーズンは、例年より早く十一月十四日に始まった。年が明けて二六年一月になると、トスカニーニは五年ぶりにニューヨークへ行き、一カ月間に十四のニューヨーク・フィルハーモニックの公演を指揮して、ミラノへ戻った。

スカラ座ではプッチーニの遺作《トゥーランドット》の世界初演が近づいていた。そのリハーサルと並行して、毎日の公演もあった。《トゥーランドット》初演は四月二十五日と決まった。

ジャコモ・プッチーニ（一八五八〜一九二四）の最後のオペラになる《トゥーランドット》は古代の中国と思われる国を舞台にした作品である。台本が何度も書き直され、また作曲にも難航したので、一九二四年十一月にプッチーニが癌（がん）の治療の失敗で急死した時点では、最後の幕が未完だった。

プッチーニが亡くなると、この大作曲家が完成させられなかった部分を他の作曲家に委ねて完成させた上でトスカニーニの指揮でミラノ座で初演することになった。その補作の仕事はフランコ・アルファーノ（一八七五〜一九五四）という作曲家が担当した。しかし、トスカニーニはその出来栄えが気に入らず、さらに手を入れるなど、初演にいたるまで、さまざまな出来事があった。

こうして当初は一九二五年四月の予定だった初演は一年遅れ、二六年四月になったのである。スカラ座ではニューヨークから戻ったトスカニーニの指導で、初演のための稽古が何日も続いた。そうこうしているうちに四月二十一日が来ると、トスカニーニはミラノを離れ、この年も党歌演奏を回避した。

ムッソリーニは四月二十一日にミラノを留守にしたトスカニーニが許せなかった。そこで《トゥーランドット》初演に臨席するためミラノに着くと、スカラ座へ使者を送り通告した。

「トスカニーニが言うことをきかず勝手な行動をとるのなら、彼を解任せよ。さもなければ、ムッソリーニ首相は二度とスカラ座へ行かない」

さらに、《トゥーランドット》初演の際には、党歌も演奏するように念を押した。

スカラ座の首脳陣はムッソリーニとトスカニーニの間に立つこととなり困惑した。かたや国家の最高権力者であり、もうひとりは世界音楽界の最高実力者にして、スカラ座の最大のスターであり、イタリア・オペラの第一人者である。スカラ座首脳陣は劇場へ戻ってきたトスカニーニに、ムッソリーニから言われたことを告げるしかなかった。

トスカニーニは言い放った。

「党歌を演奏して欲しいのなら、私以外の指揮者に演奏させればよいだけのことだ。もちろん、《トゥーランドット》もその指揮者に演奏してもらおう」

自分と党歌のどちらを選ぶか、そっちで決めろ、というわけだ。トスカニーニをさしおいて《トゥーランドット》世界初演を指揮できる者などいないことを、彼はよく知っていた。

ムッソリーニがいなくても《トゥーランドット》は初演できるが、トスカニーニがいなければ初演はできない。この勝負は藝術家の勝ちだった。

ムッソリーニは《トゥーランドット》世界初演への臨席を断念した。ムッソリーニが出席する公演なのに、党歌が演奏されないことなどあってはならない。それならば観に行かないほうがましだとの判断だ。通告はしたものの、スカラ座からトスカニーニを追放することも本気で考えてはいない。そんなことをして、イタリアが誇る指揮者を失うわけにもいかないのだ。

こうしてムッソリーニの臨席なしに、《トゥーランドット》は初日を迎えた。観客のなかにはムッソリーニの欠席を残念に思う者もいた。翌日の政府寄りの新聞は、ムッソリーニが欠席した理由として「私が行くことによって、観客の眼(め)を逸(そ)らしたくない。観客の意識は、プッチーニとその最後の作品にのみ向けられなければならないのである」と説明したと報じている。負け惜しみである。

四月二十五日、《トゥーランドット》世界初演はトスカニーニの指揮で順調に進んだ。第一幕、第二幕は何の問題もなく、終わった。

そして、いよいよ第三幕だった。第三幕第一場も後半となり、主要人物のひとり、リューが静かに「氷のように冷たいあなた」を歌い終え、短刀を胸に突き刺した。見守っていた群衆は驚いて、彼女の死を悼み、「眠っておくれ、忘れておくれ、リューよ、詩のような娘よ」と歌い、去っていく。舞台にはトゥーランドット姫とカラフの二人だけが残った。

この後、物語はクライマックスとなる。舞台に残ったカラフとトゥーランドットが「愛の二重唱」を歌い、その過程で二人の愛は高まる。カラフが「私の名はカラフ、ティムールの王子」と名乗ると、ファンファーレが鳴り響き、第一場が終わって幕。続いて第二場となり、宮殿前の広場には大群衆が集まっている。そこに現れるトゥーランドットは「私は彼の名を知りました。その名は、愛!」と歌いあげると、カラフが駆け寄り抱き合って、群衆の歓呼の中、幕は下りる。これが《トゥーランドット》の終わり方だ。

しかし、トスカニーニは第一場の「愛の二重唱」の直前で、音楽を止めた。そして客席に向かってこう言った。

「マエストロ、ジャコモ・プッチーニはここで作曲を終えました。死は藝術よりも強かったのです」

幕が下ろされ、《トゥーランドット》は中途半端な未完成の作品として、初演されたのだ。

この日のトスカニーニの発言としては、「これで終わりです。マエストロの死によって作品は未完のまま遺(のこ)されました」と言ったという説もあり、録音されていたわけではないので、はっきりしないが、いずれにしろ、トスカニーニはプッチーニが書いたところで終わりにすると宣言して、幕を下ろした。物語は完結しないまま、宙吊(ちゅうづ)りとなった。それでも観客は満足してスカラ座を後にしたようだ。少なくとも、大ブーイングとなったとする史料はない。

トゥーランドット姫とカラフの物語が完結するのは、初日から二日後の二十七日の公演からだった。

《トゥーランドット》初日の観客は中途半端に終わったので当惑したかもしれないが、スカラ座の出演者にとっては、予定通りだった。トスカニーニはリハーサルの早い段階で、初日では第三幕のリューの死までしか演奏しないこと、つまり、フランコ・アルファーノが補作した部分は演奏しないと出演者たちに伝えていた。

その理由については、トスカニーニは明らかにしていない。純粋に藝術的な理由、つまりアルファーノの補作に満足していなかったのか、初日だけはプッチーニへ敬意を表したのか――そのあたりは、謎である。

以下は推測である。

《トゥーランドット》完全版は、群衆が「皇帝万歳」と大合唱して終わる。そして幕となって、場内が大喝采に包まれるなか、貴賓席のムッソリーニが立って手でも振れば、まるでムッソリーニを讃えるオペラのようになってしまう。トスカニーニはそれを避けたかったのではないだろうか。

しかし「皇帝万歳」シーンのない上演にすることで、ムッソリーニ礼賛を避けようとしたトスカニーニの目論見は、ムッソリーニの欠席によって、曖昧なものとなってしまった。ムッソリーニ欠席の理由は党歌が演奏されないからだけではなく、自分に恥をかかせようとしているトスカニーニの企みを察知したからではないだろうか。

その後も、トスカニーニはスカラ座での活動を続けていたが、並行してニューヨーク・フィルハーモニックへの客演も始めた。年に二カ月から四カ月間、ニューヨークで暮らすようになる。

オペラ指揮者として名をなしたトスカニーニだったが、体力的な問題もあり、シンフォニー・コンサートへ比重を移そうとしていた。そして彼は一九二九年春をもってスカラ座を離任しようと、決断した。それは、ムッソリーニ政権下のイタリアでの仕事が厭になってきたからでもあった。

一九二九年五月十四日、スカラ座ではヴェルディの《アイーダ》がトスカニーニの指揮で上演された。これが、トスカニーニがスカラ座でオペラを指揮した最後となることを、この時はまだ誰も知らない。それは同時に、彼がイタリアでオペラを指揮した最後でもあった。

この公演の後、トスカニーニとスカラ座の歌手と管弦楽団、スタッフたち三百人は特別列車に乗って、ウィーンへ向かった。引越し公演である。ウィーンの劇場の客席には、若きヘルベルト・フォン・カラヤンがいた。ウィーンでの公演は大成功し、そのまま一行はベルリンへと向かった。

このベルリンでの公演の客席には、リヒャルト・ワーグナーの息子、ジークフリート・ワーグナーとその妻ヴィニフレートもいた。夫妻は、このイタリアの巨匠の音楽に感銘を受けた。

イタリアへ戻ったトスカニーニの許へ、ムッソリーニから電報が届いた。ウィーン、ベルリンでの大成功を称えるものだった。トスカニーニは返信を出した。公演の成功を自分も喜んでいること、閣下（ムッソリーニ）に感謝していると述べた後、

「いつもと同様に昨日も今日も、私は謙虚な気持ちと熱烈な愛情とともに私の藝術に仕え、これからも仕えていきます。そうすることが、私が祖国に仕え、祖国に栄誉をもたらすことだと確信しています」

トスカニーニが仕えるのは、あくまで藝術なのだ。

トスカニーニはこれをもってスカラ座音楽監督を辞任し、ニューヨークへ渡った。一九二九年十月四日、トスカニーニはニューヨーク・フィルハーモニックのシーズン・オープニング・コンサートに登場した。

その二十日後、ウォール街で株価が大暴落した。大恐慌の始まりだった。

バイロイト音楽祭

ファシスト党党歌《ジョヴィネッツァ》は、その後もトスカニーニを疲弊させた。

一九三〇年五月から六月にかけて、トスカニーニはニューヨーク・フィルハーモニックを率いてヨーロッパ公演を行ない、フランスをはじめ各国で演奏し、イタリアへも行った。この頃になるとイタリアでのすべてのコンサートで《ジョヴィネッツァ》と《王室行進曲》を演奏しなければならなくなっていた。しかし、トスカニーニは当然のように、それを拒否した。

ところが、トリノでの公演では王女が臨席することになり、どうしても《王室行進曲》と《ジョヴィネッツァ》を演奏しなければならない事態になった。だが、トスカニーニは拒否を貫き、ニューヨーク・フィルハーモニックもそれに従った。オーケストラがステージにあがり、音合せをすませると、軍楽隊が登場し、この二曲を演奏して退場し、その後、トスカニーニがステージに現れたのだ。「トスカニーニのコンサートで《ジョヴィネッツァ》が演奏された」ことには変わりない。だが、「トスカニーニはコンサートで《ジョヴィネッツァ》を演奏しなかった」のである。

つづいてのローマ公演でも同様の問題が起きたが、この時は王族がプライベートの立場で出席することにし、国歌も党歌も演奏されなかった。

トスカニーニの闘う姿勢は健在だった。

一連の公演を終えると、ニューヨーク・フィルハーモニックはアメリカへ帰ったが、トスカニーニはヨーロッパに留（とど）まった。この年の夏は、初めてドイツのバイロイト音楽祭で指揮することになっていたのだ。

トスカニーニは若い頃からワーグナー作品の上演に熱心だった。イタリアのみならず、ニューヨークのメトロポリタン歌劇場時代もワーグナー作品を熱心に上演した。トスカニーニはワーグナー音楽の伝道師のひとりである。バイロイト音楽祭には、ひとりの観客として訪れたこともあった。彼にとって、バイロイトは憧れの地だった。

だが、ワーグナーの聖地であるバイロイト音楽祭はドイツ純血主義の強いところで、これまで、ドイツ人以外の指揮者は招聘（しょうへい）されなかった。それはトスカニーニほどの大指揮者も例外ではなかった。神聖なるバイロイトの地で神聖なるワーグナーをイタリア人が指揮することには反対の声があったのだ。バイロイトは、当代随一のイタリア人指揮者よりも、二流のドイツ人指揮者のほうをありがたがっていた。

だが、一九二九年五月のトスカニーニ率いるスカラ座のベルリン公演がきっかけで、バイロイトはトスカニーニを招聘した。ワーグナーを敬愛していた巨匠は、無報酬でいいと快諾した。こうして、トスカニーニは初めてバイロイト音楽祭で指揮することになったのだ。

この一九三〇年はバイロイトにとって転機となる年だった。四月にリヒャルト・ワーグナーの妻、コージマが九十二歳で大往生を遂げた。これは予期されたことだった。しかし、音楽祭が七月二十一日にトスカニーニ指揮の《タンホイザー》で開幕し大絶賛を浴びた直後、音楽祭期間中の八月四日に当主ジークフリートが六十一歳で死んでしまったのだ。悲しみにくれる三十三歳の若い未亡人ヴィニフレートと四人の子供たちにとって、トスカニーニは精神的な支えとなった。

反ムッソリーニのトスカニーニは、そのムッソリーニと同盟関係にあるヒトラーと親しいワーグナー家の「親友」となってしまうのだ。

一九三〇年の夏は選挙の最中だったので、ヒトラーは音楽祭には来なかった。この選挙で一九二八年には十二議席しかなかったナチスは、百七議席と大躍進した。

義母と夫を相次いで失い、四人の子を抱えるヴィニフレートが、バイロイト音楽祭の新しい総監督となった。彼女はそれまではジークフリートの若い妻でしかなかったが、総監督に就任すると、音楽祭を改革しようと熱心に動き始めた。彼女が最初に頼ったのがトスカニーニで、翌一九三一年の音楽祭にも彼は出演することになった。これで藝術的水準は維持できるはずだった。

ヴィニフレートはさらに動き、フルトヴェングラーにも出演交渉をした。

トスカニーニとフルトヴェングラーは十九歳の年齢差がある。トスカニーニはすでに世界的名声を得ている大指揮者だ。それに比べると、フルトヴェングラーはこの時点ではまだ新進気鋭、中堅といったクラスである。にもかかわらず、フルトヴェングラーがバイロイト音楽祭に求めたのは、音楽総監督というポストだった。トスカニーニが無償で引き受けたのと比べると、その権力欲には驚くばかりである。ヴィニフレートはこの条件を呑(の)んだ。

かくして一九三一年のバイロイト音楽祭は、トスカニーニとフルトヴェングラーが競演することになったのだ。

その前に、ひとつの事件が起きた。

ファシスト党との全面対決

一九三一年四月、トスカニーニはニューヨークでの仕事を終えてイタリアへ帰国した。しばらくイタリアで過ごした後、バイロイトへ向かう予定だったのだ。

五月十四日、トスカニーニはボローニャで演奏会を指揮することになっていた。この演奏会にはファシスト党幹部たちも来賓として出席するため、またも党歌を演奏するよう要請された。しかし、彼は当然のごとく拒否した。

演奏会当日、ボローニャの劇場前にトスカニーニを乗せた自動車が到着すると、ファシスト党の青年たちが取り囲んだ。

車から出たトスカニーニにある青年が「あなたは党歌を演奏しないつもりか」と訊くと、トスカニーニはきっぱりと、「しない」と答えた。待ってましたとばかりに、青年はトスカニーニの顔面を殴った。騒然とするなか、トスカニーニは自動車に乗り込みホテルへ戻った。怪我はたいしたことはなかったが、演奏会は中止となった。ホテルには数百人のファシスト党員が押しかけ騒いだ。

トスカニーニはムッソリーニに抗議の電報を打ったが、返事はなかった。

ファシスト党の統制下にあるイタリアの新聞は、党歌を拒否したトスカニーニに非があり、殴った青年は正しいと報じた。

ムッソリーニからの返事の代わりに、トスカニーニのパスポートは没収され、自宅は政治警察の監視下に置かれることになった。トスカニーニは政権の敵となったのだ。

一方、世界的知名度を持つ当代一の指揮者であるトスカニーニが殴られたとあっては、国際世論が黙っていなかった。とくに音楽家たちはトスカニーニ支持で団結し、指揮者クーセヴィツキーはイタリアでの公演をキャンセルし、作曲家バルトークは抗議声明を発表した。

こうした喧騒の中、トスカニーニはパスポートを取り返し、バイロイトへ向かった。

この年のバイロイト音楽祭で、フルトヴェングラーは《トリスタンとイゾルデ》を指揮してデビューし、トスカニーニは《タンホイザー》と《パルジファル》を指揮した。二人とも人気指揮者だったので、音楽祭は盛り上がった。しかし、前年に亡くなったジークフリート・ワーグナーの追悼コンサートでは、指揮する予定だったトスカニーニがキャンセルするなど、事件があった。フルトヴェングラーとトスカニーニが表立って対立した様子は目撃されていないが、さまざまな駆け引きがあったようだ。

疲れ果てたトスカニーニは、次回は出演しないと告げた。フルトヴェングラーもまた、音楽総監督とは名ばかりだったので、もう出ないと通告した。

もともと翌一九三二年は音楽祭が開催されないことになっていたので、次は一九三三年である。それまでに、ヴィニフレート・ワーグナーは他の指揮者を見つけなければならない。彼女としては、フルトヴェングラーの扱いに手を焼いていたので、頼むとしたら、トスカニーニのほうだった。トスカニーニは、ヴィニフレートの子供たちとも親しくなっていた。そこにつけ込み、ヴィニフレートの娘たちがトスカニーニを口説き、三二年五月の段階で、三三年の音楽祭に出演することが決まった。

トスカニーニの音楽活動の本拠地であるアメリカは大恐慌による不況の最中である。

トスカニーニは失業者のためのチャリティーコンサートをした。さらにニューヨーク・フィルハーモニックの楽団員の賃金がカットされると知ると、一シーズン十一万ドル（現在の二百万ドル、二億円ほど）の契約だったのに、自ら一万ドルのカットを申し出るなど、俠気（おとこぎ）のあるところを示した。

一九三三年一月にヒトラー政権が誕生し、ユダヤ系音楽家の排斥が始まった時、フルトヴェングラーはヒトラー臨席のオペラ公演を指揮していたが、トスカニーニはアメリカ在住の他の音楽家たちと連名で、ヒトラー宛に抗議の電報を四月一日に打った。

ゲッベルスはトスカニーニをはじめ、その電報に名を連ねた音楽家たちの演奏のドイツ全土での放送を禁じるという報復に出た。

その頃、ヴィニフレートはヒトラーの昼食会に招待された。このままではトスカニーニのバイロイト音楽祭出演は困難になる。ヴィニフレートはヒトラーに直訴した。トスカニーニにバイロイトに出るよう頼んでくれ、と。ヒトラーは、自分の支援者でありワーグナー家の当主でもある女性には逆らえず、しぶしぶトスカニーニへ電報を打った。

「バイロイトでお会いするのを楽しみにしている」

さらにヒトラーは、ヴィニフレートからの要請もあり、バイロイトではユダヤ系音楽家の出演も容認するなど最大限に譲歩した。ヒトラーなりに、ナチスの政策と、ワーグナー音楽への尊敬の念とヴィニフレートへの友情の間で、ギリギリのことをしていたのだ。

トスカニーニもまた、ヴィニフレートとの友情と、政治信条との板挟みになっていた。彼はヒトラーの電報を受け取ってから四週間、悩んだ。そしてこう返事を出した。

「私がどれほどバイロイトと深く結ばれているか。また非才の私が、いかにワーグナーの天才を崇拝し、無限の愛を注いでいるかを、ご存知のことと思います。それゆえに、来たるべき音楽祭に出演するという私の計画の障害となる事態があれば、私は心の底から失望することになります。ここ数週間、力の衰えを感じてはおりますが、お役に立てることを望んでおります」

ナチス政権のユダヤ人排斥政策が障害なのだから、それをどうにかしてくれ、という意味である。

ヴィニフレートもトスカニーニへ電報を打ち、「あなたの出演を公式に発表したい」と告げ、リハーサルのスケジュールも知らせてきた。

一方、バイロイト音楽祭の関係者は、ドレスデンの歌劇場を追い出されたアドルフ・ブッシュに、バイロイトで指揮しないかと打診している。

その直後に、ブッシュはトスカニーニと会う機会があり、バイロイトの話題となった。トスカニーニが「もし私がバイロイトを断ったら、どうなるかね」と話しかけると、「私を呼ぶでしょうね」とブッシュは答え、さらに「実際、もう打診されましたよ。もちろん、私も断ります」と断言した。トスカニーニは何も言わなかった。

その頃、ドイツの苦悩する藝術家フルトヴェングラーは、内外の多くの音楽家に向けて、

「ナチス政権と掛け合い、どんな人種でもドイツで演奏できるようにしたから、あなたもドイツに来て演奏してくれ、勇気をもってドイツで演奏し続け、ナチスの暴虐を阻止しなければならないのです」と呼びかけた。これはこれでフルトヴェングラーにとっての真実ではあったのだろう。

しかし、ドイツの外でこの呼びかけに応じる者はいない。

四月下旬、トスカニーニはミラノへ帰っていたが、そこへバイロイトからの使者が来て、最終的な話し合いをもった。その結果、トスカニーニは出演を断念し、ヴィニフレートへこう電報を打った。

「私の望みに反して、また、私の藝術家としての、そして人間としての感情を傷つける事態が、いかなる変化もなく継続している事実に鑑みて、バイロイトへの招聘をお断りすることが、私とあなた、また皆様の安寧のために適切だと思うに至ったことをお伝えすべきと決心しました」

こうしてトスカニーニはバイロイトと訣別した。ヴィニフレートは友情が終わったこともさることながら、音楽祭の行く末を思い、絶望した。

ヒトラーは、わざわざ電報まで打ったのに顔を潰されたと激怒し、ヴィニフレートに当たったらしい。予想通り音楽祭はブッシュにトスカニーニの代役を打診し、予言通りブッシュは毅然として断った。代役を引き受けたのはリヒャルト・シュトラウスだった。

ヒトラー政権はまだベルリンの歌劇場に残っていたユダヤ系の音楽家を解雇した。トスカニーニのご機嫌を取る必要がなくなったので、ユダヤ人排斥は激化していった。
七月十二日、バイロイト音楽祭はドイツ国首相アドルフ・ヒトラー臨席のもと、華々しく開幕した。

バイロイトに出演しなくなったトスカニーニは、翌一九三四年は、オーストリアの音楽祭への出演を決めた。一八八七年に始まり、いまもなお続くザルツブルク音楽祭である。ザルツブルクはオーストリアの小さな都市で、モーツァルトの生地として知られる。この音楽祭はモーツァルトを称える目的で始まったものだ。七月から八月にかけて四十日近く、毎日、オペラやコンサートが上演される。

一九三四年時点でのオーストリアは、まだドイツに併合されていなかったので、ザルツブルク音楽祭は「自由の砦（とりで）」となり、ドイツを追われ、そしてドイツでは演奏しないと決意した多くの音楽家が出演した。もちろん、ユダヤ系の音楽家も出演した。

三四年のザルツブルク音楽祭は、開幕直前にオーストリアの首相がナチスによって暗殺され、暗い雰囲気で始まった。その暗雲を吹き飛ばしてくれたのが、トスカニーニだった。

フルトヴェングラーは一九三六年からバイロイト音楽祭へ復帰した。

パレスチナへ

ヴァイオリニスト、ブロニスラフ・フーベルマン（一八八二〜一九四七）はポーランドで生まれた。父は弁護士でユダヤ系だった。神童としてデビューし、瞬く間にスター演奏家となった。

ナチス政権によるユダヤ人排斥が始まると、フーベルマンはいち早くそれに抗議した音楽家のひとりだった。

まず、一九三六年にロンドンの新聞に「ドイツの知識層への訴え」と題する投稿をした。そこでは、ドイツのインテリ層がナチスを黙認していることが耐え難いとし、ナチスの台頭に何ら反対していないことは、ナチスにこびへつらい同調していることと同じだと訴え、声をあげることを求めた。ここまで書いた以上、フーベルマン自身の行動も問われる。彼は現状を嘆き憂い悩むだけの知識人ではなく、行動の人だった。その知名度と財産が武器だった。

フーベルマンはナチスに対抗するため、ユダヤ人によるオーケストラを結成すべく動き出すのだ。一九三四年暮れにエルサレムで、副市長や司法長官をまじえた会議が開かれ、フーベルマンは力説した。

「自分はそれまでは汎ヨーロッパ主義に共鳴していたが、もはやそんな悠長なことを言っている場合ではない。ナチスと闘うためには、言論だけではだめで、具体的なものが必要だ。それこそがオーケストラなのだ。ナチスはユダヤ人が劣等人種だと言っているが、パレスチナの地にユダヤ人によるすばらしいオーケストラを作れば、ナチスの思想が誤りであることの証明になる。そして同時に多くの音楽家を救うことにもなるし、未来にも貢献できる」

フーベルマンの熱意が通じ、この会議でオーケストラ設立が決まった。彼としては、ナチスに対抗するオーケストラである以上、アマチュアではだめで、一流の音楽家を集めなければならない。彼の呼びかけで、ポーランドやロシア出身でドイツで学んだユダヤ系の音楽家たちがテルアヴィヴに集まってきた。そのなかには、ベルリン、ライプツィヒ、ドレスデンのオーケストラで演奏していた者もいた。

こうして一九三六年十二月に、パレスチナ管弦楽団として、最初のコンサートをすることになった。その指揮者として招聘されたのが、ユダヤ人ではない、トスカニーニだった。反ファシズム、反ナチスの闘士として、彼以上にふさわしい指揮者はいない。

一九三六年十二月二十六日、テルアヴィヴでパレスチナ管弦楽団の第一回のコンサートが開かれた。トスカニーニが指揮し、ロッシーニの《絹のはしご》序曲、ブラームスの交響曲第二番、シューベルトの《未完成》交響曲、メンデルスゾーンの《真夏の夜の夢》、ヴェーバーの《オベロン》序曲が演奏された。ロッシーニを除けば、ドイツ音楽によるプログラムだった。

この曲目もまた、ナチス・ドイツへの挑戦だった。トスカニーニは、アーリア人でなければドイツ音楽は演奏できないという考えの間違いを証明してみせたのだ。

ザルツブルクでの対決

一九三七年、バイロイト音楽祭に出演していたフルトヴェングラーがザルツブルク音楽祭にも出ることになった。しかも、ベートーヴェンの「第九」を指揮するという。

二つの音楽祭の掛け持ちはしないという暗黙のルールを破る行為だった。

トスカニーニは音楽祭に対し抗議したが、決定は覆らなかった。この年のトスカニーニは、ベートーヴェンの交響曲第六番《田園》と《フィデリオ》、ヴェルディの《ファルスタッフ》、ワーグナーの《ニュルンベルクのマイスタージンガー》[*9]を指揮することになっていた。トスカニーニはこれらをキャンセルすることも考えたが、代役としてフルトヴェングラーが振るかもしれないので、ザルツブルクへ向かった。

かくして、ザルツブルクを舞台にし、トスカニーニとフルトヴェングラーの因縁の対決となった。

ザルツブルク音楽祭の期間中、この二人が言い争いになったのは事実のようなのだが、その状況については、諸説ある。

トスカニーニの演奏会の後、フルトヴェングラーが楽屋を訪問し、言い争いになったというのが、第一の説だ。

トスカニーニは「君とは会いたくない」と追い返そうとした。フルトヴェングラーが「なぜですか?」と訊くと、「君がナチスだからだ」と答えた。

フルトヴェングラーは「私はナチスではありません」と反論したが、「いや、党員証を持っていようといまいと、君はナチスだ。君はヨーロッパでのポジションを失わないために、ロンドンでユダヤ人と会ったりもしている。しかし、ドイツで、君はヒトラーのために働いているではないか」とトスカニーニが言って決裂した。

第二の説は、トスカニーニの《マイスタージンガー》公演後のパーティーで二人が顔を合わせたという説だ。

フルトヴェングラーが来ているのを見つけたトスカニーニは、近寄るとこう言い放った。

「自立してものを考える人を迫害する制度を承認するような男は、ベートーヴェンの交響曲(「第九」のこと)を誠実に解釈することはできない。君たちナチスは精神を抑圧している」

第三の説が、ザルツブルクの街角で二人は偶然に会い、トスカニーニから近づいて話しかけたというものだ。トスカニーニはこう言った。

「今日(こんにち)のような世界情勢下では、奴隷化された国と自由な国の両方で同時にタクトをとることは藝術家にとって許されない。君がバイロイトで指揮するのなら、君はザルツブルクでは指揮できない」

フルトヴェングラーは「私自身は、音楽家にとって自由な国も奴隷化された国もないと考えています。ワーグナーやベートーヴェンが演奏される場所では、人間はいたるところ、自由なのです」と反論した。

あるいは、トスカニーニが言ったのは、「ザルツブルクは私が指揮する、君はバイロイトを指揮したまえ」程度のことだったとの説もある。

録音されているわけではないし、二人だけの対話なので、真相は藪の中だ。

たしかなことは、このザルツブルクでの論争が、この二人の大指揮者がこの世で会った最後の機会だということだ。

トスカニーニは、この一九三七年の夏はニューヨーク・フィルハーモニックを辞任し、引退を宣言してから、ザルツブルクに来ていた。この年、ちょうど七十歳だった。

しかし、音楽界は彼の引退を認めなかった。

アメリカの三大ネットワークのひとつ、NBCが新たにオーケストラを結成することになり、その音楽監督としてトスカニーニを招聘したのだ。最初は固辞したが、トスカニーニは説得に応じ、人生最後の仕事として、放送局専属のオーケストラという新分野に挑んだ。楽団員はオーディションで選ばれた。この新しい楽団は、ナチスに追われヨーロッパからアメリカへ渡ったユダヤ人音楽家の受け皿という役割も持った。

一九三七年十二月二十五日のクリスマスから、トスカニーニ指揮のＮＢＣ交響楽団の演奏会（同時に放送された）が始まった。

翌三八年二月六日、トスカニーニはイタリア福祉連盟のためのチャリティーコンサートをカーネギー・ホールで開催し、「第九」を指揮した。これは、自由と民主主義のための闘争の一環としての「第九」だった。

以後、トスカニーニは政治目的のチャリティーコンサートに数多く出演する。第一次世界大戦中に、イタリアのために演奏したのと同じだった。

イタリアの外で、国家としてのイタリア＝ムッソリーニ政権と闘う側にいても、彼にとって、すべてはイタリアのための闘いだった。

ザルツブルクとの訣別

こうしてトスカニーニはまたもニューヨークを拠点として活動することになった。

それでも夏はヨーロッパへ帰り、ザルツブルク音楽祭に出るつもりだった。

しかし、政治がそれを不可能とした。

ヒトラーはオーストリアをドイツに組み入れるという野望を抱いていた。すでに一九三四年七月、ザルツブルク音楽祭開幕直前に、オーストリア・ナチスは当時の首相ドルフス（一八九二～一九三四）を暗殺し、一気にクーデターを起こそうとしたことがある。しかし、首相暗殺によりオーストリア国内の反ナチス感情が高まり、これは失敗に終わった。

ドルフス暗殺後、首相となったクルト・シューシュニック（一八九七〜一九七七）はヒトラーの要求には屈しない姿勢をとっていた。

だが、一九三六年七月には独墺協定が結ばれ、オーストリアの独立は維持しつつも、ドイツの支配力が強まっていく。

一九三八年二月十二日、ヒトラーとシューシュニックとの会談で、オーストリアは大幅な譲歩を迫られた。ヒトラーは軍事力をちらつかせて威嚇したのだ。かくして、シューシュニック首相は、ナチスに転向していたアルトゥル・ザイス＝インクヴァルト（一八九二〜一九四六）を内務大臣に任命せざるをえなくなった。また、オーストリア・ナチスが公然とドイツへの併合を求める動きを展開していた。

この動きにトスカニーニは抗議し、ザルツブルク音楽祭の幹部に「現在のオーストリアの政治状況では、夏の音楽祭出演を辞退する」と通告した。

トスカニーニのこの動きを知った指揮者ブルーノ・ワルターは、オーストリアの政権を信用してくれ、辞退を考えなおしてくれと電報を打った。

「あなたなしでは、ザルツブルクはやっていけません。私だけにしないでください」とワルターは切実に訴えたのだ。

「あなたが行かなければ、フルトヴェングラーが跋扈するでしょう。それは私には耐えられません。フルトヴェングラーの同類と思われたくないので、私もザルツブルク音楽祭から離れるでしょう」とまで書いた。

しかしトスカニーニは「私の決断はどんなに苦渋に満ちたものであれ、最終的なものだ。私は妥協が嫌いなのだ。これまでの人生を振り返れば、そこには歩いてきた真っ直ぐな道があり、これからも、常に真っ直ぐな道を行く」と返事を出した。

トスカニーニが出演しなくなったと知ったフルトヴェングラーは、ザルツブルク音楽祭へ問い合わせ、代役の依頼を受けた。しかし、ヒトラー政権はフルトヴェングラーのザルツブルク音楽祭への出演を許可しなかった。この時点でのオーストリアは、ヒトラー政権にとっては、自分の言うことをきかない厄介な外国だった。フルトヴェングラーがザルツブルク音楽祭を救うことは、結果としてオーストリアを助けることになるので、ヒトラーとしては容認できないのだ。

ザルツブルク音楽祭＝オーストリアは、トスカニーニからはナチスと思われ、ヒトラーからは反ナチスと思われていた。

シューシュニックはナチス・ドイツへの最後の抵抗手段として国民投票に打って出て、「ドイツとの合併」か「自主独立」のどちらがよいかを問うことにした。彼としては国民は「自主独立」を選択するに違いなく、その国民世論を武器としてヒトラーに抵抗するつもりだったのだ。

ヒトラーもまた妥協を許さない人だった。もはや悠長なことはやっていられないとばかりに、三月十日にオーストリア制圧作戦を発動し、十二日にはドイツ国防軍がオーストリアとの国境を越えた。

オーストリアはドイツ国防軍の前にあっさりと屈服し、十三日に独墺併合が決まり、シューシュニック内閣は国民投票の中止と総辞職に追い込まれた。ザイス＝インクヴァルトが次の首相となった。

このニュースをニューヨークの演奏会場で知ったトスカニーニは、楽屋に閉じこもった。ドアの前に立った者は彼が号泣しているのを聞いた。

オーストリア併合を合法化するため、四月十日に国民投票が行なわれ、実にオーストリア人の九十九・七パーセントが賛成という結果となった。オーストリア国民は、逆らっても無駄だと思ってしまったのだろうか。

国民投票から十日後の四月二十日はヒトラーの誕生日でもある。

この日、フルトヴェングラーはウィーンの国立歌劇場で、ヒトラーが最も好きな《ニュルンベルクのマイスタージンガー》を指揮した。

オーストリアがナチス・ドイツに併合されたことにより、ザルツブルク音楽祭は「自由の砦」ではなくなった。トスカニーニに続いてブルーノ・ワルターも出演をキャンセルした。そして、オーストリアが晴れてドイツの一部となったので、ヒトラー政権はフルトヴエングラーのザルツブルク音楽祭出演を許可した。

フルトヴェングラーはザルツブルクでも、ヒトラーが最も好きな《ニュルンベルクのマイスタージンガー》を指揮した。

第二次世界大戦とトスカニーニ

自由の砦としてのザルツブルク音楽祭を失ったトスカニーニたち自由の戦士は、一九三八年の夏は、永世中立国スイスのルツェルンへと向かった。

ルツェルンは湖畔にある都市で、一九一〇年代から夏に小規模の音楽祭が開催されていたが、ザルツブルクに客を奪われ、何年も開催されない状態が続いていた。そこで新しいホールが建てられたのを機に、音楽祭再開の気運が高まっていたのだ。

そこへオーストリア併合が起き、トスカニーニがザルツブルクには出ないこととなった。ルツェルン側が打診すると、トスカニーニはルツェルンへ行ってもいいと言う。そこで、ルツェルン音楽祭が再開されることになった。

トスカニーニだけではない。ワルターも来たし、メンゲルベルク、アンセルメ、コルトー、フォイアマン、アドルフ・ブッシュ、ルドルフ・ゼルキンといった世界的巨匠たちが、スイスの湖畔の街へ結集した。

翌三九年もルツェルンの音楽祭は開催された。八月二十九日のコンサートで、トスカニーニは、娘の夫であるピアニストのヴラディミール・ホロヴィッツ（一九〇三〜八九）をソリストに、ブラームスのピアノ協奏曲第二番[*10]を指揮した。

その三日後の九月一日、ドイツがポーランドへ侵攻し、第二次世界大戦が勃発した。トスカニーニはホロヴィッツとともにニューヨークへ向かった。この次に、彼がヨーロッパで演奏するのは、終戦後のことだ。

こうして、ヨーロッパは多くの偉大な音楽家を失った。ユダヤ系の人びとはもちろん、ナチスに反抗する者たちもヨーロッパを去り、その多くはアメリカで活躍した。四〇年のルツェルン音楽祭は戦争のため中止となり、四一年以降はイタリアやドイツの音楽家たちが出演した。


トスカニーニは戦争中はアメリカで活躍し、連合国軍のためのチャリティーコンサートを何回も指揮し、音楽でファシズムと闘った。

第二次世界大戦は、反ナチスの一点で米ソが共闘した戦争だった。そのため、ソ連を代表する作曲家となっていたショスタコーヴィチの、ドイツとの闘いを音楽にしたとされる交響曲第七番《レニングラード》のアメリカでの初演[*11]は、反ファシズムの闘士であるトスカニーニが一九四二年七月十九日に指揮した。

一九四三年七月二十五日、イタリア国内の政変で、ムッソリーニは失脚した。そのニュースはトスカニーニがニューヨークで戦争債のためのコンサートを指揮していた最中に届き、彼は手を叩(たた)いて喜んだ。

九月八日にイタリアが降伏すると、翌九日、トスカニーニは放送のための演奏会で、勝利(ヴィクトリー)のVにちなみ、ベートーヴェンの交響曲第五（V）番第一楽章と、圧政からの解放を描いたオペラ《ウィリアム・テル》の序曲、イタリア統一運動の英雄を讃えた《ガリバルディ讃歌(さんか)》、そしてアメリカ国歌を演奏した。なんとも政治的なプログラムだ。

戦争とイタリアの混乱は続く。イタリアは、北はドイツに占領され、その後押しでムッソリーニが生き延び、南は連合国の支配下に置かれた。北部ではドイツに対する抵抗運動が激化し、内戦状態になる。

イタリアの内戦は続いたが、一九四五年四月、ついにムッソリーニはパルチザンに捕らえられ、このイタリアの独裁者は二十八日に処刑された。

四月三十日には連合国軍に包囲されたベルリンでヒトラーが自殺した。ドイツは五月七日に降伏する。

五月八日、トスカニーニは対独戦勝利を祝い、ベートーヴェンの第五番[*12]を演奏した。

悪の枢軸である日独伊のうち、残るは日本のみだった。八月に入り、六日に広島、九日に長崎に原爆が投下され、一方、ソ連も参戦し、日本は無条件降伏を受け入れた。

九月一日（日本時間では二日）、対日戦勝利を祝い、トスカニーニはベートーヴェンの第三番《英雄》[*12]とアメリカ国歌を演奏した。

こうしてトスカニーニの戦争は終わった。

彼がイタリアへ帰国するのは、四六年春のことだ。五月十一日に、空襲から再建されたスカラ座の再建記念コンサート[*13]を指揮した。

引退

その後もトスカニーニは音楽界の巨匠として生き続けた。しかし、一九五四年についに引退する。記憶力が衰え、演奏中に何を演奏しているのか分からなくなってきたのだ。

トスカニーニの最後のコンサートは一九五四年四月四日、カーネギー・ホールでのNBC交響楽団の演奏会[*14]だった。トスカニーニのために一九三七年に結成され、戦争中も演奏し続けたオーケストラである。その演奏会はNBCによって全米に放送された。

しかし、トスカニーニが引退すると同時にNBCは楽団の解散を決めた。巨匠なしでは客が入らないし、レコードも売れないとの判断だった。独裁的カリスマ指揮者の人気に頼っていたオーケストラは、その指揮者の引退と共に崩壊するしかないのか。

トスカニーニは自分が引退したらオーケストラが解散させられると知っていた。だから、限界ギリギリまでがんばってみた。しかし、力尽きた。

オーケストラの楽団員は解散を受け入れ、しかし、自分たちで自主運営のオーケストラとして存続していこうと決めた。新たに、シンフォニー・オブ・ジ・エアという名前のオーケストラになり、一九六三年まで活動を続ける。一九五五年には来日公演もしており、これは欧米のオーケストラとしては史上初の来日公演だった。

フルトヴェングラーはトスカニーニ引退の半年後の一九五四年十一月に亡くなった。


トスカニーニがニューヨークで亡くなるのは、一九五七年一月、九十歳になる二カ月前のことだった。

イタリアの独裁者ムッソリーニは処刑され、誰も追悼コンサートなど開かなかった。ヒトラーも自殺し、追悼演奏会はない。

しかし、音楽界の独裁者——歌劇場やオーケストラに君臨し、専制君主、暴君と批判もされたトスカニーニは、引退後もかつての楽団員に慕われ、シンフォニー・オブ・ジ・エアは追悼演奏会[*15]を開いた。指揮をしたのはトスカニーニの盟友ブルーノ・ワルター、シャルル・ミュンシュ他の名指揮者たちだった。

第Ⅲ章
沈黙したチェロ奏者

パブロ・カザルス

Francisco Franco
Pablo Casals

スペインのフランシスコ・フランコは武力によって政権を獲得してから死ぬまで、三十六年にわたり独裁者として君臨した。

戦後の西側世界がフランコ独裁体制をなし崩し的に受け入れていくなか、スペイン人として最後まで抵抗した人――チェロ奏者にして指揮者でもあった、パブロ・カザルスが選んだのは、演奏しないことであった。

音楽を演奏することによって何かを訴える音楽家は数多くいるが、演奏を拒否することで訴えたひとも何人かいる。たとえば、ユダヤ系のアルトゥール・ルービンシュタインやアイザック・スターンが、戦後のドイツでは絶対に演奏しないとの姿勢を貫いた。

しかしカザルスが演奏を拒否したのは、もっと広い範囲だった。

修業時代とスペイン王家

パブロ・カザルス（一八七六〜一九七三）はスペインのカタルーニャ地方、バルセロナから南西へ五十六キロのところにある、地中海に面したアル・バンドレイで生まれた。父は教会のオルガン奏者で、共和主義者だった。

スペイン近現代史はめまぐるしい。

約百七十年間続いたスペイン・ブルボン王朝は、一八六八年のクーデターによりイザベル二世が退位に追い込まれ、いったん、終焉(しゅうえん)を迎えた。だがクーデターを起こした勢力は、その後の体制については何も考えていなかったので、すぐに内部分裂を始めた。完全な共和制を求める者もいれば、ブルボン王朝以外の王制を求める者もいた。結局、イタリア国王ヴィットリオ・エマヌエーレ二世の第二皇子アマデオが、一八七〇年にスペイン議会の承認で新たな国王となった。アマデオ一世である。

だが、アマデオ一世は三年後の一八七三年に議会と対立し、国民の支持もなく行き詰まり退位してしまった。次の王位を継ぐ者が見当たらず、議会は混迷し、同年二月に共和制を宣言してしまう。しかしどのような共和制にするのか何らビジョンがないまま、はずみで宣言された共和制だったので、十一カ月の間に大統領が三人も交代する混迷ぶりで、この第一共和政は王党派の将軍によるクーデターで終焉を迎えた。

一八七五年一月十四日、イザベル二世の子アルフォンソ十二世が、十七歳にして新しいスペイン国王に即位した。ブルボン王朝の復活である。

カザルスが生まれたのはこの王政復古時代にあたる。

カザルスの音楽の才能は早くから見出されたが、父は音楽家にさせようとは考えていなかった。家計も厳しかったので、カザルスは建具屋に弟子入りすることが決まっていたが、十一歳になってから初めてチェロを弾くと、その魅力に取り憑かれた。それを見ていた母が父を説得して、カザルスにチェロの勉強をさせることになった。

一八八七年、カザルスは故郷バンドレイを出て、バルセロナの音楽学校に入った。その二年後、作曲家イサーク・アルベニス（一八六〇～一九〇九）がバルセロナにやって来た。当時のアルベニスはロンドンとパリを拠点としており、カザルスが弾くチェロを聴いてすっかり気に入った彼は、ロンドンに一緒に連れて行きたいとまで言ってくれた。だが、カザルスの母が「まだその時期ではありません」と断った。アルベニスはスペイン王室の枢密顧問官モルフィ伯爵への紹介状を書いてくれた。

カザルスはバルセロナで音楽の修業を続けていたが、一八九三年にもうバルセロナで学ぶことは何もないと、アルベニスからもらった紹介状を手にマドリードに向かった。十七歳になっていた。

一八七五年に即位したアルフォンソ十二世は、「君臨すれども統治せず」というイギリス王制に学び、国政には関与しないが国民とは直接触れ合った。そのため人気が高かったのだが、一八八五年十一月に二十八歳にして肺結核で亡くなってしまう。この時点ではまだ王子（アルフォンソ十三世）は生まれていなかったので（翌年五月に誕生）、王妃マリア・

クリスティーナが摂政となり、次の国王が成人するまで統治することになった。実質的な女王である。

カザルスがアルベニスの紹介状を持ってモルフィ伯爵を訪ねたのは、王妃マリア・クリスティーナが摂政女王として君臨していた時期で、国王アルフォンソ十三世はまだ七歳の少年だった。

モルフィ伯爵はカザルスのチェロを気に入り、さっそく摂政女王マリア・クリスティーナの前で演奏することになった。女王はそれ以来、カザルスが後に回想するには「女王は私に対してたいへん親切に接見された。私にとって、第二の母親となったのです」。

摂政女王は自分でもピアノを弾くとても音楽好きな人だったので、この若い天才を援助することを快諾した。王室はカザルスの学費を出すだけでなく、部屋まで用意してくれた。カザルスは音楽だけでなく、文学、美術、地理、哲学、数学、歴史なども学んだ。少年国王アルフォンソ十三世ともカザルスは親しくなった。カザルスのほうが十歳上なので、遊び相手をしてやったというような関係だ。

マドリードで暮らして三年が過ぎた一八九六年、カザルスをオペラの作曲家にさせたいモルフィ伯爵と、チェロ奏者にしたい母との間で意見が対立した。結局、折衷案として、王室の援助でベルギーのブリュッセル音楽院で学ぶことになった。だが、カザルスはすぐに教授と対立して退学してしまい、パリへ向かった。これにより王家からの経済援助は打ち切られてしまった。

パリでの困窮生活は長続きせず、カザルスは父の待つバルセロナへ戻り、音楽学校の教師として生計を立てることにする。

一八九八年、スペインはアメリカとの米西戦争で敗北した。スペイン領だったキューバは独立し、プエルトリコとグァムはアメリカに割譲され、フィリピンはアメリカに売却されることになった。かつての「日の沈まぬ帝国」は完全に崩壊した。いまやスペインの植民地はアフリカのモロッコのみとなった。

こういう時期の一九〇二年、アルフォンソ十三世は十六歳となり成人と認められた。これにより母マリア・クリスティーナの摂政政治からアルフォンソ十三世の親政へと移行し、数多くの難題がこの若い国王にのしかかる。

スペイン国家の凋落(ちょうらく)ぶりと反比例するかのように、カザルスの名声は高まっていた。彼はバルセロナを拠点とし、世界各地にチェロ奏者として演奏しに行くようになった。一九〇四年にはバッハのソロ・ソナタ組曲(無伴奏チェロ組曲)を初めて公開演奏した。この曲はカザルスによって発掘され、名曲としての地位を得たものだ。

一九〇五年にはピアニストのアルフレッド・コルトー(一八七七〜一九六二)と、ヴァイオリニストのジャック・ティボー(一八八〇〜一九五三)と三重奏団を結成した(コルトーについては、第Ⅳ章に記す)。一方、一八九八年からは指揮者としての活動も始めた。

三十代になり、カザルスは音楽家としての円熟の時期を迎えていた。

第一次世界大戦でのカザルス

フランシスコ・フランコ（一八九二〜一九七五）はスペイン北西部のガリシア地方のフェロルで軍人の子として生まれた。カザルスよりも十六歳、下になる。

フランコは十五歳になる一九〇七年に陸軍士官学校へ入り、十八歳で卒業すると少尉となった。二十歳になる一九一二年からは北アフリカの守備隊に所属した。北アフリカのモロッコはスペインの唯一の植民地だったが、独立運動が激化しており、フランコはその鎮圧に従事したのである。

一九二〇年代に入ると、フランコの名はスペインの新聞にたびたび登場するようにまでなっていた。

一九一四年からの第一次世界大戦でスペインは「絶対中立」を宣言した。といっても、平和主義の立場での中立ではない。スペイン国内の世論が、ドイツ・オーストリアなどの同盟国支持と、イギリス・フランス・ロシアなどの連合国支持とに分裂し、国論を統一できなかったからだ。さらに、ドイツともイギリス、フランスなどとも同盟関係になかったので、参戦する義理がなかった。そして何よりも、軍事力をモロッコの独立運動鎮圧に傾注しなければならないという事情もあった。

中立を宣言したおかげで、戦争をしている両陣営からの軍需物資や民生品の需要が増大し、スペインは未曽有の好景気に沸いた。戦争特需である。しかし景気はよくなったが物価が上昇、賃金の上昇がそれに追いつかず、都市労働者と農民が困窮していった。モロッコ問題では政府と軍が対立するなど、スペインの政治は安定しない。国際的にもロシア革命が成功し、労働運動は高揚していった。

第一次世界大戦が始まった時、カザルスはニューヨークで暮らしていた。アメリカはなかなか参戦しなかったし、大西洋を挟んでいるので、戦争は、カザルスにとっても対岸の火事でしかなかった。

カザルスにとって戦争が現実の脅威となったのは、スペインの作曲家グラナドスの死によってだった。エンリケ・グラナドス（一八六七～一九一六）とカザルスは親しく、グラナドスの六人の子のひとりの名付け親になったほどの関係だった。一九一六年一月、グラナドスの新作オペラ《ゴイェスカス》がニューヨークで初演されるので、それに立ち会うため、彼は妻と共にアメリカを訪れていたのだ。

初演の後は、ウィルソン大統領の前で演奏するためホワイトハウスにも招かれた。こうして大成功した後、グラナドスはイギリス経由でスペインへ帰ったのだが、英仏海峡を渡る時、ドイツ軍の潜水艦の魚雷攻撃に遭遇し、船が撃沈された。グラナドスはいったん救命艇に助けられたのだが、妻が波間に浮かんでいるのを見つけると飛び込み、そのまま二人とも帰らぬ人となった。

親しい友人の訃報を受け、カザルスは追悼コンサートを開いた。

カザルスはその後も、ヨーロッパとアメリカを行き来し、あるいはロシアにも行くなど、演奏活動を続けていた。

一九一七年にアメリカも参戦すると、敵国であるドイツの音楽の演奏をボイコットする動きが出てきた。一九一八年、カザルスはニューヨークにベートーヴェン協会を結成し、そうしたドイツ音楽ボイコット運動に抵抗した。

戦争が終わると、カザルスは自分の生き方を見直すことにした。それまでの五年間は、一年の半分をアメリカ、残りをヨーロッパでという生活をしており、大西洋を十一回も渡った。そんなことをしていていいのだろうか。四十歳を過ぎ、そろそろ落ち着いた生活を送りたくなったカザルスは、バルセロナへの帰還を決め、ニューヨークを引き払った。

バルセロナに戻ったカザルスは、一九二〇年に新しいオーケストラを結成した。世界最高のチェロ奏者としての栄光に浴しながらも、カザルスはチェロだけでは表現できない音楽を求めるようになっていたのだ。

新しいオーケストラは、八十八人の楽団員をカザルス自身が雇って結成された。いい音楽をバルセロナにもたらしたいというカザルスの信念があったからこそ、できたことだ。そして信念だけでは物事は動かない。カザルスはオーケストラのために当時の金額で三十二万ドルの私財を投じたが、それだけの金額を演奏活動で稼ぎ出していたのだ。

パウ・カザルス・オーケストラは一九二〇年十月十三日に最初の演奏会を開いた。「パウ」とはカザルスの名「パブロ」のカタルーニャ風の呼び方だ。オーケストラにはやがて後援会組織もでき、財政的にも安定していった。毎年春と秋に各十回の演奏会を開き、以後十六年間に三百七十回以上も演奏会が開かれた。

演奏する側の態勢が整うと、カザルスは聴衆を育てるために、労働者のための音楽鑑賞組織を作った。安い会費を払えばカザルスのオーケストラの演奏が聴けるという組織だ。後に世界各国にこのような組織が作られ、日本でも勤労者音楽協議会（労音）が戦後結成されるが、カザルスの勤労者音楽協会はその先駆けとなるものだった。

勤労者音楽協会の最初の演奏会は一九二六年五月に開かれた。


カザルスがバルセロナを拠点に民衆のための音楽活動を始めていた時期、スペインは軍事独裁政権下にあった。

一九二一年七月、スペイン領モロッコで、独立運動派の解放軍とスペイン軍とは大規模な戦闘に入り、解放軍が勝利した。一万四千人のスペイン軍は九千人の死傷者を出すという大敗北を喫したのである。

国民はこの敗戦を国王・政府の責任だと追及し、政府と議会、さらに軍の間で激しい対立が生じていった。国王アルフォンソ十三世は軍に好意的だったため、国民は国王の責任も追及していく。王制は危機に瀕(ひん)していった。

しかしこの王制の危機は共和制ではなく、より反動的な軍事政権を生んだ。一九二三年九月、プリモ・デ・リベーラ将軍がクーデターを起こしたのである。政府と議会はこのクーデターを認めようとせず、クーデター首謀者の処分と議会開会を国王に求めたが、アルフォンソ十三世はこれを却下し、プリモ・デ・リベーラ将軍を首相に任命してしまい、軍事独裁政権が誕生した。これは国王自らが立憲制を否定するものだった。

国王との対決

カザルスが生まれたカタルーニャ地方はスペインであって、スペインではない。現在はスペインの自治州となっているが、中世には現在のフランスのルシヨン地方を含む、カタルーニャ君主国という独立した国だった。いろいろな経緯があり、スペイン王国の支配下にあったが、そこに暮らす人びとは独自の言語と文化を守り続け、独立を求めていた。

カザルスは青年時代にスペイン王室の援助を受けていたが、彼の父が共和主義者だったこともあり、王室に盲従する人ではなかった。

一九二九年、アルフォンソ十三世はバルセロナを訪れた際に演説で、「私はフェリペ五世の後継者である」と言った。フェリペ五世は、一七一四年にバルセロナを包囲しカタルーニャを中央集権体制に組み入れた、スペインのブルボン王朝の最初の国王で、カタルーニャ語の使用を禁じたので、バルセロナを含むカタルーニャの人びとが怨み骨髄に思っている歴史上の人物だ。当時のプリモ・デ・リベーラ政権はカタルーニャの自治を認めようとしていなかったので、ただでさえバルセロナの人びとの間には反政府感情があった。国王は、そんなところで、最も忌み嫌われている人物の名を出し、自分はその後継者だと言ってしまったのだ。

バルセロナの人びとの間で、国王への批判が高まった。

カザルスは思想的には共和制を支持していたが、スペイン王室を敬愛してもいたので、バルセロナの人びとと国王とが対立を深めていることを憂いていた。そんな時、マリア・クリスティーナ太后から会いたいとの連絡があった。

カザルスは宮殿で太后と面談した。しかし、バルセロナでの国王の演説について自分からは口に出さなかった。カザルスは「沈黙」した。太后はカザルスの沈黙から、彼が何かの抗議をしているのだとは感じたようだが、彼女から質問することも、語ることもなく、この面談は何も実を結ばなかった。

この一九二九年はバルセロナで万国博覧会が開催された年で、アルフォンソ十三世は開会式に出るために、再びバルセロナを訪れた。そして公式日程には、リセウ劇場でのカザルスのオーケストラの演奏会を聴くことも組まれていた。

リセウ劇場のロイヤルボックスに国王が着くと、客席からはほとんど拍手は出なかった。バルセロナの人びとは国王を冷淡に迎えたのだ。その後、カザルスが登場すると、聴衆は総立ちとなり、熱狂的な拍手が沸き起こった。人びとは、まさに態度で示したのだ。拍手は何分も止まず、ついに国王までもが立った。カザルスは「演奏会にかこつけて、みなが抗議をしていることは明らかだった」と振り返っている。「私も、同胞たちと同じようにあの演説は不当だと思っていたが、あれほどまでに私に好意を寄せていた王室を侮辱したと思うと、胸が痛むほど悲しかった」。

国王は、いつもならば休憩時間にロイヤルボックスに演奏者を招くものだが、この日、カザルスは呼ばれなかった。国王への冷淡な対応とカザルスへの熱い拍手は、カザルスが仕組んだものではない。自然に発生したものだった。しかし国王としては、カザルスに不快感を示すしかなかったのだ。

カザルスは「これで私と王家との関係も終わりだ」と思った。「そのことを、とりわけ太后に対しては心から残念に思った。しかし、私も同胞たちと同じ感情を分かち持っているのだから、王家にお詫びはできなかった」。

その数週間後、イタリア国王ヴィットリオ・エマヌエーレ三世と、その后でモンテネグロ女王であるエレーナがスペインを訪れた。カザルスは御前演奏をするよう、マドリードのオリエンテ宮殿に呼ばれた。演奏が終わると、多くの人が見守るなか、アルフォンソ十三世がカザルスに近づき、こう言った。

「パブロよ、カタルーニャの人びとがどんなに君のことを愛しているか、それを目の当たりにできて、私はとても嬉しかったよ。そのことを伝えたかった」

カザルスは王家と和解できたのだ。

プリモ・デ・リベーラ将軍の軍事政権の不人気ぶりは、カタルーニャに限らなかった。スペイン全土で、強権的な政権への不満が溜まっていった。世界恐慌はスペインにも波及し、失業者が増大し、政権への批判はますます高まった。

国王アルフォンソ十三世は自分にまで責任が及ぶのを避けようと、プリモ・デ・リベーラ将軍に対し首相を辞任するように求め、一九三〇年一月、軍事政権は終わった。

アルフォンソ十三世の目論見は、しかし、外れた。プリモ・デ・リベーラ将軍が辞任すると、国民の批判は国王へ直接向けられたのだ。立憲制を自ら否定し、将軍による軍事独裁を許した国王への批判は強く、共和制を求める声が高まっていった。

一九三一年四月、全国の自治体選挙が実施された。自治体の選挙ではあったが、実質的には王制か共和制かを選択する国民投票であった。

農村部では王制支持が多数だったが、都市部では共和制派が多数となり、四月十四日、アルフォンソ十三世は「国民の愛を喪ったことを知った」と述べ、退位を宣言しパリへ亡命した。

生涯最高の日の「第九」

一九三一年四月十四日、カタルーニャはスペインの自治州となったと宣言した。

カザルスは政党に属し選挙に立候補して議員になるという意味での「政治家」ではなかったが、彼は政治を避けることも逃げることもせず、無関係を装うこともしない。王家とも親しくつきあう一方で、カタルーニャの民族主義運動の指導者で、プリモ・デ・リベーラ独裁政権への抵抗を続けたフランシスコ・マシア（一八五九〜一九三三）将軍とも親しかった。

マシアは新しいカタルーニャ自治政府の大統領となった。

新政府樹立を祝う祝典がバルセロナで開かれ、ベートーヴェンの「第九」が演奏された。コンサートが行なわれたのは、バルセロナ市街を見渡すことのできるモンジュイック宮殿で、七千人が出席した。

指揮は、もちろんカザルスだった。

カザルスの「第九」が終わると、マシア大統領がこう宣言した。

「友愛の讃歌の翼に乗って、共和国が誕生した」

カザルスはこう回想する。

「あのとき、私は人間と音楽が真に相和したと思った。あの瞬間は、戦いと苦悩の長い年月を通じてわが国民が夢に見た、人類の最高の念願である、自由と幸福と万人の友愛に捧げられたひとつの政治体制の誕生を象徴したと私は思った」

カザルスにとって、そしてカタルーニャの多くの人びとにとって、生涯最高の日だったはずだ。

カザルスはカタルーニャ政府から公職へ就いてほしいと要請されたが、断った。しかし、文化協議会の一部門の音楽協議会総裁のポストは引き受け、毎週一回、三時間の会議を開き、カタルーニャの文化について協議し実行していった。

一九三四年、カザルスはバルセロナ市の名誉市民の称号を得た。通りのひとつはパウ・カザルス通りと命名された。

スペインが、束の間ではあったが自由を取り戻した頃、ドイツではヒトラー政権が樹立された。ドイツにいたユダヤ系の音楽家たちは追放されるか、自ら出て行った。これを見て、ドイツの外にいた音楽家たちは抗議し、ドイツでの演奏を拒否した。

カザルスのもとにベルリン・フィルハーモニーのフルトヴェングラーからベルリンで共演しようとの誘いが何度もあったが、彼は断った。しかし、カザルスはドイツに併合される前のオーストリアでは、フルトヴェングラーが指揮するウィーン・フィルハーモニーと共演した。

もうひとつの独裁国家イタリアでも、カザルスは一九三五年以後は演奏しなかった。

他の国に対してこのような演奏ボイコットで抗議していた時、カザルスは、はたして自分の国に対しても同じことをしなければならなくなると、予期していたであろうか。

フランコは、新しい共和政府のもと、ラ・コルーニャとバレアレス諸島の軍政官に任じられ、陸軍少将に昇進した。

クーデターと幻の「第九」

スペイン共和国は当初は社会主義者、共和主義者を中心とする政権だったので、社会主義的政策が取られ、宗教改革、教育改革、軍改革、地方自治改革、農地改革の五大改革を推し進めた。なかでも、農地改革では、小作料の制限や小作農雇用に関する規制などが断行されたが、地主や貴族が反発したので形骸化してしまった。

共和政に対する王党派やカトリック教会などの保守勢力の反発は根強く、改革を潰そうとする保守・右翼勢力がいる一方、この改革では手ぬるいとする左派もおり、共和国政府は左右から攻撃された。

一九三三年十一月の総選挙では保守勢力のスペイン独立右翼連合が第一党に、スペイン急進党が第二党となり、右翼政権が誕生した。新しい政権は過去二年間の共和派の改革をすべて無にすべく、改革路線を転換しようとした。

この事態に、ようやく左派勢力は互いに批判しあっていては、保守・右翼にしてやられてしまうと反省し、団結していく。

かくして、左右激突の情勢になっていった。

一九三四年十月には、「ファシズムに対しては革命を！」のスローガンのもと、革命運動が激化し、ゼネストと武力蜂起が決行された。

政府はこれを鎮圧するために軍を投入した。しかし十月五日に社会党や共産党などに指導された武装した労働者が、各地でコミューンの成立を宣言した。

十月七日、フランコ将軍の提案で政府は戒厳令を布告し、十八日には革命は鎮圧されてしまった。この時の軍の殺戮（さつりく）はすさまじく、鎮圧までの戦闘での死傷者よりも鎮圧後の政府軍の報復での死傷者のほうが多く、逮捕者は三万人と伝えられている。この十月の戦いは、「アストゥリアス十月革命」と呼ばれている。鎮圧されたので「革命」とは呼べないが、そう呼ぶことで、後の内戦での士気を高めたのである。

スペイン全土で労働者側が弾圧されるなか、カタルーニャでは、自治政府のルイス・コンパニス大統領が「スペイン領内のカタルーニャ共和国」を宣言し、マドリードの中央政府へ叛旗（はんき）を翻した。だが、これも政府軍によって弾圧されてしまう。

その一方、不正ができるルーレット「ストラペルト」をめぐる汚職事件でアレハンドロ・レルー内閣が倒れてしまい、選挙管理内閣としての中道政権が誕生し、翌一九三六年二月十六日に総選挙を実施すると宣言された。

これを受けて左派陣営は、共和派から共産党、アナキストまでを含めた広範な勢力が統一戦線を組むこととなり、「人民戦線」協定を締結した。

選挙の結果、人民戦線が僅差で勝利し、マヌエル・アサーニャ（一八八〇～一九四〇）が首相となり、五月からは大統領となる。新しい構成の議会では、右翼政権による政策が否定され、共和派の改革路線が復活した。これにより、またも保守・右翼勢力の反発が強くなる。

同年七月十三日、王党派の指導者が左翼によるテロで暗殺された。この混乱に乗じて、軍首脳部はクーデターを企てる。

この一九三六年はベルリン・オリンピックの年だった。

ナチス政権の方針で、このオリンピックにはユダヤ人は参加できないことになり、世界中で抗議運動が起こり、それはベルリン・オリンピックそのものへのボイコット運動へと発展した。

ベルリンでのオリンピックは八月一日に開幕するが、その前の七月に、人民戦線政権下のスペインのバルセロナで「民衆のオリンピック」が開催されることになった。

バルセロナでの「民衆のオリンピック」の開会式では、五年前にスペイン第二共和政が誕生した時と同じように、モンジュイック宮殿で、カザルスの指揮で「第九」が演奏されることになった。

「民衆のオリンピック」への参加国と参加選手は、当初の予想以上に増えていった。二十三カ国以上から約二千人の選手がエントリーしてきたのだ。本家であるベルリンのオリンピックが、四十九カ国四千人になるので、その半分になる。両方の大会に選手を送る国もあり、必ずしも世界が二分されたわけではないが、ドイツにとっては脅威だった。

バルセロナの「民衆のオリンピック」の開会式は七月十九日と決まっていた。カザルスとオーケストラは「第九」のリハーサルを進めていた。

開会式前日の十八日に最後のリハーサルが夕方から始まることになっていた。

その前日の十七日午後、スペイン領だったモロッコで、スペイン陸軍外人部隊が叛乱を起こしていた。リーダーはフランコ将軍である。さらに十八日午前にはマドリードでも暴動が起きていた。

クーデターの勃発だ。

カザルスはそのニュースをラジオで聴いていた。バルセロナ市内も緊迫した雰囲気になっていた。リハーサル会場に集まったオーケストラのメンバーたちも不安にかられていた。明日のコンサートは、というよりもオリンピックの開会は可能なのか。

カザルスは「何があってもいいように、しっかりと練習しよう」と言って「第九」のリハーサルを始めた。

第一楽章から順に丹念なリハーサルが始まった。第三楽章が終わると、最後の第四楽章で出番が来る合唱団がステージに上がり、独唱者が指揮者カザルスの横に立った。

準備が整ったのを確認して、カザルスが始めようとした、まさにその瞬間、ひとりの男が封筒を持って駆け寄ってきた。その封筒には文化大臣からのメッセージが入っており、バルセロナでも暴動が起きる可能性があるので、いますぐリハーサルは中止するようにという内容だった。そして、「明日の演奏会は中止」とも書かれていた。

カザルスはその手紙をオーケストラと合唱団に向かって読み上げた。

「われわれはいつ再会できるか分からない。別れを言うために、いま、最終楽章を演奏しようではないか」

誰も反対する者はいなかった。カザルスは指揮棒を振り上げた。ベートーヴェンの「第九」第四楽章が始まった。

合唱が、「すべての人類は兄弟になる」と歌った時、カザルスは涙で譜面が見えなくなっていた。

「第九」が終わると、カザルスは言った。

「この国に再び平和が戻る日がいずれ来る。その日には再び『第九』を演奏しよう」

内戦と名演

軍による叛乱はスペイン各地で同時多発的に起きたが、バルセロナとマドリードでは、武装した労働者や市民がこれを鎮圧し、結果としてクーデターは失敗に終わった。

しかしクーデター失敗により、平穏な日日が戻ったのではなく、これは内戦の開始を意味していた。

海軍はクーデターには加わらなかった。フランコ将軍はモロッコを制圧すると、スペイン本土へ進攻しようとしたが、海軍の協力なしでは難しい。そこで、フランコはヒトラーとムッソリーニと密(ひそ)かに連絡を取り、援軍を求めた。

七月三十日、ドイツとイタリアの援助を得たフランコ軍はスペイン南部に上陸し、北進していく。これにより、叛乱軍のなかでフランコの名が高まるのだった。

十一月には、マドリードが叛乱軍に制圧され、共和国政府はバレンシアへ移転した。一方、当然のごとく、「民衆のオリンピック」は中止になり、すでにスペインに入国していた各国の選手たちは、スペインにそのまま留(とど)まることになった。とくに、ドイツやイタリアから逃れて来た選手には帰るべき国はない。この選手たちが、共和国側について内戦を闘う国際義勇軍部隊の母体となる。

叛乱軍の指導者はエミリオ・モーラ・ビダル将軍だったが、短期間にフランコが実績をあげていったため、その地位を奪われる。十月一日、フランコは叛乱軍総司令官に指名され、同時に叛乱軍の総統となった。

スペイン内戦は一九三六年七月から三九年三月まで二年九カ月にわたって続くが、この時期にカザルスはレコード史に残る名演を録音している。

一九三六年九月十八日に、カザルスのオーケストラはバルセロナのリセウ劇場で、内戦の暴力での犠牲者のための寄付集めのチャリティーコンサートを開催した。それを終えると、カザルスはパリへ行き、いったんスペインに戻った後、レコーディングのためにロンドンへ向かった。

十一月二十二日と二十三日に、カザルスはロンドンにあるレコード会社HMVで、バッハの無伴奏チェロ組曲の第二番と第三番を録音[*16]した。つづいて、二十六日から二十八日にかけて、ポーランド出身のピアニスト、ミェチスワフ・ホルショフスキ（一八九二〜一九九三）とベートーヴェンの「チェロとピアノのためのソナタ」第四番、ブラームスの「チェロとピアノのためのソナタ」第二番、ランドン・ロナルド（一八七三〜一九三八）指揮ロンドン交響楽団とブルッフ（一八三八〜一九二〇）の《コル・ニドライ》などを録音[*16]している。

翌三七年四月に、カザルスはチェコのプラハへ行き、ドヴォルザークのチェロ協奏曲を、ジョージ・セル（一八九七〜一九七〇）指揮チェコ・フィルハーモニーと録音[*16]した。

カザルスは六月にバルセロナに戻った。

七月十二日、リセウ劇場で、カザルスのオーケストラはまたもチャリティーコンサートを開いた。結果として、これがこのオーケストラの最後のコンサートとなった。一九二〇年に結成されてから十七年にわたる活動だった。

その後カザルスはフランスのブローニュから船に乗り、一九〇四年以来となる南米ツアーに出た。八週間にわたる演奏の旅だ。南米ツアーの後は、ロンドン、アムステルダム、プラハ、ウィーン、ブダペスト、チューリヒ、パリと演奏してまわった。

一九三八年六月二日にはバッハの無伴奏チェロ組曲の第一番を、三日には第六番を録音した。

カザルスがこんなにも旅をしていたのは、内戦中のスペインではほとんど演奏できない状況にあったからだ。さらに前述のようにドイツでもイタリアでも演奏しなくなっていたので、それ以外の国を頻繁に訪れていたのだ。これらのツアーで得た出演料は内戦の犠牲者のために寄付され、食料、衣料、薬品の購入にあてられた。

世界各地で演奏することで、カザルスは内戦を闘っていたのだ。

一九三八年十月十九日、カザルスは子供救済協会のためのチャリティーコンサートをバルセロナのリセウ劇場で行なった。このコンサートは放送され、その時間帯、カタルーニャ全土では、労働作業はすべて休み、カザルスの音楽を聴くことになっていた。

休憩時間になると、カザルスは英語とフランス語で全世界へのメッセージを述べた。

「スペイン共和国を見殺しにしないでください。スペインでヒトラーに勝利させてはいけません。そうすれば、次はあなた方が彼の狂気の犠牲者になるでしょう」

フランコをヒトラーが支援していることは世界中が知っていた。スペインで共和国が負ければ、ヒトラーは全ヨーロッパを支配するだろうとのメッセージだった。

この日の演奏が、カザルスがスペインで演奏した最後となるのだが、もちろん、誰もそんなことは知らない。

リセウ劇場でのコンサートの後、カザルスのツアーがまた始まった。ベルギーから始まり、南ヨーロッパをまわってトルコに行き、アテネでいったん終わるが、十二月にはカイロとアレクサンドリアでも演奏した。

カザルスはこの年の十二月二十九日で六十二歳になった。その誕生日はサンサルバドルの家で祝った。

当初の予定ではこの後、一九三九年初めには日本公演が計画されていた。しかし、十二月二十三日にフランコ軍がカタルーニャへの総攻撃を始めていたので、それどころではなくなり、カザルスはバルセロナへ戻った。カザルスの日本訪問は一九六一年にようやく実現する。

一九三九年一月二十四日、バルセロナ大学はカザルスに名誉博士号を贈った。それが大学の最後の行事となった。手書きの証書が授与され、そのセレモニーが終わると、教授たちはバルセロナを去り、亡命した。

二日後の二十六日、フランコ軍がついにバルセロナを制圧した。カザルスはその直前にバルセロナを脱出し、フランスへ亡命した。

スペイン共和国はここに終焉を迎えた。

亡命生活

フランスへ逃れたスペイン人は五十万人にのぼり、そのほとんどが難民となった。フランスは国境を開放はしたが、スペインの人びとはすぐに武装した兵が監視する難民キャンプへ収容された。

カザルスはパリの知人宅に身を寄せ、ラジオのニュースを聞いて暮らしていた。いいニュースはほとんどなかった。カザルスのオーケストラは解散させられ、勤労者音楽協会も解散した。カザルス通りはゴデー通りとなった。フランコの名である。そしてカタルーニャ語は禁止された。サンサルバドルにある家はフランコ軍が占拠した。彼にはもう帰る家はなくなった。

カザルスはようやく立ち直り、四月にフランス南部の小さな町、プラードで暮らすことにした。この地はかつてはカタルーニャに属していた地域で、いまもカタルーニャ語が通じる。

六月十三日から十六日にかけて、カザルスはパリでバッハの無伴奏チェロ組曲の第四番と第五番を録音し、全曲録音[*16]を完成した。この曲の全曲録音としては史上初であり、その後も多くのチェロ奏者が演奏・録音に挑むが、このカザルス盤は永遠不滅の名盤としての地位を維持している。

六月のパリではカザルスはさらに、ホルショフスキとベートーヴェンのソナタの第一番と第二番、第五番を十九日から二十二日にかけて録音した。第三番は一九三〇年に別のピアニスト、オットー・シュルホフ（一八八九～一九五八）と録音していたので、これでベートーヴェンのソナタも全曲録音[*16]したことになる。

九月、第二次世界大戦が勃発した。カザルスのもとには世界中の友人・知人から、フランスにいたのでは危険だから、こちらへ来ないかとの手紙が届いた。だが、彼はプラードに留まる決意だった。この町はカタルーニャ語が通じ、風景もカタルーニャとよく似ていたのだ。故郷を喪ったカザルスにとって、擬似的ではあったが、故郷となった。

プラードを拠点に、カザルスは難民キャンプ救済のためのコンサートを続けた。

この頃、カザルスは国王アルフォンソ十三世に、難民キャンプの悲惨な状況を訴える手紙を書いた。国王から「たいへん愛情のこもった返事」が届いたとカザルスは回想している。その手紙には、カザルスの手紙を感謝していること、しかし自分は重病でスペインのために何もすることができないと、書いてあったという。アルフォンソ十三世は一九四一年二月に亡くなった。このエピソードは、国王が亡命した後もカザルスとの親交が続いていたことを物語っている。

アルフォンソ十三世は亡くなる直前に、すでに実態はないがスペイン王位の座を、四男ファンに譲った。彼はスペイン国王と名乗ることはできないので、バルセロナ伯となった。

一九三九年はカザルスが一八九九年にパリでデビューして四十年にあたる。十一月二十二日、記念コンサートがパリで開かれた。この頃はまだ「奇妙な戦争」の時期で、フランスはドイツと交戦中なのにパリは平和だった。

しかし翌一九四〇年六月、ドイツ軍はフランスへの進攻を始めた。カザルスはフランスを去る決心をし、ボルドーの港まで行くが、乗る予定の船がドイツ空軍によって沈められ、フランス脱出は不可能となった。

プラードに戻ると、滞在していたホテルが、「反ナチスのカザルスには部屋を貸せない」と宿泊拒否をした。親しい者たちが世話してくれ、ようやく小さな家を借りることになった。

カザルスはプラードを拠点にしてフランスの非占領地域での演奏を始めた。得た金はすべて難民キャンプのために使われた。

一九四二年十一月、ドイツは南フランスも占領し、カザルスは自宅監禁の身となった。逮捕されることも覚悟していたという。だが、カザルスの世界的名声がそれを阻止した。さすがのナチスも国際世論の反発を恐れ、それほどのリスクを冒してまで逮捕する意味もないとの判断だったのだろう。

カザルスの監禁生活は続く。その間、彼は作曲に専念した。いくつもの曲が生まれたが、なかでも有名なのが、カタルーニャの民謡をもとにした《鳥の歌》である。

内戦に勝利したフランコは一九三八年一月三十日に正式に内閣制度を導入し、国家元首兼首相（総統）となった。

フランコは政権を確固たるものにすると、共和派を粛清し、二十七万人が収監、五万人以上が処刑されたという。しかしこの粛清も一九四〇年代に入ると終わった。

ヒトラーやムッソリーニは戦争を始めると、フランコに対し一緒に戦えと求めたが、フランコは絶対中立を宣言し、第一次世界大戦同様、スペインは参戦しなかった。内戦で疲弊しており、戦争をする余裕などなかったのだ。

ドイツとイタリアの敗戦、ヒトラーとムッソリーニの無残な最期を予想していたわけではないだろうが、フランコがもし同盟を結び参戦していたら彼の命はなかっただろうから、彼の立場で考えると、賢明な判断だった。

復帰と沈黙

多大な犠牲を払ったとしても、ドイツとイタリア、そして日本は戦争に負けたことで、自由と民主主義を得た。しかしスペインは参戦せず、したがって敗戦もしなかったので、皮肉にもフランコ独裁体制は安泰であり、自由と民主主義は奪われたままだった。

一九四五年六月、カザルスはロンドンで「戦後初」の演奏会を開いた。この頃、日本はまだ戦っていたが、ヨーロッパの戦争は五月のドイツ降伏で終わっていたのだ。英国航空はカザルスを無料で乗せ、税関はフリーパスという、ＶＩＰ扱いだった。

六月二十七日、ロイヤル・アルバート・ホールには一万二千人が押し寄せ、カザルスはＢＢＣ交響楽団と共演した。聴衆は熱狂的にカザルスに拍手喝采を贈った。それは単に、すばらしい音楽に対する賞賛ではなく、ファシズムと闘っている音楽家への賞賛だった。

この演奏は録音され、海外でも放送されることになっており、カタルーニャに向けても放送されると知ったカザルスは、放送局へ行き、《鳥の歌》を演奏し、カタルーニャ語でメッセージを述べた。

「いまから皆さんの耳に届く《鳥の歌》は、私たちみながカタルーニャに抱いている愛情を物語っています。カタルーニャに生まれたことを誇りに思う感情によって、祖国が再生する日のために、私たちは兄弟のように一致団結して努力しなければなりません」

こうして、《鳥の歌》はカタルーニャの地にまで届いた。そしてこの曲を、世界中が知ることにもなった。

このロンドンを皮切りに、カザルスの復帰ツアーが始まった。

カザルスのコンサート後、イギリスは七月に総選挙があった。戦争に勝ったにもかかわらずチャーチルの保守党は敗北し、労働党のアトリー内閣となった。十月に再びロンドンにやって来たカザルスは閣僚とも面談できた。その場でカザルスは反フランコ、反ファシズムを訴えた。だが、イギリスの要人たちの反応は鈍かった。イギリスの新聞までもが、フランコに対して融和的な論調を載せていた。冷戦が始まっていたからだった。

一九四五年二月に、フランクリン・ルーズヴェルト、チャーチル、スターリンによって戦後体制を話し合うためにヤルタ会談がなされ、スペインについてはアルフォンソ十三世の息子のバルセロナ伯ファンを国王として擁立する君主制に戻すことで合意されていた。しかし、ルーズヴェルトの死後に大統領となったトルーマンは、ソ連との対立が始まっていたので、スペインで反共の立場を明確にしているフランコ政権を容認するようになっていき、イギリスもそれに追随したのである。

カザルスは回想する。

「私は自分に問いかけた。スペインの人びとは、ファシストの支配下で生き続けなければならない宿命を背負っているのか？　連合国軍の勝利がスペインに民主主義を復活させると信じていた数十万もの難民たちは、永遠に亡命生活を強いられるのか？」

カザルスはロンドンでも、次に訪れたパリでも絶賛された。聴衆は熱狂的に彼を迎えた。しかし、彼の心は冷めていった。フランス政府もまたイギリスと同様にフランコ政権を容認しようとしていたのだ。

カザルスは一九四六年になっても、多くのチャリティーコンサートを行なっていたが、このままではいけないと思い詰め、フランコ体制を合法と承認した国での演奏を拒否しようと決意した。そして、その決意は、スペインに自由と人民の意思を尊重する政府が戻らない限り、一切公の場での演奏はしないという、より大きな演奏ボイコットへと深まってしまう。

一方、カザルスは戦後の早い時期に、スイスでバルセロナ伯ファンと面談した。これはバルセロナ伯からのたっての希望だった。カザルスはマリア・クリスティーナ摂政女王、その息子のアルフォンソ十三世、そしてファンと三代にわたりスペイン王家と親交を持つことになる。

カザルスは「私は共和制にも王制にも与しない。祖国が自由に選んだ制度を支持する」と述べた。ファンは民主的な考えの持ち主で、「スペインの政治体制は国民投票で決めればよい、自分も王制にこだわってはいない」と言った。さらに、フランコから王にするから戻れと言われても、受け入れる気はないとも言った。カザルスは感銘を受けた。

一九四七年にフランコは、「国家首長継承法」を制定し、スペインを「空位の王国」と定めた。つまり、本当は王国だが、いまは国王がいない状態で、フランコが国家元首として「王国の終身摂政」となるというシステムである。さらにフランコには自分の後継者となる国王の指名権も与えられた。この件についての国民投票も行なわれ、圧倒的多数が支持する結果となった。民意はフランコ独裁を望んだのである。この決定は、共和派の敗北であるだけでなく、王党派にとっても敗北だった。左右が激突してきたスペインは、ここに左右とも敗北し、フランコが最終的な勝利を収めたのである。

他の国としては、スペインで国民投票という民主的手続きが取られた以上、それに異議を申し立てるのは内政干渉となる。国連でのスペイン批難決議は、アメリカが反対し、成立しなかった。こうした状況下、バルセロナ伯ファンの息子、ファン・カルロスは、一九四八年にフランコ政権下のスペインで教育を受けることになった。これにはカザルスは落胆した。このファン・カルロスがフランコの指名で国王となった（二〇一四年に長男のフェリペ六世に国王位を譲った）。

カザルスはプラードに引きこもり、どこの国からの演奏依頼も断り続けた。自分を欺くことはできない。フランコを認める国での演奏は、自分の良心が許さなかった。知人がアメリカでの演奏の話を持ちかけ、条件としての出演料がいくらになるかを口にすると、「金の問題ではない。モラルの問題だ」と撥ね付けた。

それでも音楽家仲間たちは、カザルスを諦めなかった。

カザルスがプラードを出ないのなら、世界のどこでも演奏しないと言うのなら、自分たちがプラードに行こう、行って一緒に演奏しようということになり、一九五〇年から、人口五千人足らずの小さな町で音楽祭が開催されることになった。運営のための費用は、コロムビア・レコードが、音楽祭での演奏のレコード化の権利と引き換えに負担することも決まり、最初は戸惑っていたプラードの人びとも協力的になっていった。

一九五〇年六月二日、音楽祭は開幕した。会場は教会で、カザルスによるバッハの無伴奏チェロ組曲第一番が最初の曲だった。

こうしてこの音楽祭でのみ、カザルスの演奏が聴けることになった。

国連とホワイトハウスでの《鳥の歌》

一九五五年、カザルスはプエルトリコを初めて訪れた。この地はかつてはスペイン領だったが、アメリカの自治領となっていた。カザルスの母、そして妻となる女性マルタの故郷でもあった。この年、カザルスはすでに七十八歳だったが、マルタは十八歳である。彼女はカザルスのチェロの生徒だったが、二人はいつしか六十歳の年齢差を乗り越え愛しあうようになっていた。

カザルスは母の故郷であるプエルトリコの植物や地形、そして海岸の様子をとても気に入った。スペインと共通するものを感じ取ったのだ。

翌五六年十一月、カザルスはマルタと共にプエルトリコに移住し、結婚した。アメリカはフランコ政権を容認していたので、この移住を批判する者もいた。

五七年からプエルトリコでカザルス音楽祭が開催されることになった。しかし最初の年はカザルスが冠状動脈血栓[*17]を起こして急遽(きゅうきょ)入院したので、出演できなかった。

プラード音楽祭は、カザルスが去った後も、室内楽の音楽祭の最高峰として現在も続いている。カザルスも一九六六年まで出演し、五八年にはコルトーと共演した。

こうしてプラードとプエルトリコの二つの音楽祭がカザルスの音楽活動の場となる。それと並行して、カザルスは核実験廃絶の運動も始めた。一九五八年にはアルベルト・シュヴァイツァー（一八七五〜一九六五）と連名で米ソ両国の政府に核兵器廃絶を訴える声明を送った。

その直後、国連事務総長ハマーショルドから、国連の十三周年記念祝典で演奏してくれないかとの依頼があった。カザルスは迷った。世界に発信するまたとない機会ではある。しかし、国連本部があるニューヨークはフランコと親しくしているアメリカではないか。結局、国連本部の建物の土地は治外法権、アメリカには帰属していないとの理屈でこの申し出を受けた。一方、スペインのフランコ政権は、カザルスが演奏するだけではすまず、演説してフランコ批判をするだろうと危惧し、国連に対し、「スペイン政府に敵対的な活動家」であるカザルスが演奏することを抗議した。

一九五八年十月二十四日、カザルスは国連本部に着くと、演奏の前に、聴衆にメッセージを配った。

「私がここに来たのは、道義的な姿勢に変化が起きたためではなく、核兵器の脅威に比べれば、他のことはすべて第二義的であるからです。今こそ、人類相互の深い理解と、対立する勢力間に真の和解がもたらされるよう行動すべきです」

カザルスにとって、スペインの自由と民主主義よりも核兵器廃絶のほうが大きなテーマとなっていたのだ。

そしてカザルスは、平和への祈りとして、「ベートーヴェンの『第九』の最終楽章を、オーケストラと合唱団を持つすべての都市で同じ日に演奏しよう」とも呼びかけた。だが、これに応えようというオーケストラはなかった。

この日、カザルスは彼の代名詞とでも言うべきバッハの無伴奏チェロ組曲は演奏しなかった。この曲はあまりにも神聖なもので、政治の場には相応しくないし、汚れてしまうと考えたのだろう。そこで、ずっと共演してきたピアニストのホルショフスキとバッハの「チェロとピアノのためのソナタ」を演奏し、最後に《鳥の歌》を弾いた。

一九六〇年のアメリカ大統領選挙でケネディが勝利した。

その翌年、一九六一年十一月十三日、カザルスはホワイトハウスで演奏した。

ケネディ政権は藝術・文化と政治とを接近させようと考え、政権が発足すると、議員や官僚を招待した「文化の夕べ」をホワイトハウスで開催するようになっていた。その一連の流れのなかで、カザルスを招こうということになったのだ。

もちろん、カザルスは当初は難色を示した。治外法権だという理由で国連では演奏したが、ホワイトハウスはアメリカそのものである。ケネディ政権になったからといって、アメリカのフランコ容認政策は変わっていない。その一方で、ホワイトハウスでの演奏はカタルーニャの悲劇を世界へ訴える絶好のチャンスでもある。カザルスは演奏しようと決断した。

カザルスにとってホワイトハウスでの演奏は三度目である。一八九八年にはウィリアム・マッキンレー大統領主催のレセプションで、一九〇四年にもセオドア・ルーズヴェルト大統領のために演奏したことがあった。それ以来、五十七年ぶりのホワイトハウスでの演奏だ。この年の十二月でカザルスは八十五歳になる。

カザルスは演奏の前に四十五分にわたりケネディと会談し、スペイン問題を力説したという。

演奏会場はホワイトハウス内の純白の舞踏室イースト・ルームで、バーンスタイン、オーマンディ、ストコフスキーをはじめ、アメリカを代表する音楽家約二百名が招かれていた。カザルスは演奏の前にこう述べた。

「私が閣下ならびに閣下のお友達の皆様方のために、これから演奏する音楽は、アメリカ国民への私の深い感情と、自由世界の指導者としての閣下に対する私たちすべての信頼を、必ずや象徴化してくれるものと確信しております。大統領閣下、どうか私の心からの尊敬と敬意をお受けください」

カザルスはメンデルスゾーンやシューマンの曲を演奏し、最後に、当初のプログラムにはなかった《鳥の歌》[*18]を奏でた。この日の演奏はテレビでも放送された。

このホワイトハウスでのコンサートによって、カザルスとフランコ独裁政権との関係が、改めてアメリカ中に、そして世界中で報じられることとなった。宣伝効果は抜群だった。

このホワイトハウスでのコンサートがニュースとして報じられなかったのは、スペイングぐらいだったのだ。

しかし国際政治は冷酷である。演奏会から一カ月も経たない十二月十七日の新聞は、アメリカのラスク国務長官が「共産主義の攻撃に対して世界を守るアメリカの同盟国としてスペインを称賛する」と述べたと報じた。カザルスはケネディ大統領に抗議の書簡を出した。それでも、カザルスはケネディの勇気と信念を期待していた。

一九六三年十月二十四日の国連デーに、カザルスは再び国連本部に登場し、今度はオーケストラを指揮した。さらに、ケネディから大統領自由勲章を授与されることになり、ワシントンに招待されていた。

しかし、その授章式の数日前にケネディは暗殺された。期待していた大統領だったので、カザルスは落胆した。

カザルスはその後も、一九七一年十月二十四日に国連で演奏している。

「第九」が歌われた日

スペインは一九六〇年代に入ると経済成長が著しく、国民生活は安定していった。フランコ体制は安定してしまい、反対運動も起きるが、常に鎮圧された。

一九六九年にはバルセロナ伯ファンの息子（アルフォンソ十三世の孫）のファン・カルロスを王位継承者とする法律が成立し、フランコ死後の元首が決まった。

フランコはそれからさらに六年生き、一九七五年十一月二十日に八十二歳で亡くなった。カザルスは長寿という点ではフランコに負けなかったが、生まれたのが先だったので、結局フランコよりも先に、一九七三年十月二十二日にスペインの自由と民主主義を見ることなく、九十六歳で亡くなった。

カザルスは亡くなるまで、真のオリンピックがスペインで開催される時、「第九」を演奏したいと語っていた。だが、彼はそれを果たせぬまま亡くなった。

遺体は、フランコが亡くなった後の一九七九年十一月九日に、スペインに帰った。一九三九年に亡命してから、四十年ぶりの帰還だった。

それからさらに時が流れた。

ファン・カルロス国王は、当初はフランコの影響下にあり傀儡(かいらい)ではないかと思われていたが、民主主義を理解しており、フランコ時代の圧政は終わり、スペインに自由と民主主義が戻っていった。

一九九二年には、バルセロナでオリンピックが開催された。開会式でカザルスが「第九」を演奏するはずだった「民衆のオリンピック」から五十六年後のことだ。

七月二十五日の開会式では、四分間に編曲された「第九」の〈歓喜の歌〉が演奏された。それはひとりの十三歳の少年による独唱で、カタルーニャ語、スペイン語、フランス語、英語で歌われた。

カザルスの遺志を反映しての選曲だったのだろうか。オリンピック組織委員会は公式には何も説明していない。

閉会式ではソプラノ歌手、ビクトリア・デ・ロス・アンヘレスが《鳥の歌》を歌った。

第Ⅳ章 占領下の音楽家たち

アルフレッド・コルトー

Charles Munch
Alfred Cortot

ナチス・ドイツは、ドイツの音楽家に苦渋の選択を迫っただけでなく、占領した国の音楽家たちの運命も変えた。

ドイツに屈服し占領下に置かれたフランスでは、ナチス寄りの政権の下で演奏し、それゆえに戦後は批判された音楽家がいた。ピアニスト、アルフレッド・コルトーはその代表だ。あるいは、同じようにパリで演奏を続けながらも、ナチスへの抵抗を続けた者もいた。たとえば、指揮者シャルル・ミュンシュである。

二人とも、フランスと音楽を愛していた。

天才ピアニスト

ピアニスト、アルフレッド・コルトー（一八七七～一九六二）はスイスのニヨンで生まれた。父はフランス人で市の職員として鉄道の保安作業の現場監督をしており、母はスイス人だった。七人兄弟姉妹の末っ子だったが、上の三人は夭逝（ようせい）し、アルフレッドが生まれた時には二十歳になる兄と、十四歳と十二歳の姉だけになっていた。

コルトー一家は貧乏ではないが裕福でもない。父や兄がその仕事で大成功する見込みはなく、一家の期待は末っ子のアルフレッドに注がれた。一家はアルフレッドが六歳になる一八八二年にジュネーヴへ引っ越し、さらに四年後にはパリへの移住を決意した。大都会に行けば、アルフレッドの才能が開花すると考えたからだ。といって、幼いアルフレッドが誰かに音楽の才能があると認められたわけでも、師となる人がいたわけでもない。二人の姉がピアノを教え、弟に才能があると思い込んだのだ。そしてコルトー家はアルフレッドの才能に賭けた。

当時のフランスは第三共和政である。一八七〇年にナポレオン三世の第二帝政が倒れ、パリ・コミューンを経て樹立された体制だ。当時のフランスは議会制度が定着した結果として政権が不安定となり、首相が一年ごとに代わる時代だった。

アルフレッドはパリ音楽院に最初は聴講生として通い、一八九二年に高等科へ進んだ。その翌年、ヴァイオリニストのジャック・ティボー（一八八〇〜一九五三）が音楽院に入学した。コルトーは三歳下のティボーと知り合うと、室内楽で共演するようになる。後にコルトーとティボーは、チェロ奏者のパブロ・カザルス（一八七六〜一九七三）との三人で、音楽史上最高のトリオを結成する。

一八九六年六月にコルトーはパリ音楽院を卒業した。成績優秀で七月の公開コンクールではショパンのバラード第四番を弾いてプルミエ・プリ（一等）を得た。フランスの三十五の新聞がコルトーを賞賛する記事を載せた。

コルトーはフランス国籍となっていたので兵役の義務があり、一八九八年の秋からコンピエーニエの第五十四歩兵連隊に配属された。本来なら三年間の兵役だが、音楽院で一等を得た者は一年に短縮されることになっていた。さらに訓練時間以外はピアノの練習をしていいという特権も与えられた。この兵役は一八九九年十月で終わった。

コルトーは兵役の間は練習できなかったので、指がなまってしまったが、猛練習で鍛え直してピアニストとして復帰し、音楽界の第一線でスターとなった。

一八九九年十月、パリで《トリスタンとイゾルデ》が初演された際、コルトーが観に行くと、金髪で小柄な若いチェリストが幕間にピットの自分の席でノートをとっているのを見かけた。「ワーグナーが好きなのですか」とコルトーが訊くと、「音楽が好きなのです」とそのチェリストは答えた。それがコルトーとパブロ・カザルスとの出会いだった。

コルトー、カザルス、ティボーの三重奏団は一九〇五年に偶然から結成された。この年の夏にパリ近郊のフォンテーヌブローで友人同士が集まった際に、この三人が面白半分にシューマンの三重奏曲を弾いたところ、とてもいい感じだった。その場に、後に社会党を中心とした人民戦線内閣で首相となるレオン・ブルム（一八七二〜一九五〇）とその妻がいた。コルトーの最初の妻とブルムの妻は従姉妹だったのだ。

ブルムはこの頃は文藝評論家として活動しながら社会運動もしていた、フランスの文化人のひとりである。ブルムは三人に継続的なトリオとして活動するように強く勧めた。

そこで三人は一九〇六年五月二十五日、パリのサル・プレイエルで開かれたシューマン・フェスティバルに出演して演奏した。これが後に「カザルス・トリオ」と呼ばれる世界音楽史上に刻まれる、ピアノ・ヴァイオリン・チェロのトリオの、最初の公の場での演奏となった。以後、三人はそれぞれソロとしても演奏しトリオとしても演奏するようになる。

コルトーはピアニストとしてのソロ活動、カザルスとティボーとのトリオの他、指揮者としての仕事、さらにパリ音楽院教授としての仕事も抱えるようになる。フランス音楽界で最も多忙な人となった。

一九一〇年になると、トリオとしての演奏会の数は減った。三人ともソロの演奏家としてのスケジュールがいっぱいになってきて、日程が合わなくなるのだ。

そして一九一四年、第一次世界大戦が勃発する。

コルトーの第一次世界大戦

コルトーはすでに二十一歳の年に兵役に就いており、フランス国民としての兵役の義務は果たしていた。しかし戦争が始まると、三十七歳のコルトーは志願した。音楽家として高い知名度を持つコルトーだったので前線に派遣されることはなく、ガリエーニ将軍（一八四九～一九一六）の官房参謀部書記官となり、衛生班に配属された。コルトーは、優れた藝術家によくあることだが、実務能力にも長(た)けていた。衛生班としてこれまでの軍にはなかったタイプの負傷兵療養所を作り、これにより多くの兵士の命が救われた。

この功績もあって一年後の一九一五年には文化省次官の官房に配属され、慰問劇団と傷痍(しょうい)軍人のためにソルボンヌ大学で開催される演奏会の責任者になった。さらに、失業している音楽家のための「藝術家互助協会」を創設した。こうした仕事が文化大臣の知るところとなり、コルトーは官房書記官、そして文化省次官付官房長と政府内で出世していった。

一九一七年、クレマンソー内閣が発足すると、コルトーは文化省海外藝術活動部門の責任者に任命され、友好国への文化使節の派遣を担当することになった。

ジョルジュ・クレマンソー（一八四一～一九二九）は共和派の家系に生まれ、医者になったが、ジャーナリストになり、国民議会（下院）議員時代は鋭い論法で内閣を追い詰めることで知られていた急進的左翼で、「虎」の異名をとった。一八九三年の選挙で落選した後は、ジャーナリストに専念していたが、一九〇二年に元老院（上院）議員になると保守派へと転向した。一九〇六年から〇九年まで首相を務め、軍備拡張を進め、内政面では頻発していた労働争議を軍を出動させて弾圧するなど強権的だった。イギリス、ロシアとの三国協商を結んだのもクレマンソーだ。

第一次世界大戦で西部戦線が膠着(こうちゃく)しフランス国内に厭戦(えんせん)的な敗戦主義が漂いだしたので、クレマンソーはレーモン・ポアンカレ大統領（一八六〇～一九三四）に請われ、一九一七年十一月に首相に返り咲いた。クレマンソーは敗北主義を吹き飛ばし、断固として戦争を継続していく。

一九一八年、フランス政府の一員となっていたコルトーは、仏米委員会から、アメリカ合衆国の国民にフランスとの友好関係を誇示するためにパリ音楽院管弦楽団のアメリカ・ツアーをしたいと相談を受けた。コルトーは賛同し、音楽院管弦楽団との話をまとめ、訪米の準備を進めた。

だが、予定していたピアニスト、コルトーの音楽院での先輩エドゥアルト・リスレール（一八七三〜一九二九）が出発一カ月前に怪我をして行けなくなってしまう。それを知ったクレマンソー首相は、コルトーに代役として行くように命じた。

コルトーが「私は四年もピアノを弾いていない」と断ると、「あと一カ月もあるではないか」と首相は強硬に迫った。「練習したくてもピアノがない」とコルトーが言うと、すぐに政府がピアノを調達した。アメリカへの演奏旅行は、もはや国家的行事なのだ。

かくして、コルトーはパリ音楽院管弦楽団アメリカ公演のソリストとして渡米することになった。

一九一八年九月、パリ音楽院管弦楽団とコルトーの一行は、アメリカの軍艦ルイスヴィル号で、フランスのブルターニュ半島のブレスト港を発つ。だが、出港にあたり楽団員たちは軍艦に乗ることに抵抗した。当時の大西洋にはドイツの潜水艦が配置されており、軍艦は狙われやすかったのだ。乗船を渋る音楽家たちを前にして、コルトーは高らかに演説をした。

「戦時に航行する危険など、戦場で兵士たちが直面している危険に比較すれば、ものの数ではない。我々はフランス政府の派遣で出かけるのだ。後には引けない。そんなことをしたら、フランスと同盟国アメリカ合衆国にとっての恥を、世界中にさらすことになってしまうではないか」

コルトーのアジテーションに音楽家たちは乗せられてしまい、戦意を高揚させてルイスヴィル号に乗船した。この史上初の国家総力戦では、演奏も戦争の一環だった。

コルトーとパリ音楽院管弦楽団の最初の演奏会は、十月二十日にメトロポリタン歌劇場で開かれ、以後、翌年一月二十四日のボストンまで二十一回の演奏会が続いた。その間の十一月九日、ドイツ皇帝が退位した。ドイツは十一日に降伏するが、実質的にはこの八日が終戦だった。

その前日の十一月八日、コルトーたちフランスの音楽家はワシントンにいた。この日のパリ音楽院管弦楽団の公演は戦争終結の高揚した気分のなかで始まった。客席は最初から興奮状態で、ステージにもその気分は伝染した。オーケストラはアンコールに、《ラ・マルセイエーズ》を演奏した。

二つの祖国を持つ音楽家

後にパリ管弦楽団の初代の首席指揮者となるシャルル・ミュンシュ（一八九一～一九六八）は、第一次世界大戦ではドイツ軍の一兵卒としてフランスと戦った。

ミュンシュは一八九一年にアルザスのストラスブール（ドイツ語ではシュトラースブルク）

に生まれた。日本の国語の教科書にも載っていたアルフォンス・ドーデ（一八四〇～九七）の短編小説『最後の授業』で知られる、アルザス゠ロレーヌ地域である。

フランスとドイツの国境地域にあるアルザス゠ロレーヌ地域は、フランス領になったりドイツ領になったりしてきた（ドイツ語では「エルザス゠ロートリンゲン」となるが、本書ではドイツ領だった時期もフランス語の「アルザス゠ロレーヌ」で統一する）。

この地域にはもともとはケルト人が住んでいたが、ゲルマン系のアルマン人とフランク人が相次いで侵入し、北部ではドイツ語のフランク方言が、南部ではスイス・ドイツ語に近いアルマン語が話されていた。神聖ローマ帝国（ドイツ）傘下のロートリンゲン公国が支配していたが、十七世紀になるとフランス王国が勢力を伸ばし、フランスに編入され、フランス語が公用語となった。

しかし一八七一年に普仏戦争でフランスが敗れたため、アルザスの大半とロレーヌの東半分がドイツ（プロイセン）に割譲された。『最後の授業』は、このドイツ領になる時を描いたもので、フランス語の授業は今日で最後だという話である。

しかし、もともと住民の大多数はドイツ系アルザス人だったため、フランス語への愛着があったわけでもないという。『最後の授業』はフランス国内での反ドイツ感情に便乗して書かれた「悲劇の美談」である。

さて、ミュンシュが生まれたのはストラスブールがドイツ領になってから二十年後となる。彼の家系はドイツ系アルザス人で、父エルネストは教会のオルガン奏者だった。父は町の音楽家のリーダー的存在で、ストラスブールの市立管弦楽団の指揮者になりかけたこともあったが、残念ながら、そのポストには作曲家としても知られるハンス・プフィッツナー（一八六九〜一九四九）が就いた。プフィッツナーは管弦楽団だけでなく、市立歌劇場音楽総監督にもなる。政治的にも音楽的にも保守的な人物だ。

ミュンシュは幼い頃から聖歌隊に入り、それが音楽の初歩的な基礎を学ぶことになった。

そこで暮らす人びとにとっては、権力者の都合でフランス領になったりドイツ領になるのはいい迷惑であり、アイデンティティの喪失にもつながる。しかし、いい面もあった。ミュンシュが言うには、アルザスがドイツ領になってからのストラスブールは、「藝術上の独仏対抗の戦略上の要衝」となり、そのおかげで大音楽家たちが次々とやってきたのだ。ドイツからアルトゥール・ニキシュ（一八五五〜一九二二）が来てブラームスを演奏すれば、フランスからエドゥアール・コロンヌ（一八三八〜一九一〇）かガブリエル・ピエルネ（一八六三〜一九三七）が来てベルリオーズや最新のフランス音楽を演奏するなど、競い合い、音楽ファンにとってはとても恵まれていたのだ。少年時代のミュンシュはそれらを聴いて育った。

ミュンシュにとってドイツ音楽もフランス音楽も、「自分の国の音楽」だった。

一九一二年、二十一歳になる直前、ミュンシュはパリ音楽院に入学した。ヴァイオリンを学ぶためだった。

一九一四年、第一次世界大戦が勃発すると、ドイツ人だったミュンシュは「パリにいる

シャルル・ミュンシュ

敵国人」となってしまった。そればかりか、ドイツ軍に徴兵されることになり、いったん故郷に帰った。こうして音楽の勉強は中断された。

ミュンシュはドイツ兵として前線で闘い、七十万人の死傷者を出した一九一六年二月から十二月までのヴェルダンの戦いで負傷した。

戦争についてミュンシュは「音楽から、その壮麗さやその仕事から、四年間離れた」と後に綴っている。

一九一八年、戦争はドイツの敗北で終わった。ミュンシュが故郷のストラスブールに帰ると、この町はフランス領になっていた。ドイツ人としてフランスと戦った彼は、戦争が終わるとドイツ系フランス人となった。自分はいったい何のために闘ったのであろうか。複雑な思いであったろう。

音楽がもたらした仏独の和解

戦争が終わると、コルトーはピアニストとして完全復活した。

一九二〇年代から三〇年代にかけてのコルトーの活動は多岐にわたった。ヨーロッパとアメリカと南米でのソリスト、トリオ、そして指揮者としての演奏会、一九一九年にコルトーが創設し校長となったエコール・ノルマル・ド・ミュジック（音楽師範学校）での教育活動、市民講座のようなところでの講演、本の執筆――これにレコード録音[*19]も加わった。

コルトーが第一次世界大戦後、最初にドイツで演奏したのは一九二三年のことで、デュッセルドルフでのコンサートに客演し、モーツァルトのピアノ協奏曲を弾いた。

フランスとドイツは四年前まで激しく戦った関係だ。しかも、ドイツは敗戦国である。当然、フランスへの敵愾心がある。勝ったフランスもまた反ドイツ感情が消えていない。そんな雰囲気のなかでのコルトーのドイツ客演だった。

デュッセルドルフで活躍していた彫刻家アルノ・ブレーカーは、後にナチス政権のお抱えとなるが、この時のコルトーの演奏を聴いており、回想録『パリとヒトラーと私』にこう記している。

〈彼の繊細優美な姿が、躊躇いがちに舞台の上を進んでくるのに気付くと、聴衆の熱狂は爆発した。だれもが、自然に席から立ち上がった。この喝采は、偉大なピアニストにしてフランスの藝術家に向けられていた。（仏独の）亀裂は再び、塞がれようとしていた。

彼がピアノに向かって座ると、驚くべき沈黙が広がった。この出来事のために変貌したかに見えるオーケストラ自体も、アルフレッド・コルトーの天才的な演奏によって活気を与えられ、普段より上出来だった。

瞬間的に不吉な呪縛が破れ、両国民の理解の扉が再び開いたのだった。〉

音楽にはこういう力もある。コルトーはこの二十年後、一九四三年にもドイツで演奏し喝采を浴びるが、その時にコルトーが置かれていた状況は、一九二三年とは別のものだった。

ミュンシュ、指揮者になる

復員したミュンシュは保険会社で働いていた。ヴァイオリンの練習は欠かさなかったが、披露する機会はない。音楽への思いは募るばかりだった。そんな時、ストラスブールの市立管弦楽団の第二コンサートマスターが空席となり、ミュンシュはオーディションを受けて、見事に合格した。こうして彼はオーケストラの一員となった。

一九二二年、ライプツィヒのゲヴァントハウス管弦楽団のコンサートマスターが空席となったとの情報を得て、ミュンシュは試験を受けると合格した。この時、ゲヴァントハウス管弦楽団の首席指揮者を務めていたのはフルトヴェングラーで、二九年にブルーノ・ワルターに交代する。ミュンシュは二十世紀を代表する二人の指揮者のもとでコンサートマスターとして演奏していたわけだが、それを通して指揮者の仕事とは何なのかを学び取っていった。指揮の指導を受けたわけではないが、最高の師に恵まれたといっていい。

一九三〇年代に入り、ナチスが台頭してくると、ミュンシュは人種としてはドイツ人なのだがフランス国籍の「外国人」となるので、居づらい雰囲気になってきた。

さらに、ドイツのオーケストラのコンサートマスターなので、ドイツ国籍を取れと命じられた。ミュンシュはこれに反発した。彼はもともとドイツ人だったが、戦争で負けて、ストラスブールがフランス領になったためにフランス国籍となったのである。自分で決めたのではない。それなのに、今度はドイツ国籍になれという。

一九三二年、まだヒトラーが政権を取る前だったが、ライプツィヒに嫌気がさしたミュンシュは、コンサートマスターを辞めてしまった。

フランス人としてのミュンシュが目指したのは、パリだった。オーケストラに入るのではない。指揮者になるのだ。

ミュンシュは自腹を切ってオーケストラを雇い、デビューコンサートを自ら主催することにした。雇われたのは、コンセール・ストララム管弦楽団で、一九三二年十一月一日、ミュンシュはパリで指揮者としてのデビューを飾った。四十一歳になっていた。

指揮者はある程度の年齢にならないと深みが出ないというか、オーケストラの楽団員への威厳が持てないが、だからといって、いきなり四十歳を過ぎてから始めるものでもない。ミュンシュのキャリアは当時としても異例だった。

このデビューコンサートの資金について、ミュンシュは著書に「いくばくかの貯金を掻き集めて」と書いているが、実際は妻がスイスの大企業ネスレの経営者の娘だったので、妻から資金的な援助を受けたと思われる。このデビューコンサートについては「自分は操り人形のようであり、何も見なかったし聴かなかった、評価なんて分からない」と謙遜して回想しているが、実際は大成功したらしい。二回目のコンサートはオーケストラから招かれたようで、コンセール・ラムルー管弦楽団を指揮し、これも大成功した。

一九三五年、ミュンシュはパリ・フィルハーモニー管弦楽団の指揮者となり、三年間務めた。

一九三七年、パリ音楽院管弦楽団首席指揮者フィリップ・ゴベール（一八七九～一九四二）が退任することになると、楽団は、ミュンシュに何回かのコンサートを指揮させた後、首席指揮者に立候補するよう促した。そしてミュンシュは採用された。彼は「奇蹟（きせき）」と振り返っている。パリ音楽院管弦楽団は学生オーケストラのような名だが、同学院の教授と卒業生から構成されるフランス随一のオーケストラだ（一九六七年にパリ管弦楽団に改組）。

こうして、一九三八年から一九四五年まで、ミュンシュはフランス音楽界でのコンサート指揮者として最高の地位であるパリ音楽院管弦楽団首席指揮者を務めることになる。その間の一九四一年にゴベールは脳卒中で亡くなった。

パリ陥落

第二次世界大戦が始まる前のフランスでは人民戦線内閣が誕生し、首相にはレオン・ブルムが就いた。カザルス・トリオ誕生を進言した、コルトーと妻同士が従姉妹という関係の政治家だ。

ブルムは一八七二年にアルザス系ユダヤ人の絹物商の子としてパリに生まれた。コルトーの五歳上になる。ノーベル文学賞作家のアンドレ・ジイド（一八六九～一九五一）とは高校で同級だった。文学、藝術への関心を抱きソルボンヌ大学では文学を修め、次に法学を修めた。卒業後は国家参事会に勤務しつつ文藝批評と演劇批評も書いていた。一八九四年のドレフュス事件で政治への関心を持ち、社会党へ入り活動家となった。国民議会（下院）の議員として当選を重ねており、一九三六年の選挙で社会党、急進社会党、共産党をはじめとする左派が圧勝すると、第一党の社会党のブルムが首相になった。共産党は閣外協力だったが、これを人民戦線内閣という。有給休暇制、週四十時間労働制、フランス銀行の改組、兵器工場の国有化、ファシスト諸団体の解散などを実施した。また当時のフランスでは女性参政権がなかったが、三人の女性を大臣にした。

だが、ブルムの人民戦線内閣はスペイン内戦への対応をめぐって、干渉すべきでないとする急進党と、スペインの人民戦線政府支援を求める共産党との関係が悪化して内部分裂し、一九三七年六月に総辞職した。

翌三八年三月にブルムは再び首相になるが、今度は一カ月もたたずに総辞職に追い込まれた。

一九三九年八月二十四日、パリ放送はコルトーの解説付きの演奏会を放送していたが、突然、中断してイギリス外相ハリファックス卿（一八八一〜一九五九）の「イギリスとフランスは、ポーランドが侵略されれば、必ず介入する」とのメッセージが読み上げられた。

その一週間後の九月一日、ドイツはポーランドへ侵攻、イギリスとフランスはこれに抗議して、三日にドイツに宣戦布告、これをもって第二次世界大戦が始まった。

フランスの宣戦布告を知ったコルトーは、外国への演奏旅行の契約をすべて破棄した。国内での音楽活動に専念するためでもあったが、彼はまたも政府の役職に就いたのだ。今度は軍事公演課首席代表に就任し、藝術慰問活動の責任者になった。コルトーは第一次世界大戦の時がそうであったように、戦争が始まると積極的に政府の仕事に関与した。コルトーの生き方は単純である――フランス国民としてフランスのためにできる限りのことをする。彼には国家への疑問は何もない。そういう幸福な時代だったとも言える。

コルトーはもともとスイス人とフランス人の両親を持つ。しかも十歳までスイスで暮らした。この永世中立国で幼少期を過ごした彼は、フランスとドイツが隣国でありながら――いや、隣国であるがゆえに――長年にわたり憎みあっていることが感覚的に理解できなかった。ベルナール・ガヴォティ（一九〇八～八一）著のコルトーの評伝には、「（コルトーは）フランス人とドイツ人を駆り立てている強烈なナショナリズムの感情というものを知らなかった」とある。

フランスがドイツへ宣戦布告した一九三九年九月、ミュンシュは故郷ストラスブールにいた。仏独両国が戦争になると、真っ先に侵攻されるのがこの地域だ。人びとは避難を始めた。

ミュンシュはすでに四十八歳だったので武器を取ることはなかったが、この第二次世界大戦でも多くの音楽家が戦場に向かった。
たとえば、作曲家オリヴィエ・メシアン（一九〇八〜九二）はこの年三十一歳だが、宣戦布告前の八月二十五日に召集されている。

ドイツに宣戦布告しながらも、フランスもイギリスも積極的には戦おうとせず、「奇妙な戦争」「いかさま戦争」「まやかし戦争」と呼ばれる状態が続いた。フランス軍とドイツ軍は国境で睨み合うだけだった。フランスとしてはポーランドと軍事協定を結び、ドイツがポーランドを攻めたらドイツを攻撃すると約束していたので宣戦布告したものの、本格的な戦争は避けたいところだったようだ。ヒトラーはそれを見越し、ドイツから見ての西部戦線の兵力は薄くし、ポーランド侵攻に戦力の大半を割いた。それでも、フランス軍はドイツと戦わなかった。

一九四〇年春、すでにポーランドを占領していたドイツはフランスへの侵攻も始める。フランスはドイツとの国境沿いにはマジノ線と呼ばれる要塞を築き万全の防御態勢を敷いていたが、ベルギーとの国境は手薄だった。ヒトラーはフランスに直接攻めるのではなく、まず四月に中立国であるデンマークとノルウェーを電撃的に占領した。
五月になると、ドイツ軍は準備を整えた上で電撃的に急降下爆撃機と機甲化部隊を展開し、一気にルクセンブルク、オランダ、ベルギーに攻め入った。

コルトーは五月三日と四日に、戦線に近い地域に慰問に出かけて演奏していた。

五月十日、ベルギーとオランダを侵略したドイツ軍は、ベルギー国境を越えてフランスへ侵攻した。フランスの対ドイツ防衛のマジノ線は、ドイツとの国境にのみ構築されていたので、何の役にも立たなかったのである。ここに「奇妙な戦争」は終わり、本当の戦争になった。

ドイツ軍は一気にフランスへ攻め込んだ。フランス軍はひとたまりもなく、退却につぐ退却となっていった。

六月九日、コルトーはパリを脱出した。その翌日の十日、ムッソリーニのイタリアもフランスに宣戦布告した。ここにフランスはドイツとイタリアに挟まれるかたちとなった。すでに政府首脳はパリを離れており、パリ市民たちも先を争って疎開していった。

十二日の段階で、すでにパリからボルドーへ移動していたフランス政府は、パリを無防備都市とすると決めて、ドイツに通告してあったので、十四日、ドイツ軍はパリへ無血入城した。

開戦時には五百万人だったパリの人口は、この時点ですでに二百万人程度となっていた。六割の市民が脱出していたのだ。

当時の首相はポール・レノー（一八七八～一九六六）で、三月に首相になったばかりだった。

パリ陥落後のフランス政府内には、態勢を立て直して徹底的に戦うべきとする意見と、休戦すべきという意見とがあった。レノー首相はドイツに対しての戦争継続を訴えたが、休戦派の力が強く、六月十六日に辞職した。副首相だったペタン元帥が首相となり、ドイツとイタリアに対し休戦を申し入れた。事実上の降伏である。二十二日に独仏休戦協定が締結された。

休戦協定により、第一次世界大戦でフランス領となったアルザス゠ロレーヌはドイツに編入された。フランスの残りの地域は、パリを含む北部と海岸線の五分の三がドイツの直接占領地域となり、南部は「非占領地域」となり、ドイツに協力的なヴィシー政権が統治することになった。実質的にはフランス全土がドイツの支配下に置かれたのである。徹底抗戦派だったシャルル・ド・ゴール将軍（一八九〇～一九七〇）はロンドンに亡命して「自由フランス」を結成したが、政府としての実体はない。

仏独の休戦は六月二十五日午前〇時からである。その日、ヒトラーはパリを訪問した。ヒトラーが最初に訪れたのは、オペラ座だった。フランス第二帝政時代にシャルル・ガルニエによって設計された建物をヒトラーは興味深げに眺めた。ヒトラーは音楽にも建築にも詳しかったので、彼にとって真っ先に行くべきパリの名所と言えば、オペラ座だったのだ。

ヒトラーはオペラ座の中に入り、熱心に見学した。

占領下の音楽

七月一日、フランス政府は、ボルドーからヴィシーへ首都を移転した。コルトーもこのヴィシーに移り、十月に国民教育省の青年部藝術課長に就いた。

この政権をヴィシー政権と呼び、ここにフランス第三共和政は終焉を迎えた。七月十日、ヴィシーで開催された国民議会は圧倒的多数で新憲法制定までの「憲法的法律」を制定し、「ペタン元帥の権威および署名の下にある共和国の政府にすべての権限を与える」ことになり、フィリップ・ペタン（一八五六〜一九五一）に全権が委任された。このあたり、ヒトラーが全権委任法によりワイマール憲法を無力化したのと似ている。以後ペタンはフランス国家主席となり、ヴィシーではペタンを「国家の父」とする個人崇拝が起きた。

ヴィシー政権はこの時代のフランスの正式な政府ではあるが、ドイツに屈した政権だった。

ペタンへ全権委任することを決める議会での投票で、元首相ブルムは反対票を投じ、信念を貫いた。

九月になると、ブルムは「フランスを弱体化させた」という罪で逮捕されたが、裁判の不当性を訴えて、裁判の中断・無期延期を勝ち取った。しかしドイツに移送され、強制収容所に収監され、ブーヘンヴァルト、ダッハウ、ティロルと各地に移送される。

コルトーはヴィシー政権のもと、政治・行政に積極的に関与していく。一九四一年には国務院の評定官になり、四二年には国民教育省の顧問になり、音楽藝術及び音楽自由教育専門委員会を設立した。この委員会には、作曲、オーケストラ、オペラ、オルガン、音楽学、舞踊、教育などの十一の部局が置かれた。これは音楽家たちの職能組合的な組織で、音楽家たちの実態を調査し、諸権利を保護し、諸特権を保証し、老後の生活を保障する基金を作ることなどが目的だった。

コルトーはフランス国籍を持つフランス人だったが、フランス人のナショナリズムは理解できない。だから、ドイツに占領されることを屈辱と感じなかったのではないか。

さらに、コルトーがピアニストとして最も喝采を浴びた外国はドイツだった。アメリカでも喝采を浴びたが、コルトーがこの国で音楽的に刺激を受けることはなかった。音楽の伝統のない国であるアメリカはビジネスとして行く場でしかないのだ。コルトーが何よりも憧れていたのが、ドイツの音楽と文学だった。彼にとって、ドイツ人は「悪」とは思えなかった。これを甘いと批判するのは簡単だが、この時点ではナチスの残虐非道な蛮行の全貌はまだ明らかになってはいないのだ。

伝記作家ガヴォティは、「コルトーを批判する前に理解すべきこと」として以上を挙げている。

フランスを占領したのがドイツではなかったら、コルトーは別の選択をしたのかもしれない。よりによって、最高の音楽を生んだ国であるドイツだったことが、コルトーに抵抗心を抱かせなかった。
その偉大な国ドイツが、どうしてあのようなことをしたのか――これはあまりにも重いテーマである。

パリを占領したドイツには、文化活動を管理統括する部署として、ドイツ大使館、ミュンヘンのアカデミーに所属するドイツ協会、フランス占領ドイツ軍総司令部宣伝中隊の三つの機関があった。ドイツ協会の仕事は、独仏文化交流である。ドイツの著名な文化人をパリに招いて講演させたり、ドイツの音楽家や劇団を招聘(しょうへい)して公演したり、ドイツ語の本を貸したり、ドイツ語の無料講習会をすることなどが、その活動内容だった。ようするに、ドイツ文化をフランスに押し付けた。
なかでも熱心だったのがドイツの音楽家を呼びパリで公演することだった。その目的は二つあり、ひとつはドイツ軍の兵士たちに娯楽として提供するためで、もうひとつがフランス人にドイツ文化の偉大さを示すためだった。

ミュンシュは一九四〇年九月初めに故郷を去り、パリへ戻った。彼はフランスを出ることもできたが、占領当局から、戻らないのならドイツの指揮者にパリ音楽院管弦楽団のコンサートを指揮させると脅されたのだ。この時、名前が挙がったのがヘルベルト・フォン・カラヤンだった。ドイツ人の手に渡すくらいなら、自分が振ろう――ミュンシュはそう決断し、占領下のパリへ戻った。

ドイツとヴィシー政権にとって、対外イメージ戦略上も、ドイツのパリ占領によって音楽文化が廃れたと思われることは好ましくなかった。そこで、フランスの他の地域のオーケストラへの公的助成は予算が削られたが、パリに対しては、予算は増加した。そのおかげで、パリの四つのオーケストラ――パリ音楽院管弦楽団、コンセール・パドルー、コンセール・コロンヌ、コンセール・ラムルーは、いずれも戦前よりも多く演奏会を開いていた。

しかし演奏される曲は、バッハ、モーツァルト、ベートーヴェン、ブラームスといったドイツ音楽と、ベルリオーズ、フランク、ドビュッシー、ラヴェルといったフランス音楽がほとんどで、メンデルスゾーン、シェーンベルク、ミヨー、デュカスなどユダヤ系作曲家の作品はプログラムから外された。

一九四〇年九月二十九日の、ミュンシュとパリ音楽院管弦楽団の占領後最初のコンサートの曲は、ベートーヴェンの《エグモント》序曲で始まり、交響曲第七番と続いて、後半がラヴェルの《亡き王女のためのパヴァーヌ》と《ラ・ヴァルス》だった。

パリのオーケストラの指揮者としてではなかったが、一九四〇年十二月、占領下のパリへ、ヘルベルト・フォン・カラヤンが、音楽監督をしていたアーヘン市立歌劇場を率いてやって来た。カラヤンは、ドイツ軍兵士のためのコンサートと、パリの一般市民のためのコンサートを指揮した。

この時期のカラヤンはアーヘンの音楽監督でありながら、首都ベルリンの歌劇場でも指揮をしていた、最初の絶頂期にあたる。ドイツの若き天才としてもてはやされていた。

この半年後の一九四一年五月、カラヤンはベルリン州立歌劇場を率いて公演し、《トリスタンとイゾルデ》などを指揮した。一九四一年はワーグナー生誕百三十年、《さまよえるオランダ人》がフランスで作曲されて百年目ということで、ドイツ協会はワーグナー熱を盛り上げるのに熱心で、そのひとつとしての公演だった（ワーグナーは一八一三年生まれなので、正確には生誕百三十年は一九四三年だが、まとめて祝おうとした）。

フルトヴェングラーはドイツ占領地域での演奏を頑なに拒んでいたので、戦争中にフランスでは演奏していない。カラヤン以外でパリで演奏したドイツ系指揮者としては、ハンス・クナッパーツブッシュ、オイゲン・ヨッフム（一九〇二～八七）、クレメンス・クラウス（一八九三～一九五四）、ヴェルナー・エック（一九〇一～八三）らの名が記録されている。

一九四一年はモーツァルト没後百五十年の年だった。十二月五日が亡くなった日だ。占領当局の指導で、これを記念して十二月にパリでもモーツァルト音楽祭が行なわれることになった。あからさまにドイツ色の強い音楽祭なので、ミュンシュは指揮をしないですむように、十二月はブリュッセルに客演する予定を組んだ。しかし、占領当局の意向で、十一月三十日の日曜コンサートがモーツァルト音楽祭に組み込まれてしまった。音楽院管弦楽団は毎週日曜日に定期演奏会を開いており、ミュンシュはそれは指揮するつもりだったのでスケジュールに入れていたのだ。

十一月三十日のコンサートでは、ジャック・ティボーをソリストにしたモーツァルトのヴァイオリン協奏曲、交響曲第三十八番《プラハ》などが演奏された。

シャルル・ミュンシュは占領下にあってパリに留(とど)まりつつ、抵抗を続けるという困難な立場に身を置いた。ミュンシュはレジスタンスに協力し、その収入のほとんどを寄付するようになる。

同じようにフランス映画界では表面的にはナチスに従うふりをしながら、あえて時勢とは関係のない映画を作っていた人びともいた。パリ解放後の一九四五年三月に公開されたマルセル・カルネ監督の『天井桟敷の人々』がその代表だが、この映画の音楽はミュンシュ指揮のパリ音楽院管弦楽団が演奏している。

パリ解放

一九四二年六月三日と四日、コルトーはベルリンでの、フルトヴェングラーが指揮するベルリン・フィルハーモニーの演奏会に出演した。コルトーはフルトヴェングラーとは戦前から何度も共演しており、彼としては招聘を断れなかった。ただしドイツで演奏するにあたり、ベルリンのフランス会館で無料の演奏会をすることと、ドイツの捕虜収容所にいるフランスの捕虜のための演奏会を開くことを条件とした。その最初のものが六月の演奏会だった。

十一月には、ベルリン、ハンブルク、ライプツィヒ、ミュンヘン、シュトゥットガルト、フランクフルトをまわり、さらに、四カ所の捕虜収容所でも演奏した。

コルトーは一九四三年末にもベルリンで演奏した。すでにドイツの敗色が濃厚となっていた時期だった。

ベルリンは連日連夜、連合国軍による空爆を受け、瓦礫（がれき）の山だったが、フィルハーモニー楽堂は被害がなく、どうにか演奏会を開くことができた。音楽を求める人びとで、ホールは満員となり、入りきれない数百人も、立ち見で無料で聴くことになった。

コルトーがステージに出てきただけで、大喝采となった。この日演奏されたのはショパンの曲ばかりだった。メインとなるのは葬送行進曲を含むピアノ・ソナタ第二番で、ドイツの敗色が濃くなっている時期に、それはあまりにも不吉な曲だった。

二十年前の一九二三年、第一次世界大戦後初めてコルトーがドイツで演奏した時、デュッセルドルフで聴いていた彫刻家のブレーカーはこの時も聴いている。その回想録にはこうある。

〈コルトーが私に打ち明けたことには、彼の長いキャリアの中で、このドイツで過ごした最後の晩ほど、ドイツに親近感を抱いたことはなかったという。

彼はホテルへの道すがらこう言った。

「こんなことは今までになかった。第一小節を私が弾き始めたまさにその瞬間、あたかも神の恩寵（おんちょう）が、私たちのすべてにこの晩を与えたかのように、超自然的な力が私を導いていると思えたんだ」

その夜のベルリンの聴衆にとっては戦時下での最高の贈り物だったであろう。この危険な状況下にベルリンへ客演したことで、コルトーは多額の出演料を得た。しかし、彼はそれと引き換えに「対独協力者（コラボラトゥール）」という汚名を着せられることになる。

一九四四年四月十九日と五月四日、カラヤンはパリでナチスが作った放送局であるラジオ・パリのオーケストラを指揮して二回のコンサートをした。

それから一カ月後の六月六日、世にいう「Dデー」、史上最大の作戦ことノルマンディー上陸作戦の成功によって、戦況はドイツ軍にとって一気に不利になった。東からはソ連軍が反転攻勢に出て、ポーランドに入ってきた。

パリ解放は八月二十五日である。連合国軍の先頭に立つのは、ド・ゴールの指揮下にある自由フランス軍だった。ドイツ軍が投降文書に署名した一時間後、ド・ゴールはパリに入り、市庁舎前広場で感動的な演説をした。

パリ解放を受け、ヴィシー政権は、ド・ゴールのフランス共和国臨時政府に政権を移譲する手続きを取ろうとした。ペタン将軍としては正式な政権移譲により、ヴィシー政権の正統性を担保するつもりだったが、それを見越したド・ゴールは拒否した。

九月七日、連合軍はヴィシーを攻撃、政府は南ドイツのジクマリンゲンへ避難し、ペタンは国家主席を辞任した。

翌一九四五年四月、ペタンはフランスへ戻ったところをドイツ協力者として逮捕され、裁判では死刑を宣告されたが、高齢を理由に無期禁錮(きんこ)刑となった。そして、一九五一年七月に流刑先、ブルターニュ地方のユー島で亡くなった。九十五歳だった。彼のおかげでフランスは壊滅せずにすんだとの見方もあり、評価の難しい政治家だ。

人民戦線内閣首相だったレオン・ブルムはティロルの強制収容所に入れられていたが、パリ解放後、救出された。ブルムは一九四六年から四七年までフランス共和国臨時政府で、生涯で三度目となる首相を務めたが、体調不良で辞任し、一九五〇年三月にパリ郊外で亡くなった。七十七歳だった。


パリは解放されたが、戦争はまだ続いていた。ドイツ国境に近い、ミュンシュの故郷であるアルザス゠ロレーヌ地方を解放するための旅団には、作家アンドレ・マルロー(一九〇一～七六)が指揮官として参加していた。

一九四四年八月の終わり、スイスにいたコルトーはイギリス人とアメリカ人の友人を自宅に招いて食事をした。そして、衝撃的な事実を知った。彼らはホロコーストの実態をコルトーに話し、強制収容所から脱走したユダヤ人が持ち出した何枚かの記録写真も見せた。コルトーは衝撃で言葉もなかった。客が帰るまでコルトーは一言も発しなかった。妻にも「何と恐ろしいことだ」としか言えなかった。

数日後、友人のガヴォティと会うと、コルトーは逮捕されるであろうと覚悟している様子だった。そして、「私は逃げないよ」と言った。

コルトーの予言は的中し、九月二日、対独レジスタンスと解放運動によって組織されたフランス国内軍の軍人が、司法警察官と共にやって来た。コルトーを逮捕するためだった。六十七歳になろうとする音楽家は、治安裁判所に三日間拘留された後、弁護士立ち会いのもとでの尋問が始まった。

「ベルリンの公演の際に舞台でヒトラー式敬礼をしたのは本当か」「対独協力者なのか」といった質問がなされ、コルトーはそのすべてを否定した。すべて伝聞と憶測でしかなく、何ら客観的証拠もなかったので、コルトーは逮捕理由不十分の決定を受けて釈放された。

しかし、それからの二年間、コルトーは公の場での演奏ができなくなる。

パリ解放の後、ミュンシュはそれまで以上に自由になった。十一月にはイギリスへ客演していた。

しかし占領下パリで演奏し続けたことでミュンシュとオーケストラは一部の勢力からは

批判されもした。

十一月二十五日、ストラスブールも解放された。

ミュンシュは戦争中のことについて、著書『指揮者という仕事』ではほんの数行しか語っていない。

〈ドイツ軍の占領という恐ろしい四年間があった。当時の私の役割は、より幸福な世界へと人々の心が逃避するのを助けることにあった。自分の国が抑圧され、口を封じられ、傷つけられるのを見る苦痛から、それまで以上に熱心に私はそれに没頭した。

一九四五年まで、毎日曜、自分の職業（メチエ）の遂行に毎回、一層注意深く、一層情熱を注ぐよう努めて、このすばらしいオーケストラ（音楽院管弦楽団）を指揮した。[*20]〉

コルトーへの逆風

一九四五年四月三十日にヒトラーは自殺し、五月七日、ドイツ軍は降伏した。

戦争が終わると、ミュンシュはパリ音楽院管弦楽団の仕事を少しずつ減らしていき、一九四六年をもって辞任した。

しかしフランス代表として、一九四六年五月の「プラハの春」音楽祭には出演した。

フリーとなったミュンシュは欧米各地のオーケストラに客演していたが、一九四九年からボストン交響楽団の音楽監督に就任した。

一九四五年十月十七日、コルトーはドイツに協力した音楽家を裁くための委員会に呼ばれ、戦争中の活動についての尋問を受けた。

問題とされたのは一九四二年に彼がドイツ各地で行なった演奏会だった。ドイツで演奏したのは事実だ。しかしその一方でコルトーがフランス人捕虜の待遇改善の交渉をドイツとしたこと、多くのユダヤ系藝術家を保護したこと、レジスタンスのメンバーを保護したこと、さらにコルトーの演奏会での利益の大半が捕虜になった音楽家のための社会事業の基金に提供されたことなどを考慮して、「一年間のあらゆる職業活動の禁止」という判決になった。

この「一年間」は一九四五年四月一日から数えることになったので、四六年四月一日までの演奏禁止だった。

一九四六年四月二十三日、コルトーは演奏活動解禁後初の演奏会をトゥールで行なった。続いてフランス各地、さらにスイス、イギリス、イタリアへも演奏旅行に出て、どこでも聴衆は彼を温かく迎え、喝采を贈った。

しかしコルトーへの逆風もまだ国外では吹いていた。トリオを組んだかつての親友ティボーは、十二月にアメリカで取材を受けた際、「コルトーとは二度と共演したくない」と述べた。実際に二人がデュオとして共演したのは一九四三年十二月が最後で、ピエール・フルニエ（一九〇六〜八六）を加えてのトリオでの共演も一九四四年一月が最後だった。ティボーはカザルスとも政治的な意見が合わず、決裂していた。音楽家たちは、思想信条を乗り越えることが困難だった。

コルトーはパリで演奏しなければ真の復帰とは言えないと考えており、一九四七年一月にようやく実現した。十八日は午前と夕方の二回、十九日は夕方と、合計三回のパリ音楽院管弦楽団の演奏会に出演することになったのだ。指揮はアンドレ・クリュイタンス（一九〇五〜六七）で、シューマンの協奏曲を演奏することになった。

パリ音楽家組合の一部に、コルトーの復帰を望まない者がいた。しかし公的に演奏活動が許されている以上、コルトーの出演を拒否することはできない。そこで反コルトー派は、四十年近く前の一九〇六年に、コルトーがパリ音楽家組合から除名されていたことを持ち出した。彼が非組合員の音楽家を臨時で雇って演奏会を開いたというのが、その理由だった。しかし、それは形式的な処分で、その後もコルトーは何度もソリストとしてあるいは指揮者としてパリで活動していたのに、除名は取り消されていなかったのだ。

組合は音楽院管弦楽団のメンバーに、コルトーとの共演を禁止し、もし共演したら除名すると通告した。コルトーと親コルトー派の楽団員は協議し、解決策として、まずオーケストラのみでバッハの管弦楽組曲第一番を演奏し、その後、コルトーがひとりでショパンを弾いて、休憩の後の後半はオーケストラだけでドビュッシーの《海》を演奏することになった。同じ演奏会には出るが、共演しないことにしたのだ。コルトーは演奏曲の変更を事前に知らせるよう望んだが、当日になっても、それは知らされなかった。

一月十八日午前十時、シャンゼリゼ劇場は満席だった。オーケストラによるバッハが終わり、コルトーがステージに現れると、オーケストラは席を立った。コルトーはすれ違おうとする指揮者クリュイタンスに握手を求めたが、無視された。

ステージにひとりで立つコルトーへは、ブラボーの歓声と口笛によるブーイングが浴びせられた。聴衆のなかには、反コルトー派のグループもいたのだ。コルトーは一切を無視してピアノの前に座り、まだ騒いでいる者もいたが、ショパンの幻想曲へ短調を弾き始めた。すべての曲を弾き終わると、すさまじい騒ぎとなった。歓呼もあれば野次もあった。コルトーは何度もステージに呼び戻された。

夕方からのコンサートでは前半にバッハと《海》を続けて演奏し、コルトーは後半にのみ出ることになった。しかしマチネでの出来事はすでにパリ中に知れわたっていたので、バッハが終わると、コルトー支持派は「コルトー、コンチェルト」と叫び、クリュイタンスとオーケストラは《海》を始めることができなくなった。それでもクリュイタンスは騒然とする客席を無視して《海》を始めた。第二楽章になると、ステージに上がり妨害する客まで出る事態となり、演奏は中断、事務局が後半にコルトーが出ることを聴衆に伝えてどうにか再開し、クリュイタンスとオーケストラは最後まで演奏した。

後半になってコルトーが登場すると、またもブラボーとブーイングの嵐。ショパンのソナタ第二番の葬送行進曲になると、「友だちのヒトラーに捧げているのか」との野次が飛んだ。しかしコルトーはピクリとも動ぜずに弾き続けた。

翌日も客席の雰囲気は前日と同じで、ショパンの幻想曲へ短調を完全に聴くことのできた者はいなかった。コルトー自身ですら聴こえなかったかもしれない。

その四カ月後の五月に、フルトヴェングラーがベルリンへ復帰した時は大喝采で迎えられる。フルトヴェングラーとコルトーは共にナチス協力者の一面を持っていたが、フルトヴェングラーは自分の国のために演奏していたのに、コルトーは自国を占領している敵のために演奏した点での違いがあった。

コルトーは、それでも平然としていた。「私のような人生を歩めば、何事にも覚悟がないと生きていけません」と友人に電話で語った。

覚悟の人であるコルトーはケリをつける人でもあった。コンサートを台無しにしたパリ音楽家組合を相手に訴訟を起こし、八年後の一九五七年に勝訴した。

コルトーはしばらくフランスでは演奏せず、スイスやイギリスをはじめとするヨーロッパ各国で歓迎されるなか、演奏を続けた。一九五二年には日本を訪れた。

一九四九年は「ピアノの詩人」ショパンの死から百年の記念の年だった。十月十七日が命日だ。パリはショパンがその後半生を暮らし亡くなった地でもある。一九四七年一月の惨憺（さんたん）たるコンサート以後、パリでは演奏していないコルトーは、雪辱を期す場としてショパン没後百年の日にパリで演奏会を開くことにした。前売りが始まると、約二千席が二日で完売した。希望者があまりに多いので、ステージに三百席を設けることにしたが、それも即時完売で、なおもチケットを求める人は三千人にも及んだという。

当日、コルトーがステージに現れると、客席は総立ちとなり、喝采は三分以上、続いた。まだまだ続きそうだったので、コルトーはピアノの前に座り、歓声が続く中、ショパンの幻想曲へ短調を始めた。ようやく、客席は静かになった。二十四の前奏曲、ソナタ第二番、《英雄》ポロネーズと続いた。アンコールは四回。七十二歳のコルトーは勝利した。


コルトーにとって未解決の問題がカザルスとの和解だった。

かつてのコルトー、ティボー、カザルスのトリオは、スペインでフランコ政権が誕生した後、カザルスが生涯にわたり反フランコ、反ファシズムの姿勢を貫いたのに対し、コルトーが親ナチスのヴィシー政権に加わったことで自然消滅していた。トリオでの最後の演奏は、一九三三年五月だ。トリオのもうひとり、ジャック・ティボーは一九五三年に日本へ向かう途中、飛行機事故で亡くなっていた。

残された二人は、一九五六年にコルトーがエコール・ノルマルにカザルスを講師として招いたことで和解していた。あとは共演するだけだった。

一九五八年七月、コルトーはカザルスが暮らすフランスのスペインとの国境の町プラードに赴いた。カザルスが主宰するプラード音楽祭で弾くためだった。

コルトーとカザルスの演奏会は七月十日で、二人はベートーヴェンの「チェロとピアノのためのソナタ」第三番と、《「魔笛」の主題による七つの変奏曲》を演奏した。[*17]これがコルトーの聴衆を前にしての最後の演奏となった。コルトーは八十歳、カザルスは八十一歳である。

コルトーはその後もマスタークラスなどで聴衆の前に現れていたが、ピアノを弾くことはなく、一九六二年六月十五日に八十四歳で亡くなった。

パリ管弦楽団

ミュンシュは一九四九年からボストン交響楽団の常任指揮者となっていたが、六二年をもって退任していた。その後のミュンシュはフリーの指揮者として活躍し、六六年にはフランス国立放送管弦楽団と来日もしている。

ミュンシュが余生を過ごしていた一九六〇年代半ばのフランスはド・ゴール政権で、文化大臣には作家のアンドレ・マルローが就いていた。マルローはフランスの「国家」の力はフランス「固有」の文化によって達成されなければならないと考え、国家主導での国立オーケストラの創設を考えていた。当時のパリ音楽院管弦楽団は他国のオーケストラと比べて演奏技術が劣るとされて、ベルリンやウィーンのフィルハーモニーとは比較にもならなかった。「国立」と名の付くフランス国立放送管弦楽団は放送局の楽団であり、国立楽団ではない。

そこで一八二八年の創設から百四十年の歴史を持つパリ音楽院管弦楽団を解散させ、フランス政府が二分の一、残りをパリ市とセーヌ県が負担する形で、新たなオーケストラを創設することになった。

そんな矢先の一九六七年六月三日、パリ音楽院管弦楽団首席指揮者のアンドレ・クリュイタンスが六十二歳で急死した。胃癌だった。

たとえクリュイタンスが存命だったとしても、マルローは新楽団の音楽監督には、知名度と実績からして、シャルル・ミュンシュしかいないと考え、打診していた。すでにミュンシュは七十五歳になっていた。トスカニーニがNBC交響楽団を引き受けた時よりも年長だ。ミュンシュは高齢を理由に固辞したが、説得されて引き受けた。

新しいオーケストラは、音楽院管弦楽団のメンバーの三分の一が残され、あとはフランス全国から公募され、厳選なオーディションのもとに決められた。

パリ管弦楽団は、その創設の目的として、「パリ市民並びに国民の音楽生活において必要とされる役割を果たすと共に、諸外国に対し、フランスの音楽に確固たる威信を広める」と謳われている。

一九六七年十一月十四日、パリのシャンゼリゼ劇場で、新生パリ管弦楽団の第一回演奏会[*21]が開かれた。指揮は、もちろんミュンシュで、プログラムはドビュッシー《海》、ストラヴィンスキー《レクイエム・カンティクルス》、そしてベルリオーズ《幻想交響曲》だった。最後の《幻想交響曲》が終わると、劇場は興奮の坩堝となった。

この演奏会に先立って、《幻想交響曲》は十月二十三日から二十六日にかけて、ＥＭＩにレコーディングされている。ミュンシュとしては楽団を鍛え上げるリハーサルを兼ねての録音だったのであろう。とてもリハーサルとは思えない凄まじい演奏である。だが、本番のライヴ盤は、この凄まじいセッション録音をはるかに超えた熱い演奏だ。

つまり、このレコーディング・セッションの前に、さらに厳しい練習があったわけで、パリ管弦楽団は、フランスの楽団がこれまで持てなかった緻密なアンサンブルを持つオーケストラとなった。

十二月にはオネゲルの交響曲第二番、六八年一月にはブラームスの交響曲第一番もレコーディングした。さらに九月から十月にかけては、ラヴェル《ボレロ》《スペイン狂詩曲》《ダフニスとクロエ》第二組曲、《亡き王女のためのパヴァーヌ》、ピアノ協奏曲も録音し、ミュンシュは演奏会とレコードの両方で、自分の音楽家生活の集大成をしようと意気込んでいた。

一九六八年十一月、ミュンシュ率いるパリ管弦楽団はアメリカ・ツアーに出かけた。創設一周年記念であり、ミュンシュとしてはアメリカへの凱旋ツアーの意識もあったろう。

演奏会は十月十八日のオタワが最初で、ボストン、ニューヨーク、フィラデルフィア、ワシントンとまわった。たまたまカラヤンは十月下旬から十二月初旬までニューヨークにいたので、ミュンシュ指揮パリ管弦楽団の演奏会を聴いて、「見事の一言だ。楽団創設からほどなくして、ミュンシュは熟成と完璧を手中にした。なんと羨ましい。私がこの楽団に望むのは、ただひとつ。この楽団を私が指揮することだ」と語った。

どの会場でも聴衆は興奮した。とくに「第二の故郷」とでも言うべきボストンでは、熱狂的に迎えられた。

十一月四日はノースカロライナ州で演奏会があり、翌五日、ヴァージニア州リッチモンドで、ミュンシュは同行していた副指揮者のセルジュ・ボド夫妻を夕食に誘った。機嫌をよくしたミュンシュはベルリオーズ・フェスティバルを毎年開催したいと、将来の計画を嬉しそうに話していた。

だが、そのフェスティバルをミュンシュが指揮することはなかった。その夜、就寝中にミュンシュは心臓発作を起こし、そのまま亡くなった。七十七歳だった。パリ管弦楽団との日日は一年で終わってしまった。

パリ管弦楽団は創立一年にして、最大の危機を迎えた。アメリカ・ツアーは三人の副指揮者が引き継いだ。

パリ管弦楽団のミュンシュの後任として、フランス政府文化省内ではカラヤンの名が検討されていた。カラヤンの実績は申し分ない。ベルリン・フィルハーモニーの藝術監督ではあるが、兼任は可能だとの感触を得ていた。問題はカラヤンの経歴をどう評価するかだ。ナチスの党員だったことはあまりにも有名だし、パリが占領されていた間、ドイツの音楽家として公演をした過去も消せない。そんな人物をフランスを代表するオーケストラに招聘していいのか。

フランス音楽界のなかには、ピエール・ブーレーズ（一九二五〜二〇一六）を推す声があったが、マルローとは犬猿の仲だったので、除外された。

マルローはカラヤン招聘を決断し、ド・ゴール大統領の承認も得て、音楽監督ではなく、音楽顧問として招聘することになった。カラヤンは「このオーケストラはフランスの公的な団体であり、フランス人指揮者を迎えるべきだから」音楽顧問となったとしている。しかし監督は不在なのだから、実質的にはカラヤンがトップである。

この時期、ド・ゴール政権は末期状態にあったので、マルローとしては時間がなかったのであろうか。対独レジスタンスとして闘った文化大臣と大統領は、自分たちが創設したオーケストラに、元ナチスを音楽顧問として招くことになったのである。

この年の春、フランスが五月危機を迎えていた時期、チェコスロヴァキアでは民主化運動「プラハの春」が起き、夏にはソ連軍によって弾圧された。スターリンの死後、ソ連と東欧諸国では雪どけ政策で自由化が進んだかと思われたが、その揺り戻しが来ていた。マルローとしては、かつてナチス・ドイツと闘うために共産勢力と手を結んだように、今度はソ連に対抗するためには元ナチスの手を借りるのもやむなしという思いだったのかもしれない。

一九六九年になると、ド・ゴールは政権強化を狙い、地方制度改革と上院の改革などの憲法改正の国民投票に打って出ることにした。これに勝利すれば、自分は信任されたことになるとの狙いだった。国民投票は四月二十七日に行なわれ、「拒否」が五十二・四一パーセントという、ド・ゴールの敗北に終わった。ド・ゴールは開票日に大統領権限行使の放棄を宣言し、事実上、退陣した。マルローの文化大臣としての仕事も終わった。

フランスは大統領選挙に突入し、六月十五日の選挙で、ジョルジュ・ポンピドゥー（一九一一～七四）が当選した。ド・ゴールはその翌年十一月九日に亡くなった。

カラヤンのパリ管弦楽団での最初のコンサートは一九六九年七月だった。元ナチスへの反発は薄れていたのか、反対運動は何もなかった。しかし、結局、カラヤンは多忙で、このオーケストラに時間を割くことができず、一年で辞任した。

こうしてフランスでも、カラヤンの過去は不問とされた。前年の五月革命がなく、ド・ゴール政権が安定していれば、ミュンシュの後任人事はじっくりと検討されたであろうから、皮肉にも、五月革命はカラヤンの過去まで洗い流したのである。

第V章

大粛清をくぐり抜けた作曲家と指揮者

ドミトリー・ショスタコーヴィチ

Evgeny Mravinsky
Dmitri Shostakovich
Iosif Vissarionovich Stalin

ドイツで生まれ、ヨーロッパ各地に広がり、ロシアで終焉を迎えたものに、交響曲とマルクス主義とがある。

ショスタコーヴィチは「最後の交響曲作曲家」と呼ばれることがあり、それは、学問的には異論はあるかもしれないが、レコード会社や興行会社が付けるキャッチフレーズとしては、正しいだろう。ショスタコーヴィチは十五の交響曲を遺した。数だけなら、二十世紀においても十五曲以上の交響曲を書いた作曲家は何人もいるだろうが、演奏回数、CDの数などにおいて、ショスタコーヴィチに優る者はいない。

この作曲家はスターリン体制を生き抜いた。友人・知人、同僚の多くがヨシフ・スターリンの大粛清により逮捕され処刑され、彼にも命の危機が迫ったが、なぜか彼は生き延びることができた。亡命しようと思えば可能だったが、彼は死ぬまでソ連に留まった。共産党にも入党し、国家の役職にも就いた。ソヴィエト社会主義が藝術において資本主義よりも優れていることを世界中に証明する役割を、ショスタコーヴィチは生涯にわたり演じ続けた。

史上最悪の独裁者と二十世紀最大の作曲家はいかなる緊張関係にあったのか。

一九一七年の作られた伝説

ドミトリー・ショスタコーヴィチ（一九〇六〜七五）はロシアのサンクト・ペテルブルクに生まれ、ペトログラードで少年時代を過ごし、レニングラード音楽院を卒業した――といっても、これらの都市はみな同じで、時代によって名称が変わっただけだ。

ショスタコーヴィチの父は技師、母はピアニストを目指したが結婚により専業主婦となった人で、二人ともシベリア地方の出身だった。父方の祖父は皇帝アレクサンドル二世（一八一八〜八一）暗殺未遂事件に巻き込まれてシベリアに流刑となった経歴を持つ。その後、祖父はシベリアで銀行家として成功したのだ。母方の祖父は金鉱の事業所の事務員から監督官にまで出世した人物だった。ショスタコーヴィチの両親は貴族や大富豪ではなかったが、貧しくもない。母方の伯母（おば）のひとりは、ロシア社会民主労働党（ソヴィエト連邦共産党の前身）の党員と結婚した。

ロシア革命が起きた一九一七年、ショスタコーヴィチは十一歳で、すでに音楽の才能が発見されていた。

ロシアは一九一七年三月十二日に勃発した二月革命（ロシアの旧暦では二月だった）により帝政が倒れ、ニコライ二世が退位すると、ケレンスキーを中心とした臨時政府が樹立された。ショスタコーヴィチは音楽学校に通いながら、普通の勉強もするためにギムナジウムにも通っていたが、そこにはケレンスキーの息子もいれば、後に政権を奪取するトロツキーやカーメネフらの息子もいた。しかしこれらの交友関係が、ショスタコーヴィチの人生で役立ったわけではない。

ヨシフ・スターリン（一八七八〜一九五三）はグルジア（現ジョージア）のゴリ市に生まれた。ショスタコーヴィチよりも二十八歳上になる。神学校で学んでいたが、マルクス主義に傾倒し、革命運動家となった。ロシア革命が起きた一九一七年に三十九歳になった。二月革命勃発時、スターリンは流刑の身だったが、革命によって解放されると、ペトログラードへ向かった。スターリンも党員となっていたロシア社会民主労働党は、一九一二年にレーニン率いるボリシェヴィキ（多数派）と、プレハーノフのメンシェヴィキ（少数派）とに分裂していた。スターリンはボリシェヴィキである。

レーニンが亡命先から列車で帰国し、サンクト・ペテルブルクのフィンランド駅に着いたのは、四月三日（ロシア暦十六日）のことだった（ロシアでは、終点の都市が駅名となる。日本でたとえると、東京に「大阪駅」があるようなもの）。この革命家は駅前に集まった大群衆を前にして、装甲車の上に乗って演説をした。これを、十歳のショスタコーヴィチは目撃したという。

たとえば、ショスタコーヴィチが亡くなった後の一九七九年、ソ連の出版社から刊行されたソレルチンスキー著『ショスタコーヴィチの生涯　革命と音楽』（邦訳、新時代社）にはこうある。

〈四月、レーニンが国外から、ペテルブルクに帰り、数千の労働者が彼を駅に出迎えた時、ドミートリイもそこにいた。（略）級友と一緒に、彼は、今ではレーニンの名を持つ広場へとネヴァ河の橋を渡っている労働者の列に加わった。彼はレーニンの演説を聞くことができなかった。何故なら、彼は遠い公園の隅に立たねばならなかったし、その上湧き起る叫び声にさまたげられたからである。しかし、波のような人の海の光景、起っている事件の根源的な力、レーニンの姿――これらのすべては、彼の頭に永く刻印され、後に、わき立つように交響曲のカンバスへ溢れ出たのである。〉

ところが、やはり一九七九年に西側で出版された、『ショスタコーヴィチの証言』（邦訳、中公文庫）には別のことが書かれている。

この本は、ショスタコーヴィチが生前にソロモン・ヴォルコフ（一九四四～）という音楽学者に、死後公刊するという条件で口述したものとして刊行された。この本によると、彼がソ連体制に忠実なのは上辺だけだったことになっている。ソ連で生きた藝術家の隠されていた真実が明らかになったというので世界的ベストセラーになったが、ソ連政府は反共謀略の一環の「偽書」だと主張して攻撃した。日本ではこの『証言』をそのまま信用して引用する評論家がいるが、学者、研究者の間ではヴォルコフによる創作、「偽書」とされているので、注意しなければならない。

ともあれ、この『証言』にはこうある。

〈わたしの生涯における重大事件は一九一七年四月、レーニンがペトログラードに到着したときにフィンランド駅まで行進したことである、とみなされている。実際は、この事件はこんなふうに起こった。シドロフスカヤ中学校の何人かの同級生と一緒に、駅まで行進していたさほど多くはない群衆についていっただけのことである。しかし、わたしはレーニンのことはなにも覚えていない。〉

普通なら、前者は政府の御用評論家による創作で、後者こそが真実だとなるだろう。ところが、そう単純な話でもない。二〇〇〇年に刊行されたアメリカの音楽学者ローレル・E・ファーイによる評伝『ショスタコーヴィチ　ある生涯』（邦訳、アルファベータ）によると、

〈レーニンの列車がフィンランド駅に到着したのは午後十一時過ぎで、レーニンが装甲車の屋根の上に歴史に残る登場を果たしたのは、もう真夜中近かった。当時彼（ショスタコーヴィチ）は十歳で、両親がそれほど夜遅くに外出を許可したとはとても思えない。不安定な時世であればなおさらである。〉

レーニンの演説を目撃したのも創作なら、その伝説を否定した『証言』もまた創作であるということだ。

このようにショスタコーヴィチについては謎が多い。それだけソ連という国は闇の世界なのだ。検閲と密告の社会だったので、親しい友人あるいは家族にすら本心を打ち明けられない。手紙はもちろん、日記ですら信用できない。もちろん、当局の公文書も粉飾と虚

偽が入り混じる。

以下は、そういう国での出来事だ。

栄光の日日

ショスタコーヴィチ家は、革命によって大きなものを失ったわけではなかった。むしろ、ショスタコーヴィチの両親は革命に期待し、支持した。

ショスタコーヴィチは、生まれたのは革命前だったが、まさに「ロシア革命の子」だった。マルクス・レーニン主義の正しさを教えられながら育った。

革命ではショスタコーヴィチの生涯は大きく変わらなかったが、一九二二年二月、父の肺炎による急死は彼の人生にいささか影響を与えた。十五歳にしてショスタコーヴィチは「家長」となってしまったのだ。家族は母と姉と妹、つまり女ばかりだ。ショスタコーヴィチは自分が稼がなければならないと思い詰めたが、母と姉は「私たちが働くから音楽の勉強を続けなさい」と言ってくれた。

しかし、母や姉妹たちの好意だけでは、ショスタコーヴィチは音楽の勉強を続けることはできない。ロシア帝政が続いていたら、音楽の勉強を続けられなかっただろうが、社会主義体制だったので、彼は音楽院に通うことができた。ソヴィエト政権は、社会主義体制においても優れた藝術・文化が存在することを内外に誇示する必要に迫られ、藝術家の養成には熱心だったのだ。もっとも、彼は生活費を稼ぐために映画館でピアノ伴奏をするアルバイトをし（無声映画だったので、映画館で生演奏していたのだ）、その賃金を踏み倒されるなど、経済的にはかなり苦労した。

一九二四年一月二十一日、レーニンが亡くなった。

レーニン時代のソ連は内戦に勝利した後、ネップ（新経済政策）により部分的に市場主義経済が導入され、社会全体に自由が残っていた。だが、スターリンが政権を掌握すると、ソ連は全体主義的傾向を強めていく。

ショスタコーヴィチが、赤軍の大幹部のひとりであるミハイル・トゥハチェフスキー（一八九三〜一九三七）と知り合ったのは、一九二五年春とされている。

トゥハチェフスキーは貧しいながらも貴族の出身であった。士官学校を出て、帝政時代のロシア軍に入り、第一次世界大戦に従軍、ドイツ軍の捕虜になったが、一九一七年に帰国した。そして革命政権側について、創立されたばかりの赤軍に加わり、共産党へ入党もした。革命後の内戦で指揮をとり、ポーランドとの戦争では敗退した。この責任をめぐりスターリンと対立したが、この時は大きな問題には発展しなかった。一九二五年には三十二歳の若さで参謀総長となっていた。

革命後のロシアは、ボリシェヴィキの党員だけでは国家を運営できないので、帝政時代の官僚や軍人を登用せざるをえなかった。マルクス・レーニン主義者であることが条件とはなるが、当人が「自分は社会主義者だ」と言えば、それを信じるしかない。思想信条は人間の内面の問題なので、客観的な検定はできない。そこに甘さがあり、それゆえに疑心暗鬼も生まれる。ソ連はその最初期から、スパイ問題を抱えていたのである。スターリン自身が帝政時代の秘密警察のスパイだったという説もある。

トゥハチェフスキーが若くして参謀総長の地位に就いたのは、軍人としての才能もさることながら、ソ連という国家が、さらには赤軍がまだ若かったからでもある。

トゥハチェフスキーは音楽愛好家としても知られていた。聴くのも好きだったが、自分でもヴァイオリンを弾いたし、さらにはヴァイオリンの製作もしていた。仲介してくれる人がいて、ショスタコーヴィチはこの軍人に音楽を聴いてもらう機会を得た。ショスタコーヴィチの音楽が気に入ったトゥハチェフスキーは、後援者になろうと言ってくれた。ショスタコーヴィチは軍の中枢、国家の要人のひとりを後援者とするのだ。

一九二五年七月、ショスタコーヴィチは音楽院の卒業制作として交響曲第一番を完成させ、二六年五月にレニングラード・フィルハーモニーによって初演されると絶賛された。十九歳の青年音楽家の未来は明るかった。そして、史上初の労働者による国家の未来も、この頃はまだ明るかった。

ショスタコーヴィチは、つづいて一九二七年には交響曲第二番《十月革命に捧げる》、二九年には第三番《メーデー》と、いずれも革命を題材とした作品を書いた。ピアノ曲やオペラ、あるいは映画音楽と、さまざまなジャンルの音楽を書き、またピアニストとしても評価され、一九二七年一月に開催された第一回ショパン国際ピアノコンクールにソ連代表として出場した。このコンクールでは、本番の時に体調を崩してしまい、さらに審査員の政治的思惑のために優勝はできなかったが、特別賞を受賞した。優勝していれば、ショスタコーヴィチは世界的ピアニストになったかもしれない。

ショスタコーヴィチの音楽家人生は順調だった。一九三四年一月にはオペラ《ムツェンスク郡のマクベス夫人》がレニングラードで初演を迎え、絶賛を浴びた。富裕な商家の妻が主人公で、夫とは冷え切った関係、舅（しゅうと）は意地悪で好色という状況にある。そこに青年が現れ二人はできてしまい、なりゆきで彼女は舅と夫を殺してしまい、その青年と結婚するが、殺人が発覚して……という、かなり反道徳的な物語で、演出によっては性描写も露骨なものになる。

だが、この作品は絶賛された。何よりも音楽が素晴らしく、評判が評判を呼び、二年にわたり八十三回も公演された。これはオペラとしては大ヒットだ。モスクワでも三五年十二月二十六日から上演が始まり、絶賛されていた。

大粛清への序曲

一九三四年から三五年にかけての数カ月は、スターリンの「大粛清」の序曲が奏でられた時期にあたる。

「大粛清」が本格化かつ大規模化するのは一九三七年七月からとされるが、その発端は、一九三四年十二月のキーロフ暗殺事件にあった。キーロフは一八八六年生まれの共産党幹部である。若い頃から革命運動に加わり、一九二三年にはロシア共産党中央委員に選出され、スターリンの側近のひとりとなっていた。

ここでレーニンが亡くなった時点に話を戻すと、後継の指導者としては、トロツキー、カーメネフ、ジノヴィエフ、スターリンらがいた。最も有能と思われていたのがトロツキーで、最も無能だと思われていたのがスターリンである。カーメネフとジノヴィエフは反トロツキーで利害が一致し、レーニンが亡くなる一年前に、自分たちがコントロールできるであろう無能なスターリンを書記長に就かせた。この時点で「共産党書記長」はその名称の通り、実務ポストであり、権力ポストではなかった。こうしてスターリン、カーメネフ、ジノヴィエフによるトロイカ体制が樹立され、トロツキーは孤立した。

反トロツキーで一致団結していた三人だが、スターリンが権力を握ろうとすることに、ジノヴィエフとカーメネフが警戒するようになり、これを察知したスターリンはブハーリンと手を結んだ。一九二七年十一月から、ジノヴィエフとカーメネフ、そしてトロツキーは相次いで党から追放され、トロツキーにいたっては国外追放となった。カーメネフとジノヴィエフが、スターリンに謝罪して復党を許されると、今度は一九二九年にブハーリンが追放された。しかし彼も一九三四年には復権する。

もはや誰もがスターリンの顔色を窺うようになった。政策の不一致は追放の口実に過ぎなかった。スターリンの気に障ることをすれば、失脚するのだ。

こういう状況下、スターリンの次の世代で頭角を現してきたのがキーロフだった。彼はスターリンに仕え、ジノヴィエフが拠点としていたレニングラードに第一書記として着任すると、ジノヴィエフと親しい幹部たちを一掃した。こうしてキーロフはレニングラードで実力をつけていった。国民の間でも人気があり、一九三四年十一月には党中央委員会書記・組織局員にまで出世し、スターリンの後継者と目されるようになった。

ところが、その翌月の十二月一日、キーロフが暗殺され、実行犯のニコラエフが現行犯逮捕された。彼の妻とキーロフとが不倫をしており、その三角関係のもつれが殺害動機とされたが、謎の多い事件だった。

側近の暗殺に政権の危機を感じ取ったスターリンは、事件の背後関係を徹底的に調べるように命じた。ニコラエフは事件から一カ月もたたない十二月二十九日に銃殺刑に処され、レニングラードの党関係者約五千人が逮捕され収容所に送られた。その大捜査の結果、スターリン政権を壊滅させようとの「大陰謀」があったことが明らかになる。その大陰謀には、ジノヴィエフやカーメネフも加担していた——というのが、当時、スターリン政権によって発表された事件の概要だ。しかし、一説にはキーロフの人気に嫉妬したスターリンが暗殺を命じ、口封じに犯人ニコラエフを銃殺したともいわれている。

スターリンが真の黒幕だったとの証拠はないが、スターリンは側近の暗殺を自らの権力基盤を確固たるものにするために最大限、利用するのである。キーロフ暗殺事件という党幹部へのテロを口実にして、大粛清が始まる。

ショスタコーヴィチの《ムツェンスク郡のマクベス夫人》がレニングラードで初演を迎えたのが一九三四年一月、キーロフ事件は同年十二月、そしてモスクワでの上演が始まるのが、三五年十二月である。この時点でジノヴィエフとカーメネフはすでに逮捕されていたが、音楽家たちの生活はまだ平穏だった。

年が明けて一九三六年一月、その時期のモスクワでは、《ムツェンスク郡のマクベス夫人》の他に、ショーロホフ原作、イヴァン・ジェルジンスキー作曲のオペラ《静かなるドン》も上演されており、一月十七日に、スターリンとその取り巻き一行が観(み)に行った。劇場で待機していたジェルジンスキーや演出家は、幕間(まくあい)にスターリンのいるボックス席に呼ばれ、「イデオロギー的政治的価値のある作品だ」とお褒めの言葉をもらった。だがこの作品は、原作も含め今では忘れられている。

九日後の二十六日、スターリン一行は今度は《ムツェンスク郡のマクベス夫人》を観に行った。その日、偶然にもショスタコーヴィチはモスクワに滞在していたので、いつお呼びがかかってもいいように劇場で待機していた。しかし、彼はスターリンのボックス席には呼ばれなかった。それどころか、第三幕が終わると、スターリン一行は最後の第四幕を観ずに、帰ってしまった。現在でもこのオペラは上演に際して、露骨な性的表現があると事前に説明され、年齢制限がかけられることもある。不倫と殺人というモラルに反する物語なので不愉快になる人もいるだろう。スターリンが不快になり席を立ったとしても、無理はない。

スターリンの真意は誰にも分からない。確かなことは、最高権力者がオペラを最後まで観ずに、途中で帰ったということだ。その責任は誰にあるのか。劇場か、出演者か、演出家か、それとも作曲家か。確かなことは、途中で帰ったスターリンには何の責任もないということのみだった。悪いのは、オペラの関係者の誰かだ。

ショスタコーヴィチは次の予定があったので、夜行列車でモスクワを後にしたが、眠れなかった。スターリンの「怒りの言葉」は確認されていない。「最後まで観なかった」だけだ。だが、彼を眠れなくさせるにはそれで十分だった。

ソヴィエト政権内の忖度(そんたく)政治のメカニズムが、静かに、そして確実に作動し始めていた。

失脚

「朝、目を覚ますと有名になっていた」は詩人バイロンの言葉だが、その日のショスタコーヴィチの気分も同じだったに違いない。もっとも、バイロンは成功して有名になったわけだが、ショスタコーヴィチは逆だった。

スターリンが《ムツェンスク郡のマクベス夫人》を観劇した一九三六年一月二十六日の

二日後、ソ連共産党機関紙「プラウダ」に「音楽ならぬ混乱楽」と題する匿名の論説が掲載された。そこで取り上げられたのは、《ムツェンスク郡のマクベス夫人》で、「聴くのも困難だが、思い出すことなど不可能」と酷評された。そしてショスタコーヴィチは「耽美(たんび)主義的形式主義者」「下品な自然主義」と批判された。「プラウダ」に掲載されたのだから、スターリンの承認があったはずだ。スターリンが口述して書かせたという説もある。この独裁者は藝術を愛好していたかどうかは別として、音楽や映画、文学が持つ力を深く認識していた。国家のためになるのなら藝術を保護したし、統治の邪魔になると考えれば容赦なく弾圧する。この時期のスターリンは自分の権力、影響力を試そうとして、ショスタコーヴィチを批判した可能性もある。

昨日までの「ソヴィエト音楽期待の新星」は「人民の敵」となった。これを皮切りにソ連のありとあらゆる紙媒体がショスタコーヴィチを批判し、彼自身が集めただけで、七十八ページのスクラップブックが一カ月でいっぱいになった。この場合、「沈黙」はショスタコーヴィチの音楽を認めることになる。ショスタコーヴィチを批判しない媒体は、国家に反抗しているとみなされる。ソ連の全メディアはショスタコーヴィチを批判することでスターリン政権への忠誠を示した。

二月になると、後にソ連文科省となる藝術問題委員会が作曲家たちを集めて、ショスタコーヴィチの音楽について議論させた。音楽家たちはショスタコーヴィチが批判されたのは分かっていたが、その理由である「形式主義」が何を意味するのかは誰にも分からなかかった。彼らはいつ自分もそう呼ばれるかの恐怖に怯えていた。議論の過程ではショスタコーヴィチを擁護する者もいたが、結論としては、「プラウダ」の正しさが強調され、「その賢明なる先見性に溢れんばかりの感謝」が捧げられた。

同業者たちはショスタコーヴィチと同罪になるのを恐れたが、ソ連の著名人の中には、ショスタコーヴィチを擁護する者もいた。作家ゴーリキー、演出家メイエルホリドらである。なかでもショスタコーヴィチを支援していたトゥハチェフスキー元帥は、スターリンと直接交渉してくれた。しかし、事態は何も動かない。

ショスタコーヴィチへの直接のお咎めはない。スターリンは具体的には何も発言しない。彼の真意は分からないままだった。

スターリンの意向は不明のまま、粛清は進んでいく。ゴーリキーはこの年の六月十八日にスターリンの刺客により毒殺された（当時は病死と発表）。

八月には、キーロフ事件に連座して逮捕されていたジノヴィエフやカーメネフらの公開裁判があり、二人は、「大陰謀があったことを認めれば赦す」と言われたので、それを信じて認めたが、二十五日に銃殺刑に処された。

演出家フセヴォロド・メイエルホリドは、演劇の革命を求めて革命政権に参画し、「演劇の十月」を唱えて活躍した。ソ連教育人民委員部演劇部門の統括者でもあり、ロシア共和国人民藝術家の称号も得た。ショスタコーヴィチの才能を認め、一九二九年にメイエルホリド劇場で上演されたマヤコフスキー作『南京虫』の音楽を担当させた。だが、自由を求めるメイエルホリドと統制を志向するスターリン政権とはついに決裂し、一九三八年一月の時点でメイエルホリドも形式主義として批判され、劇場は閉鎖された。

　一九三九年の第一回全ソ演出家会議でメイエルホリドは自己批判したものの、投獄され拷問の末に外国の諜報部に協力したと、虚偽の自白をさせられた。自白すれば赦される国ではなかった。待っているのは死だった。一九四〇年二月、メイエルホリドは死刑判決を受け、銃殺された。粛清は赤軍にまで及びつつあったが、この時点ではトゥハチェフスキーはまだ無事だった。

「プラウダ」で批判された後、ショスタコーヴィチをピアニストとして招聘する都市はなくなり、彼は作曲に没頭するしかなかった。この時期に書き上げたのが、交響曲第四番である。前年の三五年九月に着手しており、大批判の最中の三六年四月か五月に完成させた。総譜はすぐにレニングラードの作曲家同盟で諮られ、十二月に初演をすることが決まった。初演までの間、ショスタコーヴィチは生活のために映画音楽を書いていた。

　十二月にレニングラード・フィルハーモニーは、ショスタコーヴィチの新しい交響曲のリハーサルを始めた。オーケストラと指揮者は、最初は熱心だったが、やがて明らかに気乗りしなくなる。たしかに、演奏の技術面において難しい曲だった。狂っているとしか思えない、混沌とした音楽だ。あまりに前衛的でもある。

数日後、共産党レニングラード本部の役人が作曲家同盟の書記と共にやって来た。彼らが帰った後、意気消沈しているショスタコーヴィチに友人が駆け寄ると、彼は言った。

「この曲は演奏されないよ」

ショスタコーヴィチの交響曲第四番は「本人の希望」により初演が中止となった。この曲が晴れて初演されるのは四半世紀後の一九六一年のことだ。

ショスタコーヴィチは音楽家生命だけでなく、生命そのものも危なかった。

大粛清は彼のすぐ近くにまで及んでいたのだ。ショスタコーヴィチの姉の夫は逮捕され、姉も中央アジアに追放された。さらにショスタコーヴィチの妻の母は強制収容所に送られた。一族の身に降りかかった災厄は、ショスタコーヴィチへの無言の圧力となっていた。これらはショスタコーヴィチの音楽が原因なのか、そうではないのか、それすらも分からない。当時のソ連国民の誰もが親戚の一人や二人は逮捕され強制収容所に送られていたので、ショスタコーヴィチの周囲だけが、過酷だったわけでもない。

ショスタコーヴィチは脅(おび)えながら暮らしていた。夜中、外から足音が近づいてくるのを耳にすると、その恐怖は頂点に達したと、彼は後に語っている。もしその足音が彼の住む部屋の前で止まったら、それは逮捕を意味し、その逮捕は、よくて収容所、悪ければ死刑を意味していた。そういう時代だった。

その恐怖の日日、ショスタコーヴィチは作曲を続けた。それ以外、やることがなかったとも言える。三七年四月に彼は交響曲第五番に着手した。

五月二十四日、赤軍の英雄のひとりで、ショスタコーヴィチの支援者でもあったトゥハチェフスキー元帥が国家反逆罪で逮捕された。

赤軍への大粛清が始まったのだ。六月十一日、トゥハチェフスキー元帥をはじめ、八人の将軍が秘密軍事法廷で裁かれ、軍規違反、国家反逆、外国勢力との通謀の罪で銃殺刑を宣告され、即刻、処刑された。それだけではない。トゥハチェフスキーの裁判から十日の間に九百八十名の将校が逮捕された。最終的には、赤軍だけで二十六万八千九百五十人が逮捕され、そのうち七万五千九百五十人が銃殺刑、残りの十九万三千人が強制収容所送りとなった（この数字については諸説ある）。これだけの人材が消滅してしまったせいで、ソ連軍は独ソ戦で劣勢になったと言われている。

スターリン体制下では、スターリンよりも演説がうまい政治家はいなかったとされる。うまい者はみな粛清されたからだ。同じように、スターリンよりも軍事的才能のある軍人も粛清された。軍を弱体化させてまでして、スターリンは自らの独裁体制を敷いた。

赤軍への粛清は大粛清の第一楽章に過ぎない。この粛清の実務を担っていたのは、内務人民委員部で、刑事警察、秘密警察、国境警察、諜報機関を統括していた。この内務人民委員部長官はヤゴーダといったが、スターリンはそのやり方が甘いと判断し、ヤゴーダを三六年九月に解任し、後任にエジョフを据えた。ヤゴーダは三七年に逮捕され、三八年に銃殺される。

ショスタコーヴィチがトゥハチェフスキーと親しいことは周知の事実だった。ショスタコーヴィチはトゥハチェフスキーの事件に連座し、当局に召喚され、事情聴取された。スターリン暗殺計画に関与しているとの容疑だった。彼にはまったく身に覚えがなかった。何も知らないのだから、何も答えようがない。ショスタコーヴィチは「自白」しなかった。

何時間もの取り調べの後、「詳しいことは後日また調べる」ということで、ショスタコーヴィチはいったん釈放された。指定された「後日」にショスタコーヴィチが再び当局に出向くと、なんと、先日彼を尋問した係官はいなかった。逮捕されていたのだ。後任者はショスタコーヴィチが何の容疑で呼ばれているのかも知らず、「帰ってよい」と言われた。

こうしてショスタコーヴィチは助かった。いったい誰が本当の国家の敵なのか、誰にも分からない時代だった。

とりあえず助かったとはいえ、ショスタコーヴィチが復権するためには音楽面での成功が必要だった。彼は書いていた交響曲第五番を七月にほぼ完成させた。

この年、一九三七年は革命から二十周年という記念の年だ。秋の革命記念日は盛大に祝われるはずだった。

若き指揮者ムラヴィンスキー

一九三七年十月八日、レニングラードの作曲家同盟の会議で、ショスタコーヴィチの新作交響曲を十一月に初演し、その指揮をエフゲニー・ムラヴィンスキー（一九〇三～八八）に委ねることが決定した。後にソ連最高の巨匠となるムラヴィンスキーだが、この時点では三十四歳の若手指揮者で、バレエしか指揮させてもらえない立場にあった。

ムラヴィンスキーは一九〇三年六月四日（ロシア歴では五月二十二日）に、サンクト・ペテルブルクで生まれた。軍人の家系だったが、父アレクサンドルは弁護士で皇帝直属の諮問機関の法律顧問をしていた。母エリザヴェータは貴族階級の裕福な家の生まれだ。

父方の叔母（おば）はロシア随一のソプラノ歌手ジェニー・ムラヴィナ（一八六四～一九一四）で、サンクト・ペテルブルクのマリインスキー劇場のプリマドンナだった。しかし、ムラヴィンスキーが生まれた頃は、ライバルによる陰謀で歌劇場を追われ、一九〇六年に引退した。その引退公演で、当時三歳のムラヴィンスキーは初めて叔母と会った。ジェニーは革命前の一四年に結核で亡くなっており、ムラヴィンスキーは叔母から音楽を学ぶ機会はなかった。

もうひとり叔母がいた。父の異父妹で、アレクサンドラ・コロンタイ（一八七二～一九五二）という。二十一歳で結婚しコロンタイ姓となった。結婚し子供も生まれたが、工場の女子労働者が劣悪な労働条件で働かされている惨状を知り衝撃を受けると、コロンタイはマルクス主義に傾倒し、一八九八年には家庭を捨ててスイスのチューリヒに留学した。やがてロシア社会民主労働党に入り、当初は文筆活動によって社会変革をしようと、女性解放論を唱えていた。

一九〇五年の革命後、コロンタイは革命家としての政治活動を本格化させ、一九〇八年にドイツへ亡命した。第一次世界大戦が始まると、レーニンのボリシェヴィキに属し、ロシアに戻り革命運動に参加した。美貌で貴族出身で弁舌も立ち文章も書けるので、彼女は目立った。一九一七年十一月のロシア革命後、ボリシェヴィキによる政権が樹立されると、コロンタイは保健人民委員となった。「人民委員」は日本で言う「大臣」だ。

ムラヴィンスキーの両親は藝術家ではなかったが、音楽や美術、演劇の愛好家だった。両親はエフゲニーの教育に熱心で、幼い頃からドイツ語とフランス語を習わせ、さらにピアノも習わせた。六歳になったある日、両親に連れられてマリインスキー劇場へ行き、チャイコフスキーのバレエ《眠れる森の美女》を見て陶酔し、舞台のバレエと音楽に心を奪われた。これが音楽との決定的な出会いとなった。十歳になると両親から劇場の定期会員券を与えられ、マリインスキー劇場に通うようになった。十一歳で名門ギムナジウムに入学し、成績は優秀だった。音楽は家庭教師のもとで勉強した。

しかし第一次世界大戦が一九一四年に勃発すると、ムラヴィンスキーの人生は暗転していく。皇室諮問機関の法律顧問だった父アレクサンドルは、帝政が崩壊しつつあることを悟り絶望し、一九一七年、二月革命で帝政が滅びた直後に結核で亡くなった。

二月革命で樹立されたケレンスキー首班の臨時政権は不安定で、ロシアはその後も混迷していた。四月にレーニンが亡命先から帰国し、臨時政府を打倒しソヴィエト政権を樹立する方針を打ち出すと、党内で最初に賛成したのがコロンタイだった。前述のように彼女は新政権の人民委員（大臣）となる。社会主義フェミニズムの先駆者だった。

ムラヴィンスキーが暮らしていた家は革命後に差し押さえられ、母子は手押し車に家財道具を載せ、石もて追われた。比喩ではなく、本当に近隣の子が石を投げたという。母子はどうにかマリインスキー劇場近くの共同住宅に住めるようになり、母は劇場の衣装係の仕事を得た。貴族の娘として生まれ、高収入の法律家と結婚し、劇場に通う優雅な生活を送っていたエリザヴェータにとっては、まさに天国から地獄への暗転だった。ショスタコーヴィチ家は革命が起きても生活にそれほど変化はなかったが、ムラヴィンスキー家は激変したのだ。二人に共通するのは父を亡くしたことくらいだった。

ムラヴィンスキーも劇場でアルバイトの端役の仕事を得て、ステージに立った。ギムナジウムを一九二〇年に卒業すると、母が大学進学を勧めたので、ペトログラード大学自然科学部に入った。しかしオペラとバレエの魅力に取り憑かれ、大学は中退した。

ムラヴィンスキーは劇場で端役の仕事をしながら、オーケストラと指揮者も観察していた。バレエ部門の附属養成学校の練習ピアニストの仕事も得た。実地でオペラやバレエの訓練を積んだが、作曲や指揮の基礎的な勉強をしていないことに気づくと、ペトログラード音楽院に入学しようと決意して勉強し、一九二三年夏に試験を受けて合格した。

しかしソヴィエトでは労働者や無産階級の子の教育が優先され、貴族出身者は冷遇されていたので、ムラヴィンスキーは成績はよくても入学できない。ソ連では貴族は「悪い家柄」なのだ。仕方なく、友人と独学で音楽理論や和声学を学んでいた。そんな様子を見て不憫(ふびん)に思った母エリザヴェータは、義理の妹コロンタイに頼むことにした。

コロンタイは保健人民委員を解任されていたが、完全に失脚したわけではなかった。国内政策に発言権のない外交職に就き、一九二三年から四五年まで、世界初の女性大使としてノルウェーとスウェーデンの大使を歴任した。ノルウェー大使となっていたコロンタイは文化教育人民委員アナトリー・ルナチャルスキーに連絡を取り、「甥(おい)を音楽院に入学させてくれ」と頼んだ。ルナチャルスキーは事情を調べ、試験に合格していることを確認し、「彼が政治的に何の問題もないとあなたが保証し、音楽院院長グラズノフに直訴したらいい」と助言した。コロンタイはグラズノフに手紙を書き、「親戚の音楽家が音楽院での教育を必要としている」と訴えた。

一年遅れてしまったが、一九二四年九月、ムラヴィンスキーはペトログラード音楽院作曲科に給費生として入学した。二十一歳での入学だ。ショスタコーヴィチはムラヴィンスキーの三歳下だが、十三歳の一九一九年から音楽院で学んでいる。在学中の二人はほとんど交流はない。

ムラヴィンスキーは音楽院指揮科でレニングラード・フィルハーモニーの常任指揮者で

もあるニコライ・マルコやアレクサンドル・ガウクに師事した。一九三一年春に音楽院の卒業演奏として、《カルメン》を指揮した。当時のソ連では《カルメン》はストーリーがふしだらとされ――たしかにふしだらな女が主人公だ――レパートリーから外されようとしていた。それを知っていた観客は、すさまじい拍手喝采で、共産党の道徳政策への抗議を示し、《カルメン》はレパートリーに残った。

音楽院を卒業したが、ムラヴィンスキーには何の仕事もなかった。共産党の青年組織コムソモールのメンバーになれば優先的に就職できたが、ムラヴィンスキーは入ろうとしなかった。叔母が共産党の幹部なのだから、党員になればもっと楽に出世できただろうが、ムラヴィンスキーはその手段は取らなかった。

叔母のコネは使わなかったが、ムラヴィンスキーは恩師ガウクの推薦で、卒業から半年後の一九三一年九月に国立アカデミー・オペラ・バレエ劇場のアシスタント指揮者の職を得た。初めて指揮を任されたのは一年後の三二年九月二十日で、チャイコフスキー《眠れる森の美女》だった。定番中の定番である。偶然にも、ムラヴィンスキーが幼い頃に、当時マリインスキー劇場と呼ばれていたこの劇場で初めて観たのがこのバレエだ。その後も何度も観ており、熟知していたので、従来の公演とは別の斬新な解釈で演奏したいと考えた。リハーサルは一回しか与えられなかったが、妥協せず根気強くオーケストラとダンサーに指示を出した。楽団員たちも、ムラヴィンスキーの熱意に引き込まれ、協力的になった。公演は大成功した。オーケストラの音がこれまでとはまったく違っていたと、ムラヴインスキーの指揮は絶賛された。

《眠れる森の美女》の客席には、叔母コロンタイもいた。彼女はスターリンの側近、キーロフに誘われて観に来たのだ。キーロフが殺されるのは二年後だ。

一九三四年になると、ムラヴィンスキーはレニングラード・フィルハーモニーの定期演奏会に客演する機会も出てきた。さらに映画音楽の指揮や、アマチュアの楽団の指揮など、さまざまな仕事もしていた。本業のバレエでも、二月には《くるみ割り人形》を指揮し、これでチャイコフスキーの三大バレエすべてを手掛けた。

一九三四年十二月にキーロフが暗殺され、レニングラードを粛清の嵐が襲っても、ムラヴィンスキーは無事だった。しかしレニングラード国立アカデミー・オペラ・バレエ劇場は「キーロフ劇場」と改称された。大粛清を正当化するためにもキーロフは党の悲劇の英雄でなければならなかったのだ。

ムラヴィンスキーは少しずつではあったが実績を積んでいた。キーロフ劇場のバレエ団を引き連れてモスクワへ行き、ボリショイ劇場で公演をし、首都でも知られるようになった。しかし一九三五年十二月三十一日の、ボリス・アサフィエフ（一八八四〜一九四九）の新作バレエ《失われた幻影》の初演が失敗した。ムラヴィンスキーの指揮ではなく、作品そのものが酷評された。そのせいなのか、バレエの指揮は少なくなり、フィルハーモニーでのシンフォニー・コンサートが多くなっていく。

年が明けて一九三六年一月、ショスタコーヴィチが奈落の底へと落とされた。ムラヴィンスキーはバレエやオペラの出番は減ったが、レニングラード・フィルハーモニーの演奏会をこれまで以上に指揮するようになった。三六年、モスクワにソヴィエト国立交響楽団（現ロシア国立交響楽団）が設立されると、その指揮者の候補となった。しかしムラヴィンスキーはモスクワでの出世よりも故郷であるレニングラードに留まる道を選んだ。

そして——ショスタコーヴィチの新作の初演指揮者に指名されたのだ。

年長のベテランの指揮者たちは、ショスタコーヴィチの新作に関わると禍が降りかかるのではと警戒し、断っていた。そこでまだ若いムラヴィンスキーが、いわば貧乏くじを引かされたのである。

ムラヴィンスキーは、後に、「深く考えずにこの仕事を引き受けた」と回想している。彼は、当時のショスタコーヴィチが置かれている状況をよく把握していなかったとも語る。しかし、本当にムラヴィンスキーが状況を理解していなかったとは思えない。もし理解していなかったとしたら、かなり能天気な男である。周囲の人びとが次々と姿を消し強制収容所やあの世へ送られている時代だったのだ。ショスタコーヴィチが当局に批判されていたことも、知らないはずがない。誰の眼から見ても、これは「危険な仕事」だった。

それでもムラヴィンスキーが第五番初演を引き受けたのは、この時期の彼が「失うものなど何もない」状態だったからだろう。もしショスタコーヴィチの新しい交響曲がまたも当局から批判されたとしても、ムラヴィンスキーは「頼まれたから引き受けただけだ」と言い張ればいい。もし成功したら、出世の足がかりになる。さらには、若いムラヴィンスキーには断る権利もなかっただろう。

復権

一九三七年十一月十六日、革命二十周年を祝うソヴィエト音楽祭が開幕した。初日にはショスタコーヴィチのピアノ協奏曲第一番が作曲家自身のピアノ独奏で演奏された。そして二十一日、ついに交響曲第五番の初演の日がやってきた。日本ではこの曲は「革命」という名で呼ばれていたが、これはショスタコーヴィチが付けたものでなく、日本のレコード会社か興行会社が勝手に名付けたものだ。革命二十周年を祝う音楽祭で初演されたが、「革命二十周年記念曲」というわけでもない。

ショスタコーヴィチの交響曲第五番は大成功した。ベートーヴェンの第五番と同じように、「苦悩から勝利の歓喜へ」という物語を感じさせる曲だった。演奏が終わると、誰もが足を踏み鳴らし、立ち上がって拍手を贈った。

レニングラードの人びとが第五番を圧倒的に支持したことは、即座にクレムリンの奥にいるスターリンの耳に入ったはずだ。その時点で、ショスタコーヴィチ攻撃の終わりが決定したと思われる。「プラウダ」の批判を受けた作曲家は「更生した」と評された。この曲はソ連各地で演奏され、ムラヴィンスキーは少なくとも一年間に十五回、この曲を指揮した。ショスタコーヴィチは完全に復権した。

ショスタコーヴィチの第五番は「革命の勝利」を「歓喜」する曲として認識されているが、その歓喜は「強制された歓喜」だと、ショスタコーヴィチ自身が語ったという説もある。ショスタコーヴィチは「プラウダ」で批判されてから、この国では思っていること・感じていること・考えていることをストレートに表現してはならないことを理解し、音楽に真意を隠したのだ。第五番は革命讃歌に見せかけた曲なのだから、革命讃歌に聞こえなければ意味がない。しかし、分かる人には「強制された歓喜」の曲だと分かってほしい──ショスタコーヴィチの音楽は、以後、さまざまな暗喩や含蓄がちりばめられた謎多き曲となっていく。そして、その真の意図は誰にも分からない。

ショスタコーヴィチが復権すると同時にムラヴィンスキーも出世した。一九三八年九月にモスクワで第一回全ソ連指揮者コンクールが開催され、ムラヴィンスキーは第一位を得た。ソ連邦人民委員会議藝術委員会はムラヴィンスキーをレニングラード・フィルハーモニーの首席指揮者に任命した。首席指揮者シュティードリーが、前年にアメリカのニューヨークへ移住してしまったので、このコンクールはその後任選びでもあった。

ひとつの交響楽団を一シーズンを通じて指揮した経験がまったくない若い指揮者が、ソ連一の伝統と格式とプライドを持つ楽団の首席指揮者に任命された。

十月十八日、ムラヴィンスキーの首席指揮者としての最初の演奏会が開かれた。このシーズンの開幕公演でもある。プログラムは一年前に大成功したショスタコーヴィチの第五番をメインに据えたものだった。十二月から翌年一月にかけて、ムラヴィンスキーはこの曲を再録音する。[*22]

一九三八年の終わり、モスクワで開催された「ソヴィエト音楽の十日間」という連続演奏会の最終日にも、ショスタコーヴィチの第五番が演奏されることになり、スターリンも列席するかもしれないと、伝えられた。しかし、結局、スターリンは来なかった。

一方、一九三八年になると、大粛清の弊害が明白となっていた。内務人民委員部長官のエジョフが粛清しすぎ、軍や国家の官僚機構が機能不全に陥り、工業や農業など、生産部門にも支障を来すほどになった。その責任は、もちろん、スターリンにはない。すべての責任は粛清の実行者であるエジョフにある。スターリンは、エジョフを無視するようになり、三八年八月にはベリヤを内務人民委員代理に据えた。十一月にエジョフは内務人民委員を解任され、やがてすべての役職を剝奪され、三九年四月に逮捕された。処刑されるのは翌四〇年二月である。

「大粛清」と呼ばれる状況は、実質的には一九三八年をもって終わっていた。

ショスタコーヴィチがトゥハチェフスキー事件に連座せずにすんだのは、彼を取り調べた係官がその次の日には逮捕されていたからだ。粛清のトップであるエジョフの末路を思えば、ソ連社会全体のなかで同じようなことが数限りなくあったと推測できる。

それにしても、ショスタコーヴィチは幸運だった。スターリンの不興を買い、「プラウダ」で全面否定されながらも、彼は大粛清を生き延びたのだ。

大粛清は一九三八年をもって終わったが、これでソヴィエト国民に平穏な暮らしがやってきたわけではなかった。

一九三九年九月、第二次世界大戦が始まったが、ドイツがポーランドへ侵攻し、イギリス・フランスが抗議してドイツへ宣戦布告しただけで、ポーランド以外では本格的な戦闘は始まっていない。

十一月五日、ショスタコーヴィチの交響曲第六番がムラヴィンスキーの指揮するレニングラード・フィルハーモニーによって初演された。作曲家と指揮者は盟友となった。

《レニングラード》の真実

一九四一年六月二十二日、ドイツ軍は宣戦布告なしにソ連へ攻め入った。三九年八月に結ばれた独ソ不可侵条約はあっさりと反故（ほご）にされたのだ。スターリンは油断していた。ドイツ軍は過去最大規模の兵力でロシアの大地へ攻め入った。動揺したスターリンは態勢を立て直すのに時間がかかり、七月三日になってようやく、国民に向けてのラジオ放送で徹底的に戦うことを呼びかけた。

緒戦はドイツの圧倒的な勝利が続いた。ドイツ北方軍集団は開戦から五日で三百二十キロを進み、七月十四日にはレニングラードまで百三十キロの地点に到達した。

開戦と同時にショスタコーヴィチは軍へ志願したが、見るからにひ弱で、戦場ではとても役に立ちそうもない作曲家は、音楽院の消防隊に配属された。消防士の格好をしたショスタコーヴィチの写真が撮られ、戦意高揚のためのプロパガンダに利用されたが、彼が消防隊にいたのは撮影された日だけだった。

ショスタコーヴィチは音楽家として戦争のために働くことにする。人民義勇軍の行進曲、祖国防衛のための愛国歌を作った。そして七月十九日からは新しい交響曲に取り掛かった。第七番である。ドイツ軍の侵攻を連想させる不気味なリズムの旋律で始まる曲だ。

ドイツ軍は九月一日にレニングラードに迫り、市街地への砲撃を開始した。世に言う「レニングラード包囲戦」の始まりである。レニングラードでの戦闘が激しくなるなか、ショスタコーヴィチは交響曲を書き続け、九月二十九日に第三楽章まで完成した。クレムリンは世界的にも有名になっていたショスタコーヴィチの身の安全を確保するために、九月三十日に避難命令を出し、彼と家族は空路でモスクワへ運ばれた。かつて粛清寸前だったこの作曲家は国家の重要人物になっていた。

十月二十二日、ショスタコーヴィチは政府機関の疎開先であるクイビシェフに着き、十二月二十七日にその地で交響曲第七番を完成させた。

戦争は過酷だったが、スターリン政権は国民を弾圧する余裕がなくなったので、国内にはそれ以前よりは精神的な自由があった。もっとも、食糧難や空襲など、生命の危険は増していた。

ムラヴィンスキー（左）とショスタコーヴィチ
1942年7月、疎開先のシベリアで

第七番は一九四二年三月五日に、ショスタコーヴィチが疎開していたシベリアのクイビシェフ（現サマーラ）で、同地に疎開していたモスクワのボリショイ劇場の楽団によって初演された。三月二十九日には首都モスクワでも演奏され、ショスタコーヴィチも立ち会った。

三月二十九日の「プラウダ」には、ショスタコーヴィチの「私は交響曲第七番をファシズムに対する戦いと宿命的勝利、そして我が故郷レニングラードに捧げる」との談話が載り、以後、この交響曲は《レニングラード》と呼ばれる。

第一楽章はドイツ軍の侵攻を描いたと解釈されている。ところが、後の研究では、ショスタコーヴィチが第一楽章を書き始めたのは独ソ戦が始まる前だったことが判明し、「ドイツ軍の侵攻」と思われていたものは、「スターリンの恐怖支配」なのではないかとの説が浮上している。単純な戦意高揚音楽と思われていた曲にも、裏の顔があったのだ。

八月九日には、包囲戦が続くレニングラードで、人びとが飢餓に苦しむなか、《レニングラード》交響曲が演奏された（カール・エリアスベルク指揮、ラジオ・シンフォニー）。《レニングラード》は「ファシズムとの闘い」を描いた曲として評判になり、七月十九日にはニューヨークで、トスカニーニとNBC交響楽団が「アメリカ初演」をし、全米に放送された。

こうして《レニングラード》は米ソが手を結んでドイツと闘う象徴となった。これをすべてスターリンが仕組んだとしたら、ゲッベルス以上のプロパガンダの天才であろう。だがプロパガンダに利用されたと見えるショスタコーヴィチが、実はスターリン批判の曲を書いていたのかもしれないのだ。

一九四三年三月にショスタコーヴィチは疎開先からモスクワへ移り、交響曲第八番を九月半ばに完成させた。初演はモスクワのソヴィエト国立交響楽団で、ショスタコーヴィチの希望でムラヴィンスキーが呼ばれて指揮した。ムラヴィンスキーは、モスクワでソヴィエト国立交響楽団を立て直すため首席指揮者になることが求められたが、彼は故郷レニングラードを離れる気はなかったので、またも断った。彼は「ソ連」はもちろん「ロシア」にも帰属意識が薄い。ムラヴィンスキーが帰属するのは「レニングラード」だけだった。

ショスタコーヴィチの交響曲第八番は、十一月三日にモスクワ音楽院大ホールで初演された。一時間近い大作だった。全体には悲劇的イメージの曲で、スターリングラード攻防戦、あるいは戦争全体の犠牲者への墓碑銘と解釈される。

ソヴィエトの国歌は《インターナショナル》だったが、一九四三年に新しい国歌を作ることになった。《インターナショナル》はもともとフランスの歌だし、歌詞にある「神も皇帝も英雄も誰も我々に自由を与えない」が、英雄であるスターリンがいる国の国歌（彼は神でもあり、皇帝でもあった）にはふさわしくないとされたのだ。

国歌はコンクールで決めることになった。歌詞が決まり、ソ連中の作曲家が曲を書いて応募した。応募しない者は国家反逆罪に等しいのだ。ショスタコーヴィチも複数の国歌を書いて応募した。それとは別に、ショスタコーヴィチと、もうひとりのソ連を代表する作曲家アラム・ハチャトゥリャーン（一九〇三～七八）とが共作することになり、それぞれが書いた作品と共に最終選考に上げられた。

最終審査はボリショイ劇場で、劇場のボックス席にはスターリンが陣取っていた。ショスタコーヴィチとハチャトゥリャーンはボックス席に呼ばれ、スターリンから「理想的な国歌とはどのようなものか」という考えを聞かされた。

これが、ショスタコーヴィチがスターリンと直接話した最初の機会のようだ。

結局、新しい国歌にはアナトーリー・アレクサンドロフ（一八八八～一九八二）の曲が選ばれるのだが、スターリンは、ショスタコーヴィチとハチャトゥリャーンの合作の曲が気に入っていたようでもある。

スターリンは自分が音楽の専門家であると見せつけたいがために、二人を呼び、「何カ所か手を入れる必要がある、どれくらいかかるか」と言った。そんな作業は五分もあればできると思ったが、ショスタコーヴィチは「五時間はいただきたい」と答えた。

ところが、これにスターリンは激怒した。国歌の仕事を、そんな数時間でできるような軽い仕事だと思っているのか、というわけだ。こうして、二人の作品は落とされたという。

ハチャトゥリャーンは「なぜ、一カ月はかかると言わなかった、そうすれば勝利は我々のものだったのに」と怒ったという。

第二の危機

一九四四年一月十八日、戦闘での死者よりも餓死者のほうが多かったとされるレニングラード包囲戦は、ソヴィエト赤軍の勝利で終わった。

しかしムラヴィンスキーとレニングラード・フィルハーモニーが帰郷するまでには半年以上かかった。夏に帰郷した音楽家たちは自分たちの都市の惨状に衝撃を受けた。それは予想していた以上に悲惨なものだった。ほとんどの建物が破壊され、骨組みだけになっていた。戦争が始まる前に三百五十万人いた市民は五十万人しか残っていなかった。戦闘による死も多かったが、包囲されたため食糧が途絶え、百万人が餓死したとも伝えられる。

ムラヴィンスキーとレニングラード・フィルハーモニーの新しいシーズンは、十月二十一日に始まった。プログラムはベートーヴェン《エグモント》序曲で始まり、次はチャイコフスキー《悲愴》交響曲の第一楽章、シューベルト《未完成》交響曲の第一楽章と、静かで暗い曲が続いた。死者への追悼の意味もあったのだろうか。最後はショスタコーヴィチの第五番の第四楽章で盛大な歓喜の音楽として終わった。

市の再建は始まったばかりだったが、演奏会のチケットは争奪戦になるほどすぐに売り切れた。人びとは音楽を求めていた。

十一月十一日には、《レニングラード》が、レニングラードで、ムラヴィンスキーとレニングラード・フィルハーモニーによって演奏された。

一九四五年八月三十日、戦争に勝利した直後にショスタコーヴィチは交響曲第九番を書き上げたが、これが問題となった。

第九番ということと、戦争に勝った直後であることから、周囲は勝手にベートーヴェンの「第九」に匹敵する「歓喜を歌いあげる大作」を期待していた。しかし、ショスタコーヴィチが書き上げたのは、二十分前後の短い、軽妙な曲だった。

第九番の初演は十一月三日で、レニングラード・フィルハーモニーの一九四五／四六年シーズンの開幕演奏会だった。指揮はもちろん、ムラヴィンスキーである。この演奏会はラジオでソヴィエト全土に生中継で放送された。軽快な第九番は聴衆からは分かりやすく楽しいと好評だったが、批評家からは古典的な勝利の交響曲ではないと批判された。

ソ連共産党は戦争に勝利したことで再び知識階級や藝術家の統制強化に転じていた。その急先鋒となったのがジダーノフ（一八九六～一九四八）だった。彼はキーロフの後任としてレニングラード党委員会書記となりスターリンの側近として出世し、一九三九年には政治局員になっていた。

一九四八年になると、ジダーノフによる前衛的な作品への批判が始まり、その矢面に立たされたのが、またしてもショスタコーヴィチだった。彼はまたも形式主義と批判され、音楽家同盟の会議で自己批判を迫られ、「党の指導に従う」と明言させられた。交響曲第一番、第五番、第七番、ピアノ五重奏曲を除き、ほとんどの作品が演奏禁止となった。

「ジダーノフ批判」ではほとんどの作曲家が当局の意向に従い、ショスタコーヴィチを批判したが、ムラヴィンスキーは作曲家同盟の会合に参加し「形式主義を攻撃するよりも、音楽でディレッタンティズムと闘わなければならない」と宣言してショスタコーヴィチ音楽を擁護した。さらにヴァイオリニストのダヴィッド・オイストラフ（一九〇八～七四）、ピアニストのスヴャトスラフ・リヒテル（一九一五～九七）、チェロ奏者のムスティスラフ・ロストロポーヴィチ（一九二七～二〇〇七）も逆風下のショスタコーヴィチを支持した。しかし作曲家たちは、保身ゆえにショスタコーヴィチやプロコフィエフを批判し続けた。この二人が失脚すれば、自分たちが出世できると考えたのだ。

ところが藝術弾圧の先頭に立っていたジダーノフが八月三十一日にモスクワで急死した。彼が基盤を持つレニングラードでは、共産党支部のなかに反ソ的な動きがあるとして、党幹部と政府幹部数千人がその地位を追われ、数百人が逮捕され処刑される粛清が行なわれた。このジダーノフの死もスターリンが仕組んだのではないかと考えられる。ソ連は、一九三〇年代のように再び、粛清の時代を迎えていた。

ようするに、ジダーノフも働き過ぎ、スターリンに自分よりも有能だと思われてしまったのだろう。

ジダーノフ批判の時期。ショスタコーヴィチが発表したのは映画音楽くらいだが、実は一九四七年七月から、批判の最中である四八年三月までにかけて、ヴァイオリン協奏曲（第一番）を書いていた。しかしこの状況では演奏される見込みはない。それどころか、さらに批判され事態がより悪化するのが目に見えていた。《ムツェンスク郡のマクベス夫人》への批判の最中に書いた交響曲第四番は、発表した後に初演を撤回して封印したが、ヴァイオリン協奏曲はその存在すらも公にせず封印した。それだけショスタコーヴィチは大人になっていた。この協奏曲が日の目を見るのはスターリンが死んだ後、一九五五年のことだ。

ショスタコーヴィチは多くの作曲家に裏切られたことで、絶望的になっていた。親しいユダヤ人の俳優が殺され遺体で発見されたときは、悲嘆にくれる家族に対し、「彼が羨ましい」と言った。いっそ殺してくれたほうが楽だという心境だった。殺してくれないのなら自殺をするしかないのか――そこまで追い詰められていた。

ところが一九四九年になって、ショスタコーヴィチは春にニューヨークで開催される世界平和文化科学会議にソ連の公式派遣団の一員として参加するように命じられた。だが外国に行けば、「あなたの作品が禁止されているソ連の現状をどう思うか」との質問が出るに決まっている。それにどう答えろというのだ。ショスタコーヴィチは政府の意向が分からず、健康上の理由で断った。実際、自殺寸前にまで追い詰められていたのだから、体調が悪かった。

三月十六日、ショスタコーヴィチが指定された時間に電話の前に座っていると電話が鳴った。受話器を取り上げると、事務的な声で「同志スターリンからです」と伝えられた。これが、スターリンのいつものやり方だった。

すぐにスターリンが出て、「ニューヨークへソ連代表団として行きなさい」と言った。ショスタコーヴィチは思い切って、「しかし、これほど多くの作品が国内で演奏禁止になっている私が、どうしてソヴィエトの代表なのでしょうか」と質問した。

スターリンは驚いて「禁止とはどういうことだ。誰に禁じられているのか」と言った。

「中央検閲局であります」とショスタコーヴィチは答えた。

「それは何かの手違いであろう。君の音楽の演奏を妨げるものは何もない」

スターリンはこう断言した。そのあと、体調はどうなのかと訊いた。ショスタコーヴィチが「気分がすぐれません」と答えると、最高指導者は「医師に診察させよう」と約束した。実際に医師団がショスタコーヴィチを診察し、「病気である」との結論を出した。だが、ショスタコーヴィチがその結果をスターリンの秘書に電話で知らせると、「病気でも、あなたはアメリカへ行かなければならない。指導者に感謝の手紙を書くように」と言われた。スターリンはすでに医師団から報告を受け、それでもショスタコーヴィチをアメリカに行かせると決めていた。

一方、スターリンの鶴の一声で、ショスタコーヴィチ作品の演奏禁止は解かれた。生かすも殺すも権力者の一声なのだ。

一九四九年三月、ショスタコーヴィチはニューヨークで開催された世界平和文化科学会議に出席した。しかし彼には自由はない。会議でのスピーチも記者会見での回答も、すべて事前に当局が用意したものだった。閉会式では交響曲第五番の一部をピアノで披露した。

アメリカから帰国すると、ショスタコーヴィチはオラトリオ《森の歌》を作曲した。今日、ショスタコーヴィチの最大の汚点とされるスターリン讃歌の曲である。大防風林を建設して、カスピ海からの熱風と砂を防ぎ、砂嵐と旱魃をなくして、さらには荒地を畑にしようというスターリンの壮大な自然改造計画を謳い上げたものだ。七楽章からなる合唱とオーケストラによる大作なのだが、ショスタコーヴィチは異例ともいうべき速さで書き上げた。いい加減な仕事だったのか、熱心に取り組んだのか、そのあたりは永遠の謎だ。

《森の歌》は十一月に初演[*23]されると大評判となり、翌年、スターリン賞第一席を受賞した。日本のうたごえ運動でもよく歌われた。

ソ連の広告塔、スターリンの御用作曲家としてのショスタコーヴィチの日日が始まった。一九五〇年十一月には世界平和会議出席のためワルシャワへ行き、五二年十二月の同会議のためにウィーンへも行った。

ドミトリー・ショスタコーヴィチはソ連の偉大な文化使節となったのだ。

スターリン批判としての交響曲第十番

そして——一九五三年三月五日、スターリンは死んだ。同じ日に作曲家セルゲイ・プロコフィエフも亡くなった。

若い友人から、「時代はよい方向に転換するでしょうか」と訊かれたショスタコーヴィチはこう答えた。
「時代は変わるけど、密告者がいるのは、同じだよ」

ニキータ・フルシチョフ（一八九四～一九七一）による「スターリン批判」は三年後のことだが、ショスタコーヴィチはそれに先駆けて、交響曲第十番に取り組み、一九五三年十月二十五日に完成させた。初演はムラヴィンスキーとレニングラード・フィルハーモニーで、十二月十七日に披露された。第九番が批判されてから八年にわたり、彼は交響曲を書いていなかった。

第十番は標題音楽ではないので、ストーリーを勝手に作って聴くのは正しい鑑賞態度ではない。しかし、抑圧と狂気の時代を描いたとしか思えない、絶望的に暗く陰陰滅滅とした曲だ。ヴォルコフ著『ショスタコーヴィチとスターリン』（邦訳、慶應義塾大学出版会）にはこうある。〈交響曲第十番の根底には、明確かつ厳格なイデオロギー上のスキームがある。すなわち芸術家と独裁者の対立というスキームである。聴き手に襲いかかる狂気じみた恐ろしいスケルツォ（第二楽章）は、スターリンの音楽的肖像画である。〉この交響曲はショスタコーヴィチなりの「スターリン批判」なのだ。

作曲家同盟では、この曲をどう評価するか議論がなされた。曲の始まりが陰鬱なのはよいとしても、最後にはその圧迫から解放され歓喜で終わるのが、ソヴィエトの正しい音楽だとする意見があった。これでは聴き手は失望するだけだというわけである。しかし、そんな曲はもう第五番で書いたので、ショスタコーヴィチとしてはあえて絶望的な曲にしたのだろう。第十番は暗いまま終わる。現在ならば、スターリン時代の暗部を描いたもので、それはスターリンの死によっても解決しないという意味が込められているとも解釈できるが、当時はそんなことは公言できない。ショスタコーヴィチ自身は「人間の感情と情熱を伝えたかった」とのみ説明した。

スターリンの圧政が終わった後もショスタコーヴィチは、表向きは忠実なソヴィエト国民でありつづけた。

《一九〇五年》とハンガリー動乱

スターリン死後のソ連は、当初はマレンコフが首相となり、副首相兼内務大臣のベリヤ、党筆頭書記のフルシチョフとの三人が中心となる集団指導体制がとられ、「トロイカ」と呼ばれた。ベリヤは大粛清の主導者だったが、「改革派」となり、強制収容所の解体、コルホーズ（集団農場）の解体などの自由化を進めようとした。秘密警察のトップとしてソ連社会の実情を知り尽くしていたがために、強権的な弾圧政策は不可能だと感じていた。だがベリヤの自由化路線には、ソ連指導部内での反発が強かった。ベリヤが東西に分断されていたドイツの統一を言い出すと、当事者である東ドイツ指導部の保守派が猛反発し、これにソ連内の反ベリヤ勢力が乗じた。ベリヤは粛清を担当していたので、彼ほど嫌われていた者はいない。スターリンの後ろ楯があったから誰もベリヤには逆らえなかった。しかしもう、誰も遠慮をしなかった。

六月二十五日にベリヤは逮捕され、十二月に銃殺される。政治的失脚が死刑につながる点ではスターリン時代と同じなのだが、このような失脚＝死刑はベリヤが最後となる。

ベリヤに代わって権力を握ったのがフルシチョフだった。フルシチョフは外交的にはアメリカを中心とした西側との「平和共存論」を採択し、まず、朝鮮戦争が七月二十七日に停戦となった。内政面でも粛清と弾圧が緩和され、文化・藝術面での自由化が進み、イリヤ・エレンブルグが一九五四年に発表した小説『雪どけ』にちなみ、「雪どけ」と呼ばれる。この小説には登場人物がショスタコーヴィチの交響曲第十番を聴くシーンもある。

ショスタコーヴィチは一九五七年八月四日に、交響曲第十一番を完成させた。標題を持つ音楽で《一九〇五年》と題された。

第十番とは異なり、《一九〇五年》は社会主義リアリズムに則った分かりやすい曲で前評判が高かった。ムラヴィンスキーは初演の準備に取り掛かり、十一月三日にレニングラード・フィルハーモニーで演奏したが、その四日前の十月三十日、モスクワでナタン・ラフリン指揮ソヴィエト国立交響楽団が先に演奏し、初演の栄誉を勝ち取っていた。文化省は首都モスクワの楽団に初演させたかったのだ。政権中枢とムラヴィンスキーの間には緊張関係が生じていた。

《一九〇五年》はその題が示すように、一九〇五年の第一次ロシア革命での「血の日曜日」事件を題材にした叙事詩的音楽だ。第一楽章「宮殿前広場」は不気味で重苦しい音楽で、帝政の重圧を想起させる。第二楽章「一月九日」は、血の日曜日そのものの描写だ。皇帝軍による一斉射撃で宮殿前広場にいた群衆が虐殺されるのが描かれる。静まったところで、チェレスタと弦楽器が静かに奏でるのは、群衆の死だ。

第三楽章「永遠の記憶」は、鎮魂の音楽で、革命歌《君は犠牲になった（別名「同志は倒れぬ」）》が引用され、鎮魂から、人民への讃歌になる。そして最後の第四楽章「警鐘」は、革命歌《圧政者らよ、激怒せよ》や《ワルシャワ労働歌》が引用され盛り上がる。だが最後は、悲しげなメロディと、鐘のような音のチューブラーベルが乱打され、帝政の暴虐に対する警鐘が鳴り響く。

共産党政権は絶賛した。当時の西側諸国では露骨な革命プロパガンダ音楽だと批判された。しかし、ショスタコーヴィチが一九〇五年のロシア皇帝の圧政と人民の抵抗を描いたというのは見せかけだったとの説もある。この曲が書かれたのは一九五七年だが、その前年にハンガリー動乱が起きている。十月二十三日にハンガリーで国民が政府に対して蜂起したところ、ソ連が介入して軍を侵攻させ、鎮圧した事件である。数千人の国民がソ連軍により虐殺され、二十五万人が亡命して難民になった。

ロシア皇帝の軍隊が民衆を虐殺したという《一九〇五年》の表面的な物語は、実はソ連軍がハンガリーの民衆を虐殺したことの暗喩なのではないかという解釈も成り立つ。

続く第十二番は体調を崩したこともあり、第十一番《一九〇五年》の四年後の一九六一年八月に完成した。レーニンによるロシア十月革命を題材とし《一九一七年》との標題を持つ。これも政権には絶賛されたが、西側では評判はよくない。十月一日の共産党大会の開会日にムラヴィンスキーとレニングラード・フィルハーモニーによって初演された。《一九一七年》は、第一楽章「革命のペトログラード」、第二楽章「ラズリーフ（氾濫）」、第三楽章「アヴローラ」、第四楽章「人類の夜明け」という構成だ。ラズリーフはロシア語で「氾濫」「洪水」の意味だが、ペトログラード北部の湖の名前で、レーニンがこの湖畔で革命計画を練ったと言われる。「アヴローラ」は巡洋艦の名で、この艦の主砲で冬宮（とうきゅう）を砲撃し、十月革命の火蓋が切られた。

ショスタコーヴィチは《一九一七年》を書いた一九六一年には共産党に入党し、国会にあたるソ連最高会議の代議員にもなった。共産党に屈服したのだろうか。

そうとも見える。しかし、革命讃歌の《一九一七年》が十月に初演されると、十二月に、一九三六年に封印した交響曲第四番が、初演されているのだ。

さらにスターリンの逆鱗（げきりん）に触れた《ムツェンスク郡のマクベス夫人》を、手を入れて《カテリーナ・イズマイロヴァ》と改題し、一九六三年一月八日にモスクワで初演している。二つの封印作品が相次いで蘇（よみがえ）ったのだ。《一九一七年》は二つの作品の解禁との交換条件だったのかもしれない。

キューバ危機

米ソの緊張緩和によって両国の音楽家たちの交流が始まった。

一九六二年十月、レニングラード・フィルハーモニーはアメリカ・ツアーに出かけた。十月十八日から十一月三十日までの長期間にわたる、全部で二十六の都市で三十四回の演奏会という大規模なものだった。ムラヴィンスキーとゲンナジー・ロジェストヴェンスキー（一九三一〜二〇一八）が指揮を分担した。

その直前の十月十四日、アメリカ空軍の偵察機がキューバにソ連の準中距離弾道ミサイルが配備されているのを発見した。世に言う「キューバ危機」の始まりである。

二十二日、ケネディ大統領はテレビ演説で「キューバにミサイルが持ち込まれた」とソ連を批難した。世界は緊張した。アメリカにいるソ連の音楽家たちは故国へ帰れなくなるかもしれない。一方、モスクワではニューヨーク・シティ・バレエ団が公演をしていた。彼らも不安だった。

ムラヴィンスキーは二十四日に、ニューヨークでモーツァルトの三十三番とショスタコーヴィチの八番を演奏した。演奏を聴いた国連事務総長ウ・タントは、二十五日に「（国連が）このすばらしいオーケストラのように結束していればいいが」と語った。

アメリカ時間の二十五日、国連の緊急安全保障会議でアメリカ国連大使はキューバのミサイル基地を撮影した写真を示したが、ソ連の大使はこれをはぐらかした。一方で、クレムリンからは二十六日にホワイトハウスへ妥協案が示されていた。だが二十七日にソ連は再び強硬姿勢に転じた。そのうえ、キューバ上空を偵察飛行していたアメリカ空軍機が、ソヴィエト赤軍の地対空ミサイルで撃墜された。

クレムリンもホワイトハウスも、その奥では第三次世界大戦は不可避かという雰囲気になっていくが、水面下の交渉も進んでいた。ワシントン時間の二十八日午前九時、フルシチョフ首相はモスクワ放送で「ミサイル撤去の決定」を発表した。大戦勃発は免れたのだ。

アメリカの二十八日夜、ワシントンではムラヴィンスキーとレニングラード・フィルハーモニーが、ショスタコーヴィチの交響曲第十二番《一九一七年》とチャイコフスキーの第五番を演奏した。偶然にも、ソ連との戦争の危機が去った日に、ロシア革命を描いた曲をソ連のオーケストラがアメリカの首都で演奏したのだ。

関係者は誰も客が来ないのではないかと心配したが、満席となり、ロシア革命の音楽に盛大な拍手が贈られた。その客席でひときわ目立つのは、アメリカ大統領夫人ジャクリーン・ケネディだった。

すべては偶然だが、米ソ関係最大の危機の時に、ムラヴィンスキーとレニングラード・フィルハーモニーというソ連最高の音楽家たちがアメリカにいて最高の演奏をしていた。もしフルシチョフがアメリカへミサイルを発射したら、自国が誇る音楽家を喪(うしな)ったかもしれないのだ。フルシチョフは、ムラヴィンスキーがアメリカにいたから戦争を思い留まったわけではないだろう。だがこの時期の米ソの文化交流はうまくいっていた。首脳同士の会談も頻繁で、お互いの顔も声も知っている。国民レベルでも、互いの国への親近感が高まっていた。それが、フルシチョフとケネディの判断に何らかの影響は与えていたかもしれない。

ムラヴィンスキーはアメリカでは熱烈に歓迎された。が、この国を好きにはなれなかった。「あんな軽薄な国には二度と行きたくない」と言い、実際に二度と行かなかった。

陰謀

一九六四年十月、フルシチョフが失脚し、レオニード・ブレジネフ（一九〇六〜八二）を中心とした体制となった。「停滞の時代」の始まりである。ソ連の巨大官僚機構全体で人事異動がなされ、レニングラード市の文化担当に女性のガリーナ・パクフォモーヴァが着任した。彼女はムラヴィンスキーを更迭しようと画策していた。

ムラヴィンスキーが首席指揮者に就任したのは一九三八年なので四半世紀が過ぎていた。六十歳を超えており、一九六四／六五年シーズンは二十回しか指揮していない。若い指揮者に交代させようという考えは、それはそれとして説得力がある。

しかしムラヴィンスキーはソ連の人間国宝のようなものだった。レニングラード市側から解任するわけにはいかない。パクフォモーヴァはムラヴィンスキーに特別年金を用意するからと引退を勧めたが、彼は無視した。

世界的名声と彼自身の揺るぎない信念とが、この音楽家をソ連国内において、超然とした存在にさせていた。ブレジネフ政権はムラヴィンスキーがどんなに反抗的な言動をしても手を出せない。

一九六八年には作家アレクサンドル・ソルジェニーツィン（一九一八〜二〇〇八）の作品が発行禁止となった。この作家はフルシチョフ時代は「雪どけ」の象徴でもあったのに、ブレジネフ政権は認めようとしない。彼の作品がスターリン批判にとどまらず、ソ連という国家への批判になりかねないと警戒したのだ。

ソ連の文化人たちはソルジェニーツィンを批難する文書への署名を強要された。ショスタコーヴィチもオイストラフもギレリスも署名したが、ムラヴィンスキーはしなかった。署名を求められると、「ソルジェニーツィンの作品は読むことが禁じられているのに、どうしてその内容を批難できるのだ」と撥ね返したのだ。

ムラヴィンスキーを辞任に追い込めなかった意趣返しなのか、キューバ危機の最中のアメリカ演奏旅行以降、ムラヴィンスキーとレニングラード・フィルハーモニーは西側へは行けなくなっていた。招聘がなかったわけではない。各国から依頼があったのを国営興行会社ゴス・コンツェルトが断っていたのである。

演奏旅行が解禁されたのは一九六六年十月のイタリアへの旅からだった。十五日から十一月七日までの三週間にわたる演奏旅行となった。このシーズンはさらに翌六七年五月に三週間の旅をし、「プラハの春」音楽祭へ出演し、スイスとフランスへも行って、パリで打ち上げた。

一九六九年十月はポーランドとルーマニア、七〇年十二月は東ドイツ、七二年十月は西ドイツ、オーストリア、イタリアへの一カ月以上の演奏旅行があった。

その間の七一年十一月はこのオーケストラの創立五十周年を祝い、七二年一月には「連邦功労アンサンブル」の称号を政府から授与された。

このようにモスクワの中央政府はムラヴィンスキーを称えていたが、レニングラードでは相変わらず、ムラヴィンスキーへの嫌がらせがつづいていた。

一九七〇年、レニングラード・フィルハーモニーは五八年以来の日本公演を予定していた。この年は大阪で万国博覧会が開催され、日本の国家イベントのために世界中の著名音楽家が来ていた。ソ連からはモスクワのボリショイ劇場のオペラと、レニングラード・フィルハーモニーとリヒテルが日本へ行くことになっていた。だが直前になってムラヴィンスキーは「思想性に問題があり、亡命の恐れがある」という理由で出国許可が下りなかった。レニングラードの共産党内の反ムラヴィンスキー派の嫌がらせだった。当人は日本へはそれほど行きたくなかったので、それを受け容れた。代わってアルヴィド・ヤンソンス（一九一四〜八四）が日本公演を指揮した。

ムラヴィンスキーがレニングラード・フィルハーモニーと日本を訪れるのは、一九七三年まで待たねばならない。

ムラヴィンスキーは飛行機が嫌いだったので、日本へはシベリア鉄道と船を乗り継いでの長い旅となった。東京文化会館での五月二十六日の公演では、ショスタコーヴィチの第五番、[*24]ベートーヴェンの第四番などが演奏され、NHKがテレビとラジオで放送した。以後、七五、七七、七九年と訪日する。

一九七五年八月九日、ショスタコーヴィチが亡くなった。六十九歳になる一カ月前ほど前だった。ムラヴィンスキーは、盟友の容態がそんなに悪いとは思っていなかったので、気持ちの準備をしていなかった。訃報を受けてすぐにモスクワへ向かった。

葬儀は八月十四日で、音楽院大ホールで国葬として執り行なわれた。ホールでの葬儀ではテープでショスタコーヴィチの音楽が流された。ムラヴィンスキーはこの日はほとんど何も語らなかった。

ムラヴィンスキーは、十月からの一九七五／七六年シーズン全体を「ショスタコーヴィチ追悼」にすると決めた。十月二十四日の開幕演奏会ではチャイコフスキーの交響曲第六番《悲愴》とショスタコーヴィチの第五番が演奏された。異様な雰囲気の中での演奏会で、誰も体験したことのない、感情が爆発した慟哭（どうこく）の音楽が奏でられた。

ムラヴィンスキーも、すでに七十歳を超えている。人生の総決算の時期に入っていた。

ムラヴィンスキーは自分の音楽上の信念に従ってプログラムを決めていた。共産党から命じられても、気に入らない曲は演奏しないし、共産党が嫌っている作品でもすばらしい音楽だと思えば演奏する。そのため、レニングラードの共産党とは軋轢（あつれき）が生じる。

それでも、この高貴なる指揮者は生き延びた。なぜムラヴィンスキーはそんなにも強かったのか。叔母が共産党幹部だったことも背景にはあるだろう。そしていったん「ムラヴィンスキーは特別扱いすべし」となると、ソ連のような官僚国家は前例主義で物事が動くので、そのままこの指揮者は特別扱いされ続けたのかもしれない。

神経戦

一九七九年のムラヴィンスキーとレニングラード・フィルハーモニーの日本での公演は五月十六日に始まり、六月八日が最後の演奏会だった。四日はムラヴィンスキーの誕生日だったので、滞在先の横浜のホテルの一室でパーティーが開かれ、楽しい一夜となった。

しかしその四日後、日本での最後の演奏会を前にして、フィルハーモニーの楽団員二人が亡命した。ひとりは男性でソ連に家族を残しての亡命、もうひとりは女性で、しかもKGBの監視員だった。レニングラード・フィルハーモニーの楽団員が外国への演奏旅行中に亡命することはこれまでになかった。

ムラヴィンスキーにはこのことは伏せられた。この高貴な指揮者は屈辱に耐えられず、演奏会をキャンセルして「帰国する」と言い出しかねなかった。亡命した団員はトランペット奏者だったので、急遽（きゅうきょ）、日本人の演奏家を探して代役として、NHKホールでの演奏会は無事に終わった。プログラムはグラズノフの交響曲第五番、チャイコフスキー《眠れる森の美女》の抜粋と、《フランチェスカ・ダ・リミニ》だった。[*25]

帰国後、ムラヴィンスキーは共産党のレニングラード本部に呼ばれた。ムラヴィンスキーを追放したい勢力にしてみれば、願ってもないチャンスだった。彼に「責任をとって辞任します」と言わせようとして、「あなたの楽団から楽団員が逃げたことをどう説明するのだ」と厳しく詰問した。しかしムラヴィンスキーは平然と答えた。

「彼らは私の楽団から逃げたのではない。この国から、あなた方の政府から逃げたのだ」

この発言は、たちまちレニングラードの音楽関係者はもとより、多くの市民の間にも拡散され、人びとは当局に気づかれないところで快哉（かいさい）を叫んだ。しかし共産党レニングラード本部の幹部はこの指揮者への憎悪で煮えたぎり、報復を誓う。フィルハーモニーが楽器を新たに購入したいと申請すると、ソ連製のものしか許可しなくなった。

一九八〇年もムラヴィンスキーとフィルハーモニーは秋にオーストリア、西ドイツ、スイスへ行った。亡命騒動があっても外国へ行けたことで安心し、ムラヴィンスキーは翌八一年の日本公演も決めた。七三年以降、一年おきに行っていたので今回も問題はないだろうと考えていた。

一九八一年九月から十月にかけての日本公演は、スケジュールもプログラムも決まり、日本ではチケットも販売されていた。しかし出発直前になって、共産党レニングラード本部から、「楽団員を査問した結果、三十五名には出国許可が与えられない」との通告が来た。三十五名も欠けたのでは演奏ができない。ムラヴィンスキーは日本訪問を断念した。以後ムラヴィンスキーは日本へ行くことはなく、一九七九年六月が日本での最後の演奏となった。

一九八一年の日本公演は中止になったが、翌八二年はオーストリア、西ドイツ、スイス、フランス、スペインへ行けた。八三年には再度スペインへ行き、これが最後の西側への旅となり、八二／八三年シーズンが、ムラヴィンスキーがフルに出演できた最後となる。以後はシーズンに数回しかステージには出ない。八十歳となり、健康状態が悪化していた。

一方、ソ連の指導者たちも、相次いで亡くなった。一九八二年十一月にブレジネフが七十五歳で亡くなり、後任のユーリ・アンドロポフも八四年二月に、さらに後任のコンスタンティン・チェルネンコも八五年三月に亡くなった。

高齢の指導者が続いたが、チェルネンコの後任になったのは、五十四歳のミハイル・ゴルバチョフだった。

最後の日日

一九八七年はムラヴィンスキーにとって節目の年だった。ショスタコーヴィチの交響曲第五番の初演を彼が指揮してから、ちょうど五十年だったのだ。十一月にはその記念演奏会も予定されていた。高齢のムラヴィンスキーは万全を期して秋の演奏会に備えていたが、心臓発作を起こし、出演できなくなった。

それどころか、命すら危うい事態だった。だがムラヴィンスキーの妻アーリャはソ連の医療は信用できないと考え、ウィーン楽友協会に相談し、ウィーンの心臓病専門病院へ入院できるよう手配してもらった。ムラヴィンスキーはウィーン楽友協会の名誉会員になっていたので、楽友協会は手を尽くしたのだ。

しかし最高レベルのウィーンの医師たちも、この八十四歳の指揮者の心臓には手の施しようがなかった。ムラヴィンスキーはヘビースモーカーだったので肺疾患の持病があり、それに腎不全と心不全との合併症となっていたようだ。手術をしても無駄と判断され、薬もやめて食餌療法に切り替えられた。妻は医師から、本人が帰りたがっているのなら自宅に帰ったほうがいいと言われた。

年が明けて一九八八年一月七日、ムラヴィンスキーは退院した。ウィーンの病院での治療費と入院費は、とてもムラヴィンスキーが支払える額ではなく、明細書を手にした妻は動揺した。世界的巨匠は一般市民よりは高収入だったが、ソ連の通貨ルーブルは国内でしか使えない。彼が西側で稼いだ外貨は国営興行会社に入るので、彼の取り分は少なく、外貨の預金もあったが、とても西側の先端高度医療の費用には足りなかった。しかしその費用はすべてウィーン楽友協会が払ってくれることになった。

ムラヴィンスキーはレニングラードへ帰り、以後は自宅で静養していた。一時的には元気になり、次の演奏会への意欲をみせてスコアを勉強していたものの、一月十九日に容態が急変して亡くなった。

ムラヴィンスキーは亡命しようと思えばその機会もあったはずだが、生涯、ソ連に留まった。その一方、共産党に入るように何度も要請されたが断り続けた。彼はソ連という体制、社会主義には何の共感も抱いていないが、ロシアの文化は愛し続けた。それゆえにロシア以外の土地で暮らすことなど考えられなかったのだ。

ムラヴィンスキーの藝術は――ドイツやフランスの作品を演奏する場合でも――ロシアに根ざしたものだった。ロシアにいなければ、それもレニングラードにいなければ、彼は生きていることにならなかったのだ。

ソヴィエト共産党は、彼のそういう思いを利用していた。一方で、この音楽家が社会主義者ではなく政権と党の方針に従わないことを――亡命されるよりはましだと考えたのか――容認し、政権とは緊張関係にあった。その人生が終わった。

一月十九日はロシア正教では洗礼祭という重要な祭日で、この日に亡くなるのは有徳の人とされる。ムラヴィンスキーはロシア正教を信仰していたので、当人としても満足だったであろう。

マルクス・レーニン主義は唯物史観なので宗教とは相容れない。革命後のソ連ではロシア正教も弾圧されていた時期があった。しかし信仰は根強いものがあり、世界最強のソ連共産党をしてもロシア正教を根絶させることはできなかった。それでも、ソ連の人びとはよほど信仰が強くない限りは教会で葬儀を行なうことはなかった。だがムラヴィンスキーは遺言でロシア正教会での葬儀を望んだ。

ムラヴィンスキーほどの著名人であれば、国葬またはそれに準じる、政府による葬儀となるのが通例だった。実際、彼の盟友であるショスタコーヴィチの葬儀は、モスクワ音楽院の大ホールで国葬として行なわれた。だが、ムラヴィンスキーの妻は国葬を断り、「ロシア正教会での葬儀」という遺志を押し通した。

二十二日に棺がスパソ・プレオブラジェンスキー大聖堂に移され、翌二十三日の土曜日に葬儀となった。音楽ファンが各地からやって来て、この大寺院始まって以来の大きな葬儀となり、その様子はテレビで全ソ連に向けて中継された。ゴルバチョフのグラスノスチ（情報公開）政策のおかげだった。ソ連の人びとは、教会での葬儀を初めてテレビで見た。「巨匠の死」というひとつの時代の終わりと、グラスノスチとペレストロイカ（建て直し）による新時代の到来との二つが交錯する葬儀となった。

ムラヴィンスキーはショスタコーヴィチ同様にサンクト・ペテルブルクで生まれ、ペトログラードで育ち、レニングラードで活躍した。ショスタコーヴィチはモスクワで亡くなり、その墓はモスクワにあるが、ムラヴィンスキーはレニングラードで亡くなり、その墓はいま、サンクト・ペテルブルクにある。彼はどこにも移らなかったが、彼の生まれた都市は政治に翻弄され、何度も名が変わったあげく、元に戻ったのだ。

いま、「レニングラード」という名は、ムラヴィンスキーのオーケストラを語る時くらいしか、使われない。

第VI章
亡命ピアニストの系譜

アルトゥール・ルービンシュタイン

Frédéric Chopin
Ignacy Jan Paderewski
Arthur Rubinstein

ポーランドは、多くの名ピアニストを生んだ国だ。

そのポーランドの名ピアニストの系譜は、亡命者の系譜でもある。亡命者の多くが愛国者である。その国が嫌いで亡命するのではなく、愛するがゆえに亡命する。そして、望郷の念を抱きながら生涯を送る。彼らはなぜ愛する国を出て行き、なぜ帰国しなかったのか。

近代国家が成立する以前、音楽家たちは、国家に仕えるのではなく、王家や公爵家などに仕えていた。主君を替えることは、そう珍しいことではなく、音楽家たちは比較的自由に国境を越えていた。モーツァルトもベートーヴェンも、生まれた国、最初に仕えた主君の許を離れ、ウィーンで活躍するが、彼らを亡命者とは言わない。

音楽史上最初の亡命者として記憶されるべき人物は、ショパンであろう。そのショパンに始まる、三代にわたる亡命ピアニストの系譜を、短い章としてここに置く。

ショパンの絶望

フレデリック・ショパン（一八一〇～四九）はワルシャワから西へ五十四キロほどのジェ

ラゾヴァ・ヴォラという村で生まれた。父はフランス人、母はポーランド人だった。

ショパンが生まれた頃のヨーロッパは、ナポレオンが戦争に明け暮れていた時代だ。なかでもフランスと激しく戦っていたのが、プロイセン、オーストリア、ロシアの三大国で、ショパンが生まれたポーランド（当時はワルシャワ公国）は不幸にもこの三大国と国境を接していたため、常に三大国に領土を侵略されていた。

「敵の敵は味方」という人類不変の法則で、ナポレオン時代のフランスはポーランドの独立を支援した。しかし、ナポレオンは失脚し、その後の一八一四年のウィーン会議で、ポーランドはロシア、プロイセン、オーストリアに領土を割譲されてしまった。さらに残された地域もロシア皇帝がポーランド国王を兼ねるという体制になり、事実上、ロシアの支配下に置かれた。ショパン、四歳の時である。

音楽、とくにピアノの才能を見出（みいだ）されたショパンは、ポーランド音楽界の期待の星となった。ワルシャワ音楽院を卒業すると、このままポーランドにいても芽が出ないと、父親や教師たちの勧めと尽力でウィーンで音楽修業することになった。

ショパンが故郷から離れたのは一八三〇年、二十歳の年だ。この年の夏、フランスでは七月革命が勃発し、ナポレオン失脚後の王政復古により復活していたブルボン朝は再び打倒され、立憲君主制へ移行した。

この革命はヨーロッパの他の国へも波及し、ウィーン体制は危機を迎えた。当然、ポーランドでも、いまこそロシア支配から脱し独立しようとの気運が高まっていく。ショパン青年もその運動に共鳴していた。

しかし、ショパンは音楽修業のため、十月十一日にワルシャワで最後の演奏会を開くと、十一月二日に旅立った。それが故国との永遠の別れになろうとは、誰が知ろう。

ショパンがプラハを経由してウィーンへ着くのは十一月二十三日、その六日後の二十九日、ワルシャワでは学生たちがロシアからの独立を求めて武装蜂起した。

そのニュースを知ったショパンは帰国し運動に参加しようと決意するが、友人に「君が帰っても武装闘争には役に立たない」と説得され、残ることにした。

ウィーンには、ポーランドからの亡命者がたくさん住んでおり、蜂起の後方支援もしていた。ショパンはその亡命ポーランド人ネットワークのなかで暮らすことになった。

一八三一年になっても独立軍とロシア軍との戦闘は続いた。一方、ウィーンのショパンは音楽家として行き詰まり、パリへ行くことにし、七月下旬にウィーンを出てザルツブルク、ミュンヘンと旅した。

九月八日、独立軍が完全に敗北し、ワルシャワは陥落した。

ショパンは旅先でそれを知ると、絶望し、悲しみと怒りをぶつけるように弾いた。それが《革命》と呼ばれるエチュードだという。

亡命者ショパン

ショパンがパリへ着くのは一八三一年九月下旬のことだ。ワルシャワが陥落し、ポーランドのロシア支配からの脱却が失敗に終わった直後である。

叛乱(はんらん)の敗北により、それに関与したポーランドの軍人や貴族約九千人が亡命し、その三分の二がパリで暮らすようになった。こうしてパリには亡命ポーランド人社会ができ、貴族たちはショパンのパトロンとなり、援助してくれた。

叛乱を鎮圧したロシア皇帝はポーランドに寛大なところをみせ、蜂起でさほど重要な役割を果たしていなければ亡命者を赦(ゆる)して帰国も認めることにした。

ショパンはもともと蜂起には直接関与していない。音楽修業のために出国したのだ。したがって、帰国を願い出ればすぐに許可されるはずだった。しかしショパンは帰ろうとしなかった。

パリは都会だった。文化・藝術(げいじゅつ)の最先端であり、中心であり頂点でもあった。ショパンはこの都会から、離れられなくなっていた。

ワルシャワへ帰れば、音楽院の教員となり後進を育てながら、作曲と演奏活動を続けることができたはずだ。しかし、ショパンはパリで貴族や富裕層の令嬢のピアノの家庭教師をしながら、貴婦人たちのサロンに出入りして演奏する生き方を選んだ。パリには刺激があるが、ワルシャワには何もない。田舎(いなか)であるワルシャワにいたのでは音楽家としての霊感も喪(うしな)われてしまうと考えたのだろう。

ショパンはポーランドを憎んで出国したわけではない。家族との絆(きずな)は固く、友人や恩師もいるポーランドを思うと、彼は胸がしめつけられた。自分だけが、パリで享楽的に暮らしていていいのだろうかと自責の念にかられることもあった。

それでも、ショパンはパリで暮らし続けた。一八三七年にイギリス旅行をする際、ショパンはパスポートを入手するため、フランスの市民権を得た。やがて作家ジョルジュ・サンド（一八〇四〜七六）との愛の日日も始まる。

亡命ポーランド人たちは、祖国独立運動の進め方をめぐり、急進派と穏健派とに分裂していった。亡命者と国内に留まった者たちとの間でも意識のズレが生じ、混迷する。ショパンはパリで暮らしていても祖国を忘れてはいない。彼の代表曲であるポロネーズやマズルカなどは、ポーランドの舞曲から生まれた音楽だ。彼の曲はすべて望郷の音楽といってもいい。

歳月は流れ、一八四八年二月十六日、ショパンはパリで六年ぶりのリサイタルを開いた。一週間後の二十二日、パリでは二月革命が勃発した。三月に予定されていた次の演奏会は中止となった。

ショパンは動乱が嫌いだったので、革命で混乱するパリを逃れ、イギリスへ向かった。ロンドンをはじめとする都市での演奏会は成功した。しかし、彼の健康状態は悪化し、秋にはパリへ帰ることを決断する。革命の混乱も少しは落ち着いていた。

パリへ戻ったものの、健康は快復せず、ショパンは結局、一八四九年十月十七日に三十九歳で亡くなった。

亡くなる直前にはポーランドから姉が看病にきてくれた。ショパンは、自分が死んだら心臓を取り出して、ワルシャワへ埋葬してくれと頼んだ。

その遺言通り、ショパンの遺体はパリに埋葬されたが、心臓はコニャックと思われるアルコールの入ったクリスタルの壺(つぼ)に納められ、ワルシャワで眠っている。

「心」だけは帰国できたのである。

パデレフスキの野心

ショパンが死んだ後も、ポーランドはロシア、ドイツ、オーストリアの三つの帝国によって分割されたままだった。この状態が終わるのは、第一次世界大戦とその影響で起きた革命で、この三つの帝国が崩壊するまで待たねばならない。

そしてその新生ポーランドの首相となったのが、亡命していた世界的ピアニスト、イグナツィ・パデレフスキ（一八六〇〜一九四一）だった。

アメリカには俳優から大統領になった人物がいるが、ポーランドにはピアニストから首相になった人がいるのだ。

パデレフスキが生まれたのはショパンの死から十一年後の一八六〇年、現在はウクライナ領となっているポーランドのポドリア地方（現ウクライナ領）の寒村クリラフカで貴族（地主）の子として生まれた。父はユダヤ人で経済学者でもあり、政治活動に参加し何度も投獄された。母方の伯父はポーランド政府の閣僚だったが暗殺された。このようにパデレフスキは政治が身近な環境で育ち、生涯最初の記憶が三歳の年での父の投獄だった。母はパデレフスキを出産後すぐに亡くなり、叔母などに育てられた。三歳でピアノを弾くようになり、個人教師に就いて習った。十二歳の年にワルシャワ音楽研究所（現在は音楽院）に入り、ピアノ、音楽理論、和声、対位法などを学び、十八歳で卒業し、ピアノ科の教師となった。

二十一歳になる一八八一年、パデレフスキはベルリンへ留学し、さらにウィーンでも学び、一八八七年にコンサートデビューすると、瞬く間に世界的ピアニストになった。

だが、彼には音楽家としての成功の他に、政治家になりたいという野心もあった。彼は大勢を前にしての演奏も得意だったが、演説の名手でもあったのだ。

一八九〇年にパデレフスキはアメリカへ渡り、まずニューヨークで成功した。アメリカはまだ音楽後進国だったので、たちまち彼は大スターとなり、以後、第一次世界大戦勃発まで九回の演奏旅行を成功させた。

しかし、四十歳になる一九〇〇年から、彼は演奏よりも作曲に重点を置くようになっていった。この時代は作曲と演奏を兼業する者は多かったのだ。

アメリカは音楽後進国だったが、とにかく金はあったので、欧州の音楽家にとってはい

イグナツィ・パデレフスキ

い稼ぎ場所だった。一回の演奏旅行でパデレフスキが得た出演料は、アメリカ合衆国大統領の年俸の三倍から五倍だった。パデレフスキはアメリカ旅行で稼いだ金をポーランド国内の社会事業に寄付するなど慈善事業にも熱心だった。将来のために名を売っていたとも言える。

一九一四年、第一次世界大戦が勃発した。この戦争では、ポーランドを支配していたロシアは英仏と共に三国協商となり、ポーランドの領土を分割していたドイツとオーストリアはイタリアと三国同盟を組み、この二陣営が戦った。その結果、両陣営に分割されたポーランド人同士が闘うことになってしまった。ポーランド人の意思とは別のところで、またもこの国は翻弄されるのである。

しかし、この戦争はポーランド人にとっては悲願の独立が実現する大きなチャンスでもあった。パデレフスキはすでに一九一三年からアメリカに住居を構えており、パリに作られた独立運動組織「ポーランド国民委員会」のアメリカ代表となった。

アメリカで暮らすポーランド人の中で最も有名な人物である当代一のピアニスト、パデレフスキは、その知名度と人脈と経済力を駆使してアメリカでの独立運動のリーダーとなっていたのだ。

首相になったピアニスト

一九一五年十一月、パデレフスキはアメリカ大統領ウッドロウ・ウィルソン（一八五六～一九二四）の側近の大佐と接触し、大統領にポーランド問題に関心を寄せるよう頼んだ。アメリカは翌年が大統領選挙だったので、ポーランド系アメリカ人の票を得るためにも、この問題は利用できそうだと大佐は考え、大統領に進言した。この時点ではアメリカはまだ参戦していない。

一九一六年十一月、ウィルソンは再選されるが、その少し前に、三国同盟のドイツ・オーストリアがポーランド全域を制圧し、ロシアは撤退した。ドイツとオーストリア政府がポーランド独立を約束したことで、アメリカも何らかの対応を迫られた。

そこでパデレフスキの出番となった。

パデレフスキは米軍大佐の仲介で、ウィルソン大統領と面談し、ポーランドの独立がいかに必要であるか、熱弁をふるった。同時期に、ドイツ・オーストリア軍がポーランドからロシアを撤退させ、独立を約束していたこともあり、一九一七年一月の年頭教書で、ウィルソンはポーランド独立問題について触れることになった。

アメリカは一九一七年四月になって、ようやく第一次世界大戦に英仏露の連合国側として参戦した。これにより、独墺伊（どくおうい）三国同盟の敗北は必至となった。

ドイツとオーストリアはロシアを撤退させた後、ポーランドに傀儡政権を立てていたのだが、それどころではなくなる。といって、ロシアは革命で帝政が崩壊し、ポーランドを支配する力はもうない。情勢は混沌としてきた。

一九一七年十一月、アメリカはローザンヌに本部を置くポーランド国民委員会をポーランド政府代表として承認、一九一八年一月にはウィルソン大統領による戦争終結のための「十四箇条の平和原則」が発表され、そのなかにポーランド独立も明記された。これらはパデレフスキの尽力によるものだった。

だが、ポーランド独立運動は――どの運動もそうなのだが――独立という悲願達成までは急進派と穏健派とが一緒に闘っていたが、いざ独立が実現すると、内部抗争を始めた。

急進派の代表は、ユゼフ・ピウスツキ（一八六七～一九三五）だった。私設軍隊を作り、これがポーランド軍に発展したことから軍の創設者とも言われる。穏健派の代表はポーランド国民委員会を創設したロマン・ドモフスキ（一八六四～一九三九）で、パデレフスキはこの委員会のアメリカ代表だった。

アメリカに続いて戦勝国となった英仏露も、ドモフスキのポーランド国民委員会をポーランドの代表として承認した。

一方、ポーランド本国ではドイツとオーストリアの傀儡政府が崩壊すると、ドイツに囚われていたピウスツキが出獄して帰国し、共和国を樹立し国家主席となり、急進左派のモラチェフスキを首相とする内閣を組閣した。だが、穏健派のドモフスキはこの政権を認めない。戦勝国が交渉相手として認めているドモフスキと和解しないことには、ポーランドは大戦終結に向けてのパリ講和会議に代表を送ることができない状況となった。

ピウスツキは苦境に立たされた。穏健派との和解のためには彼らが認める者を首相にしなければならない。といって、穏健派のドモフスキを首相にすれば、今度は左派が黙っていない。

そこで、ピウスツキが思い出したのがパデレフスキだった。国民委員会のメンバーであるパデレフスキであれば、ドモフスキも反対しないであろう。それに、パデレフスキはアメリカにいたのでドモフスキとも一定の距離を置いていたから、左派も容認できる。何よりも国際的な知名度があるし、ポーランド人の間でも絶大な人気がある。

かくして一九一九年一月、パデレフスキはワルシャワに帰還し、首相となったのである。

パデレフスキの短い栄光

世界的ピアニストからポーランド首相兼外相になったパデレフスキは、日本風にいえば文化人・タレント政治家で、人気はあっても盤石な権力基盤があるわけではない。国内政治の派閥力学により、どの派にも属さないため敵がなく、対外的に「国の顔」になるとの理由で選ばれたに過ぎない。パデレフスキ自身にも「ポーランド独立」以外の政治理念があるわけでもなく、その悲願は戦争によって達成されたので、やるべきことはそう多くない。

パデレフスキの最大の任務は、パリ講和会議に出席することだった。ヴェルサイユ宮殿でのレセプションに臨んだパデレフスキを、フランスの首相クレマンソーはこう言って出迎えた。

「こんなところで偉大なピアニスト、偉大なパデレフスキにお目にかかれるとは夢にも思いませんでした。そしていまやあなたはポーランドの首相でいらっしゃる」

パデレフスキはこう応じた。

「はい、なんと私は落ちぶれてしまったことか」

謙遜したのか、一国の首相よりも国際的ピアニストのほうが上だという価値観なのか。

この会議ではポーランドの領土をどの時点にまで遡るのかがひとつの争点だった。ポーランド人としては、できるだけ広大な領土を取り戻したい。だがパデレフスキは連合国やアメリカに迎合してしまい、ポーランドで待つ人びとが望むような条件を勝ち取れなかった。このため国内での人気は凋落（ちょうらく）し、国会でも条約の批准そのものが危うくなり、パデレフスキ内閣は行き詰まり、退陣に追い込まれた。

藝術家気質とでもいうのか、彼は閣議が嫌いでめったに開かず、開いても遅刻したとか、文書を紛失するなど、政策ではなく性格が批判された。

一九二〇年二月、パデレフスキは、ポーランドを去り、スイスで暮らすことにした。講和会議代表というポストにはあったが、これも翌年には辞任し、公的な地位はすべて手放し、ピアニストとして復帰するのである。

復帰コンサートは一九二二年十一月二十二日、ニューヨークのカーネギー・ホールで開かれ、客席にはコルトーもいた。終演後は熱狂的なスタンディングオベーションだったという。これで自信を得たパデレフスキは演奏活動を再開した。

しかしすでにピアノ界では、ルービンシュタインをはじめとする次世代が活躍しており、彼の居場所はなくなっていた。彼の演奏は時代遅れになっていたのだ。

それでもまだ、パデレフスキのネームバリューはあったので、ポーランド国内で政治が混乱すると、彼を大統領にという声が出ることもあった。だが、それが実現することはない。敵陣営を牽制(けんせい)するために彼の名が利用される程度だった。

また、一九三七年からポーランドのショパン研究所の研究者とともにショパンの楽譜を校訂し、「ショパン全集」の刊行に尽くした。この全集は存命中には完成せず、第二次世界大戦後に出版され、「パデレフスキ版」と呼ばれる。

戦間期の平和もそう長くは続かず、大恐慌とそれに続くヒトラー政権の誕生を経て、世界は再び戦争の時代へ向かう。

一九三九年九月、ドイツとソ連は相次いでポーランドへ侵攻、第二次世界大戦が始まった。故国がまたも大国によって蹂躙(じゅうりん)されると、八十歳目前のパデレフスキは再び立ち上がった。

一九四〇年にロンドンに結成された亡命政府、ポーランド国家評議会のリーダーのひとりとなったのだ。彼は資金集めのために演奏活動にも復帰し、一九四一年にはアメリカへ演奏旅行に行き、マディソンスクエアガーデンで一万七千人の聴衆を集めた。

だが、六月二十九日にニューヨークで客死。八十年の生涯を異国で終えた。パデレフスキは一九一四年からレコーディング[*26]もしており、録音で聴ける最古のピアニストのひとりだ。

戦後、ポーランドがソ連の衛星国となったこともあり、彼の遺灰が故国ポーランドへ帰国したのは、死から半世紀後の一九九二年のことだった。

ルービンシュタインのパスポート

ショパン、パデレフスキに次ぐ、ポーランドの著名亡命ピアニストはルービンシュタインだ。彼もまた若くして故国を出て、ベルリン、パリで暮らし、後にアメリカ市民権を得た。しかし、その心は常にポーランドにあった。

アルトゥール・ルービンシュタイン（一八八七～一九八二）はポーランド最大の工業都市ウッチで生まれた。ユダヤ系の家系で、父は機織り工場を経営しそれなりに裕福だった。三人の兄と三人の姉がいて末っ子だったので甘やかされて育ち、幼い頃からピアノの才能も発揮していた。ポーランドにいたのでは才能が伸ばせないと、ベルリンで学ぶことになったのが、十歳の年だった。

ベルリンで彼は天才少年として脚光を浴び、最初の栄光を摑んだ。

一九〇三年、十六歳の夏にルービンシュタインは当時スイスで暮らしていたパデレフスキを訪ね、正式な弟子にはならなかったが、音楽の精神のようなものを学んだ。

ポーランドの三人の亡命ピアニストは、「ショパン全集」のためにパデレフスキが校訂し、パデレフスキとルービンシュタインは短期間だが師弟関係にあった。

やがてルービンシュタインはパリを活動の拠点としてヨーロッパ各地、さらには南北アメリカ大陸でも演奏した。彼はピアノの才能が抜群なだけでなく、人柄もよく、誰にでも好かれ、男とはすぐに親友となり、女とはすぐに恋人になった。

一九一四年に第一次世界大戦が勃発し、ドイツとロシアとの戦争が始まった時、ルービンシュタインはロンドンにいた。

彼はロシアのために闘う気になれなかったが、在仏ポーランド人がフランス軍に加わり、ポーランド部隊を結成していると知り、とりあえずパリへ向かった。二十七歳だったので、最前線で闘うには若くなかったが、祖国のために何か役立つのならば喜んで身を捧げるつもりだった。

だが、パリへ着くと事情は変わっていた。彼が闘うとしたらフランスの外人部隊に入るしかなく、外人部隊は激戦地へ送られるので、腕を怪我して二度とピアノを弾けなくなる可能性が高い。そこでポーランド語の他、ドイツ語、英語、フランス語が堪能だった彼は、軍の通訳・翻訳の仕事をすることになった。その仕事を通じて戦場でのドイツ軍の残虐行為を記した文書を数多く読み、ドイツに幻滅した彼は、二度とドイツでは演奏をしないと決意した。それほど、ドイツ兵は残虐だった。

戦争が長期化してきたので、軍は前線の兵士たちの娯楽のための慰問を考えなければならなくなり、ルービンシュタインに慰問演奏会の仕事が依頼された。彼はヨーロッパの戦場で演奏するようになる。しかし、二年目の一九一六年になると、慰問演奏だけでは物足りなくなり、彼は戦争に関係のないスペインへ行くことにした。七月にスペインに着いて、演奏会を開くとたちまち人気が出て、半年の間に百回以上の演奏会を開き、国王アルフォンソ十三世とも親しくなった。

そのスペインで南米の興行師と知り合い、大金を積まれたので、ルービンシュタインは南米へ向かうことになった。この時点で彼が持っていたのはロシア帝国が発行したパスポート——ポーランドがロシアの支配下にある時に取得したものだ。しかし、そのロシア帝国は革命でなくなってしまった。はたしてこれは有効なのか。

スペイン国王に相談すると、「この者はスペイン宮廷の外交使節であり、スペイン国王が個人的に保証するポーランド国民である」と書かれたパスポートと直筆サイン入りの写真をくれた。これがあれば世界中で通用する。そういう時代だったのだ。

サンフランシスコでのポーランド国歌

国民に国歌を強制する国もあれば、亡命者が異国で国歌を演奏することもある。そもそも国歌は、近代国家とともに誕生したもので、その歴史は二百年ほどしかない。

ポーランドの国歌は《ドンブロフスキのマズルカ》とも、歌詞の冒頭をとって《ポーランドは未だ滅びず》とも呼ばれる。一七九五年にポーランドはすべての領土を失うが、それに抵抗してオーストリア軍と戦ったドンブロフスキ将軍率いる亡命ポーランド軍の歌が、第一次世界大戦後にポーランド国歌となった。もとは軍歌だから力強く軽快だが、どことなく哀愁もある。

ドイツとロシアという大国に挟まれているという地理的条件が、この国を常に不幸にする。第一次世界大戦によって独立を勝ち得たものの、一九三九年九月、ポーランドはドイツとソ連により分割され、世界地図からまたもポーランドは消えてしまった。第二次世界大戦の勃発だ。

ルービンシュタインは一九三九年には五十二歳になっていた。パリで暮らし、そこから世界中へツアーに出かけ、名声と財産を得た。彼は開戦の報せを南フランスで夏休みを過ごしていた時に聞いた。故国の将来、友人や親戚の安否が気がかりだったが、どうしようもない。彼は予定されていたアメリカへのツアーに出たが、その間にフランスはドイツの支配下に置かれてしまった。彼はそのままアメリカに滞在し、一九四六年には市民権を得た。

ルービンシュタインだけではない。ドイツやフランスからは、ユダヤ系を中心に大量の亡命者がアメリカにやって来た。そのなかには音楽家や演劇・映画関係者も多く、戦中から戦後のアメリカの娯楽産業は彼ら亡命者が支えたと言って過言ではない。藝術の伝統のない国アメリカは、ヒトラーとスターリンのおかげで音楽や演劇・映画の伝統をタダで輸入できたのだ。

一九四五年四月二十五日、日本との戦争はまだ続いていたが、ドイツ降伏は時間の問題となっており（ヒトラーの自殺は三十日）、連合国は「国際機構に関する連合国会議」をサンフランシスコで開いた。

戦後処理と国連設立が話し合われるこの会議には、五十カ国が参加していたが、ポーランドからは誰も参加していない。ポーランドには、ロンドンにある亡命政権と、国内にあるソ連が支援していた政権と、「二つの政府」があり、どちらが正統な代表であるかもめていて、代表を送れなかったのだ。

偶然にもこの会議の開催中に、ルービンシュタインはサンフランシスコで演奏会を開くことになっていた。会場には会議に出席している各国代表も来て、各国の国旗も並んでいた。だが、代表のいないポーランドの旗はない。

ステージに出る直前にポーランドの旗のないことを知ったルービンシュタインは憤った。この戦争は、そもそもポーランドが侵攻されたことで始まり、最も多くの国民が犠牲になったのに、なぜその国の旗がないんだ。彼はステージに出ると予定にない曲、ポーランド国歌を大音量で弾いた。聴衆は唖然（あぜん）としたが、国歌の演奏が終わると、全員が立ち上がり、大喝采を贈った。

ドイツへの敵意

アメリカ本土は戦場にならなかったので、ルービンシュタインは戦争中も忙しく全米各地で演奏を続けていた。

戦争が終わる少し前から、ナチスのホロコーストの実態がアメリカでも伝えられていた。ルービンシュタインの一族はポーランドのユダヤ人だったので、ほとんどがホロコーストによって殺されていた。それを知ったルービンシュタインは悲嘆にくれていた。

戦後初のヨーロッパへの帰還は一九四七年だった。ロンドンのロイヤル・アルバート・ホールとパリのシャンゼリゼ劇場で、それぞれ三回の演奏会をした。パリでは、ミュンシュが指揮するパリ音楽院管弦楽団と、毎日一曲ずつ演奏することにもなった。

ロンドン、パリでの成功を皮切りに、ルービンシュタインはヨーロッパにも完全復帰した。年間スケジュールとして、秋はヨーロッパ各地で演奏し、年が明ける頃にアメリカへ戻って演奏し、夏は西海岸のビヴァリーヒルズで過ごすというパターンが確立した。さらに建国されたイスラエルへも毎年のように行くようになった。

ルービンシュタインが戦後初めて、祖国ポーランドへ帰還したのは一九五八年だった。

ポーランドは第二次世界大戦ではドイツとソ連の双方に侵攻され、さらにスロヴァキアとリトアニアもこれに加わり、四カ国に分割占領されていた。国内にはアウシュヴィッツをはじめユダヤ人虐殺のための強制収容所がいくつも設けられた。

戦争が終わり、ポーランドはナチス・ドイツの支配からは脱したが、ポーランドの人びとはまたも自分たちの意思で新体制を作ることはできなかった。ポーランドをドイツから解放したソ連の発言力が強く、亡命政府はソ連と対立していたため新政府になることができず、ソ連主導の政権が誕生した。領土は東部がソ連に併合され、そのかわりにかつてドイツに併合された西部（ドイツ東部）がポーランドに戻ってきたので、全体に西へ移動したかたちになった。以前のように国家が分断される悲劇にはならなかったが、戦後のポーランドはソ連の衛星国となった。事実上、属国である。

そのポーランドに、ルービンシュタインは招かれた。一族の何人かが生きていてワルシャワにいるとの便りもあったので、共産主義国へ行くのは気が重かったが、祖国に帰るのだと割り切って、子供たちを連れて出かけることにした。

ワルシャワは予想以上にきれいに復興していた。ルービンシュタインは甥と姪、そして妻の家族と再会した。フィルハーモニア・ホールで三回演奏し、さらにワルシャワ宮殿内にあるショパン協会でも演奏した。

ルービンシュタインは「この地球上で私が演奏しない場所は二つ——ヒマラヤとドイツ

だ」とよく語っていた。その言葉どおり、ドイツではついに第一次世界大戦後、一度も演奏しなかった。第二次大戦後は、なおさら行けるはずがなかった。

ルービンシュタインはベートーヴェンなどドイツ音楽は弾き続けたが、ナチス政権下で演奏していたドイツの音楽家は赦(ゆる)さなかった。一九四八年十二月に、翌年十月からフルトヴェングラーがシカゴ交響楽団を指揮するというニュースを聞いたルービンシュタインは、シカゴ交響楽団に対し、「フルトヴェングラーに指揮をさせるのであれば、今後二度と共演しない」と通告した。

アメリカ中の音楽家がルービンシュタインに賛同し、同じようにシカゴ交響楽団との共演を拒否したので、同楽団は苦境に立たされた。フルトヴェングラーもこの状況で強行しても、自分にとって得るものは少ないと判断し、シカゴ交響楽団との契約を破棄した。

それだけではない。ルービンシュタインを慕っていたユダヤ人ピアニスト、ダニエル・バレンボイムが、一九六四年にフルトヴェングラー没後十周年記念のベルリンでのコンサートで演奏すると、ルービンシュタインはかなり苛立(いらだ)った。

ルービンシュタインが苛立つ理由は単純だった。「フルトヴェングラーはナチスだ」とそれだけだ。バレンボイムは二人の尊敬する音楽家の間で当惑した。

フルトヴェングラーにすらこういう態度なのだから、ルービンシュタインはナチスだったカラヤンとも絶対に共演などしない。引退直前の一九七五年、彼はカラヤンの妻から、「私の夫はこれまで、やりたいと思ったことのすべてを実現してきましたが、唯一、まだ実現できていないのが、偉大なあなたとの共演です」と言われたが、やんわりと断った。

ルービンシュタインが最大限の妥協をしたのが、一九六三年四月二十日のオランダのナイメーヘンでのリサイタルだった。[*27]

このナイメーヘンというオランダの町はドイツとの国境まで七キロのところにある。そのため、ドイツからも簡単に聴きに来ることができ、放送もされたのでドイツ国内でもオランダに近い地域では聴けた。もちろん、ルービンシュタインがそれを知らないはずはない。彼なりにギリギリの判断をして、この町で演奏したのだ。

リサイタルではベートーヴェンの《熱情》、ショパンのバラード第一番などを弾いた。《熱情》は渾身(こんしん)の演奏だった。どういう想(おも)いで彼は弾いたのだろう。このように素晴らしい曲を生んだドイツが、なぜあのような残虐なことをしたのだとの怒り、あるいは絶望がこもっているようだ。少年時代を過ごしたベルリンへの郷愁を断ち切るように、彼は一心不乱に弾いているようですらある。

ソ連との和解

ルービンシュタインはドイツとは和解しなかったが、ロシア＝ソ連とは一九六四年秋に和解した。

一回の演奏につき二千ドルという、当時のルービンシュタインとしては格安の出演料だったが、ロシアへ行けるのであればと引き受けたのだ。

ルービンシュタインが生まれた時も、そして戦後も祖国ポーランドを支配しているのはロシアだった。多くのポーランド人がロシアの圧政と闘い、命を落とした。第二次世界大戦で最も憎むべきはナチス・ドイツではあったが、ソ連がポーランドを侵略したこともまた事実だった。そして戦後になっても、ロシアのポーランド支配は形式を変えながらもまだ続いていた。ルービンシュタインはロシア＝ソ連にどんな想いを抱いているのだろう。

モスクワでの十月一日の演奏会[*28]はソロのリサイタルでショパンの曲だけを弾いた。いくつかの曲を弾いた後、ホール内が落ち着いたところで、ソナタ第二番が始まった。この曲の第三楽章は葬送行進曲だ。ルービンシュタインはどんな想いで葬送の曲を弾いたのだろうか。この葬送行進曲は、ロシアによって殺されたポーランドの人びとへの鎮魂の音楽だったのか、それとも戦争や革命で死んでいったすべての人への音楽だったのか。

ルービンシュタインの回想では、当日の桟敷席には、当時のソ連共産党第一書記にして首相のフルシチョフの夫人だけがいたという。フルシチョフが失脚したのはルービンシュタインが帰った直後だった。

ルービンシュタインはドイツでは演奏しなかったが、ドイツのオーケストラとは共演した。チューリヒで一九六六年五月二十三日に、クリストフ・フォン・ドホナーニ（一九二九〜）指揮のケルン放送交響楽団とブラームスのピアノ協奏曲第二番を演奏[*29]した。彼にとってドイツとの和解の印だったのか、それでもドイツでは演奏しないという、改めての決意表明であったのかもしれない。

その後もルービンシュタインは八十九歳になる一九七六年まで世界各地で演奏し続けた。一九八二年十二月二十日、ルービンシュタインは九十六歳になる一カ月前にスイスのジュネーヴで亡くなった。一年後、その遺灰は本人の遺志でエルサレムに埋葬された。彼が帰りたかったのは、ポーランドではなかった。ポーランド人であることよりも、ユダヤ人であることを選んだ。

ポーランドには、三人の亡命ピアニストの遺体はない。ショパンの心臓があるのみだ。

ポーランドが民主化されるのは一九八九年のことだった。

第VII章

プラハの春

カレル・アンチェル

Karel Ančerl
Rafael Kubelik
Václav Neumann

「プラハの春」と言えば、政治・社会、あるいは現代史に親しい人ならば、一九六八年のチェコスロヴァキアでの民主的改革運動を思い浮かべるだろうが、クラシック音楽ファンにとっては、毎年五月にプラハで開催される、その名も「プラハの春」音楽祭のことだ。一九四六年に始まり、現在も続いている。開幕は五月十二日ときまっていて、この日はチェコの大作曲家、ベドルジハ・スメタナの命日にあたり、毎年、彼の代表作《我が祖国》で音楽祭は幕開けとなる。

この章ではチェコの歴史において、《我が祖国》がどのように演奏されてきたかを振り返る。何人もの音楽家が登場するが、主人公は《我が祖国》であり、舞台は「プラハの春」である。

チェコの独立とスメタナ

チェコ共和国は一九九二年までは、チェコスロヴァキア共和国、チェコスロヴァキア社会主義共和国、チェコ及びスロヴァキア連邦共和国など、常にスロヴァキアと共にひとつの国家を形成していた。

チェコとスロヴァキアはもともと異なる民族、国だ。そのチェコはさらにボヘミア、モラヴィア、シレジアの三つの地域に分かれる。

チェコスロヴァキアは戦後の冷戦時代はソ連支配下にあったため、東欧諸国のひとつとされていたが、地理的には中部ヨーロッパで、「中欧の十字路」と呼ばれていた。西はドイツ、北はポーランド、東はウクライナ、南はハンガリーとオーストリアに接しているため、さまざまな民族が通過する、交通の要衝にあった。逆に言えば、このボヘミア地域を支配下に置けば、ヨーロッパの交通をコントロールできるわけで、中世から「ボヘミアを征するものはヨーロッパを征す」とまで言われた。ポーランドも似たような境遇にあるが、こういう地理的な条件が悲劇の源となる。

近代国家としてのチェコの歴史は、音楽と共にあったといって過言ではない。政治的・社会的、あるいは経済的な意味での民族独立運動は、チェコ独自の音楽を生み出そうという国民音楽運動と連動していたのだ。

クラシック音楽（西洋音楽）はイタリアを発祥の地とし、ドイツやフランスなどに広がっていった。ロシアやチェコ、ポーランド、そして北欧は、これら音楽先進国と比べると後進国であり、当初はドイツやイタリアの音楽家を招く形で音楽を輸入していたが、十九世紀後半になると、民族独自の音楽を作るべきだとの気運が高まっていく。

その結果、各国で、その民族固有の音楽の確立を目指した藝術（げいじゅつ）運動が勃興した。実は、この「民族固有の音楽」という考えそのものも、ドイツで生まれたものだった。

ヨーロッパ音楽界では十九世紀半ばからロマン主義運動が盛んとなり、ドイツ音楽こそが最高の音楽であるとドイツ人たちは思い込み、そう主張した。その結果、ワーグナーに代表されるように、あまりにもドイツ色を出しすぎたため、普遍的なものとして発展していたクラシック音楽が、ドイツのローカル色の強いものになってしまった。

普遍的なもの、つまりこれが音楽のグローバル・スタンダードだと思っていた他の民族は、ドイツ音楽が純ドイツ化していくにつれ、それならば自分たちも民族独自の音楽を作るべきではないかと考えるようになっていく。

こうして音楽の革新と政治面における、オーストリアやプロイセン（ドイツ）支配からの民族独立という動きとが連動し、十九世紀後半、各国で国民音楽運動が巻き起こったのである。この運動を「国民楽派」とも呼ぶ。

チェコにおいて国民音楽運動の主導的役割を果たしたのが、ベドルジハ・スメタナ（一八二四～八四）である。

スメタナはボヘミアの北部、当時はオーストリア領だったリトミシュルで、ビール醸造業者の家に生まれた。幼い頃から音楽の才能を見出（みいだ）され、六歳で公の場でピアノ演奏をしているが、青年期まで本格的な音楽の専門教育は受けなかった。

一八四八年、ヨーロッパ各地で革命が起きた年、スメタナは二十四歳になっており、プラハで起きた民主化運動に加わった。この運動は鎮圧され、一緒に闘った仲間の何人もが

現在のヨーロッパ地図。チェコとスロヴァキアは中欧の中心に位置する

投獄されたり国外追放となったりしたが、彼は助かった。一八五〇年には、プラハ城で暮らしていた前皇帝フェルディナント一世（一七九三〜一八七五）の宮廷ピアニストとして雇われた。このあたり、スメタナも宮廷もいい加減である。

その後、スメタナはスウェーデンのイェーテボリでピアニスト、合唱指揮者として活躍していたが、作曲も続けていた。

一八五九年にオーストリア帝国は、イタリア統一戦争の「ソルフェリーノの戦い」でフランス帝国とサルディーニャ王国との連合軍に敗れ、弱体化していく。これを受けてチェコ独立の気運も高まり、スメタナはプラハに帰ることを模索する。

そして一八六一年に、ついにスメタナはプラハへ帰還した。

プラハのオペラ上演の歴史は古く、一六七二年にまで遡ることができる。モーツァルトが活躍した十八世紀後半にはかなり盛んだった。しかし、それらはイタリア語オペラ、ドイツ語オペラであり、チェコ語によるチェコ人のためのオペラが作られるようになるのは、十九世紀後半の国民音楽運動の勃興まで待たねばならない。

スメタナがスイスからプラハへ戻ろうとした一八六二年、後に「国民劇場」となる歌劇場が建てられ、上演を始めた。この劇場の名を「仮設劇場」（当座劇場とも訳される）という。当初は歌手もオーケストラの楽団員もアマチュアだった。それまでチェコ語のオペラそのものが存在しないのだから、当然である。

スメタナはこの仮設劇場で働こうとして就職活動をしたが、当時の「前衛」であるワーグナーやリストの影響が強いと、保守派が反対したため、それは実現しない。そこで彼は新しいオペラの作曲に集中した。

それでも一八六六年から七四年まで、スメタナは仮設劇場の指揮者として活躍し、自作のオペラを次々と上演した。この時、オーケストラの一員としてヴィオラを弾いていたのが、後の大作曲家、アントニン・ドヴォルザーク（一八四一〜一九〇四）である。

しかし、一八七四年、スメタナを耳の疾病が襲い、彼は聴覚を失っていく。ベートーヴェンと同じような状況になったのだ。

その失意のなか、スメタナはチェコの歴史と自然を描いた連作交響詩《我が祖国》を一八七四年から七九年にかけて作曲した。この《我が祖国》は《ヴィシェフラド（高い城）》《ヴルタヴァ（モルダウ）》《シャールカ》《ボヘミアの森と草原から》《ターボル》《ブラニーク》の六つの交響詩によって成り立っており、一曲ずつ独立しているが、まとめて聴くとひとつの大きな物語となる。

最初の曲の標題「ヴィシェフラド」は「高い城」という意味で、プラハのヴルタヴァ川河畔にあったボヘミア王の居城がそう呼ばれていた。この城は戦乱で破壊され廃墟となり、その王国の栄枯盛衰を描いている。

「ヴルタヴァ」はチェコを流れる川の名で、日本では「モルダウ」と呼ばれるほうが多い。まさに川の流れを音楽で描いた曲だ。日本ではこの《ヴルタヴァ》が六曲のなかで圧倒的な知名度を持っている。

「シャールカ」はチェコの伝説「乙女戦争」に出てくる勇敢な女性の名で、彼女に由来してプラハの北東の谷の名にもなっている。この曲はシャールカの戦いを描いている。

第四曲《ボヘミアの森と草原から》は標題の通り、ボヘミアの森と草原を描く。ストーリーというより、イメージの積み重ねで、鬱蒼とした深い森、夏の日の喜び、収穫の踊り、祈り、喜びの歌、チェコの国民的舞踊ポルカと続く。

「ターボル」は南ボヘミアの古い町の名で、フス派信徒たちが拠点とし、十五世紀のフス戦争を戦った場所だ。フスはボヘミアにおける宗教改革のリーダーで、教会を堕落していると批判したため破門され、焚刑に処せられた。フスの死後、信徒たちが起こしたのがフス戦争で十八年も続いたが、敗北した。この曲はフス信徒たちの英雄的な戦いを描く。

最後の曲の題となった「ブラニーク」は中央ボヘミアにある山の名で、ここにフス派の戦士たちが眠っている。伝説では、ブラニーク山に眠っている戦士たちは国家が危機に直面した時、復活することになっている。

《我が祖国》はスメタナの代表作であるだけでなく、「国民音楽」というジャンルの代表作でもあり、チェコ音楽の代表作でもある。

スメタナによって、チェコの国民音楽は確立されたのである。

もちろん、チェコ、つまりボヘミアやモラヴィアには、ずっと以前から音楽は存在した。それは世界のどこでも同じで、農民の労働歌や収穫の祭の音楽など、さまざまな音楽がチェコにもあった。クラシック音楽でいうチェコ音楽とは、そういう民俗音楽を、クラシック音楽の技法で再構築した音楽である。

チェコ・フィルハーモニー

チェコの国民音楽が誕生するのと並走するように、プラハには劇場やオーケストラも整備されていく。

「仮設劇場」が、モルダウ川のほとりに「国民劇場」として開場するのは一八八一年六月十一日のことで、開場公演の演目はスメタナのオペラ《リブシェ》の初演だった。ところが開場して二カ月の八月十二日に火災に遭い、焼け落ちてしまう。再び資金集めがなされ、八三年に再建され、またも《リブシェ》が柿落とし演目となった。

スメタナは国民劇場の落成を見届けると、一八八四年五月十二日に亡くなった。

スメタナはオペラや交響詩の作曲だけでなく、指揮者としても功績を遺した。世界有数のシンフォニー・オーケストラとしての名声を誇る、チェコ・フィルハーモニーの結成にも彼は関与している。

まだ国民劇場ができる前の一八六九年、仮設劇場でのオペラ公演とは別に、スメタナが指揮して仮設国民劇場管弦楽団のコンサートが開催された。これがチェコでの最初の交響楽の定期演奏会で、この時点で「フィルハーモニー・コンサート」と銘打たれた。これがチェコ・フィルハーモニーの「前史」の始まりである。一八七一年からは他の歌劇場のオーケストラのメンバーと合同で演奏するようになり、七三年から定期演奏会の名称は「フィルハーモニー」と単純なものになった。

ウィーン国立歌劇場のオーケストラのメンバーが、そのプライベートな時間に集まってコンサートを開いたりレコーディングをする時にはウィーン・フィルハーモニーという名称になるのと同じように、チェコの歌劇場のオーケストラも、自主公演をしていたのだ。

国民劇場もでき、チェコ音楽も確立されていくのと連動して、チェコでの民族運動も盛り上がっていった。

一八七九年から、オーストリア＝ハンガリー帝国首相だったエドゥアルト・ターフェ（一八三三～九五）はチェコ人に理解を示していたため、ドイツ人（オーストリアを含めた、広義の「ドイツ人」のこと）からは反感を持たれていた。そのため、一八六八年からの最初の内閣は七〇年に辞職に追い込まれたくらいだ。その後、帝国内のさまざまな政治勢力の盛衰があって、七九年に再びターフェが首相となった。

帝国議会内のチェコ系議員たちは、政権のチェコに対する姿勢を批判して議会をボイコットしていたが、ターフェの首相再任を歓迎し、議会に復帰した。ターフェもそれに応えるように、チェコ系の政党の主張を聞き入れる政策をとり、たとえば、一八八〇年にはボヘミア地方においてはチェコ語も公用語として認めることになった。

しかしこうした政策にドイツ人は反発した。一方でチェコの民族運動は勢いづき、ますます先鋭化していった。他にもさまざまな問題を抱え、選挙権の拡大を求める運動も激化し、ついにターフェ内閣は立ち行かなくなり、一八九三年十一月に総辞職した。

この危機的状況のなか、国民劇場のオーケストラは、経済基盤の確立を求めて、一八九四年一月一日にストライキに突入した。この時、新組織としてのチェコ・フィルハーモニー協会が設立された。設立趣旨としては、メンバーの老後の生活保障や遺族の援護といった福祉制度の確立と、年に最低四回の交響楽の演奏会を開催することなどが盛り込まれていた。こうして設立されたチェコ・フィルハーモニーとしての第一回のコンサートが開催されたのが、一八九六年一月四日だった。プログラムのすべてがドヴォルザーク作品で、交響曲第九番《新世界より》などが、ドヴォルザーク自身の指揮で演奏された。この九六年を、現在のチェコ・フィルは創立の年としている。

五年後の一九〇一年、オーケストラのメンバーは再びストライキを起こした。国民劇場の経営サイドは強硬で交渉は決裂し、団員たちは解雇の道を選ぶこととなった。こうしてこの年の十月からフィルハーモニー協会のメンバーは歌劇場を離れ、シンフォニー・コンサート専門のオーケストラとして再出発した。もはや歌劇場の一員ではないので、自由と引き換えに、すべて自分たちで稼がなければならなくなったのである。

チェコが国家として独立するよりも先に、チェコ・フィルハーモニーは独立したとも言える。

チェコ独立と首席指揮者ターリヒ

最初に音楽が生まれ、劇場とオーケストラがそれに続き、一九一八年、第一次世界大戦でのオーストリア゠ハンガリー帝国の敗北によって、ようやくチェコはオーストリアから、スロヴァキアはハンガリーからの独立を果たし、二〇年に両国はひとつの国、チェコスロヴァキア共和国（第一共和国）となった。現在のチェコ共和国の領土にあたるボヘミア、モラヴィアと、当時ハンガリーの一部だったスロヴァキアが、ひとつの国家チェコスロヴァキアとして建国されたのだ。反ハプスブルクで一致したチェコとスロヴァキアの人びとは共闘して独立を求めたので、その流れでひとつの国となったが、この時、それぞれ別の国家となっていれば、その後の世界史はだいぶ変わっていたはずだ。

チェコスロヴァキアの建国は二つの国が合併したのと同じで、それも対等合併ではなく、チェコ優位の合併だった。これはチェコ人にとっては民族独立の悲願達成だったが、スロヴァキア人にしてみると、支配者がハンガリーからチェコに替わっただけという見方もできた。当然のように、建国当初からチェコ人とスロヴァキア人の対立が始まる。そして「敵の敵は味方」という法則により、スロヴァキア人は心情的に親ドイツとなる。

このチェコとスロヴァキアの微妙な関係が、以後の歴史を動かしていく。

悲願の独立の翌年の一九一九年、チェコ・フィルハーモニーはヴァーツラフ・ターリヒ（一八八三〜一九六一）を首席指揮者に迎えた。

ターリヒ（チェコ語での読み方だと「タリフ」となり、「ターリヒ」はドイツ語読みだが、日本ではターリヒで知られているのでそれに従う）は、一八八三年にモラヴィアで生まれた。父はヴァイオリニストで作曲家でもあり、その影響で幼い頃からヴァイオリンを学び、十歳にしてオーケストラで演奏していたという。プラハ音楽院で学んだ後、ベルリン・フィルハーモニーに入りコンサートマスターとなったが、当時の首席指揮者であるアルトゥール・ニキシュ（一八五五〜一九二二）に憧れ、指揮者へ転身した。

オデッサやスロヴェニアのリュブリャナなどのオーケストラで指揮者としてのキャリアを磨いた後、ターリヒは、一九〇八年に初めてチェコ・フィルハーモニーを指揮し、一九一九年、三十六歳にしてこのオーケストラの首席指揮者となったのだ。

独立一周年を記念しての演奏会では、ターリヒとチェコ・フィルハーモニーは、もちろん《我が祖国》を演奏した。以後、ターリヒは一九四一年までこのポストにあり、チェコ・フィルハーモニーの最初の黄金時代を築いた。

ターリヒが首席指揮者となって十年目の一九二九年九月、チェコ・フィルハーモニーは、スメタナの《我が祖国》全曲を録音した。[*30]これはこの曲の世界初録音で、イギリスのレコード会社HMVが、スタッフをプラハにまで派遣して録音したものだった。

この時期のチェコスロヴァキア共和国は、マサリク大統領のもと、西欧型立憲民主主義国家としての道を歩み、民主的な選挙による議会制度も確立されていた。工業化も進み、経済も順調だった。

しかし、この一九二九年十月、ニューヨーク株式市場での大暴落に始まる世界大恐慌により、輸出に依存していたチェコスロヴァキア経済は打撃を受けた。《我が祖国》の録音は九月だったからよかったが、もし数カ月後だったら実現していなかったかもしれない。

大恐慌により世界経済は混乱し、チェコも一時は失業率も高かったが、一九三四年までには経済は回復した。

チェコ音楽界の第一人者は依然としてターリヒだったが、その次の世代も成長していた。たとえば、カレル・アンチェル（一九〇八～七三）である。

アンチェルは一九〇八年にボヘミアでユダヤ系の父、スロヴァキア人の母の間に生まれた。ユダヤ系にしろスロヴァキア人にしろ、チェコで出世するにはあまりいい条件ではない。

アンチェルは一九二五年からプラハ音楽院で作曲を学び、同時にターリヒに指揮を学んだ。一九三〇年にチェコ・フィルハーモニーの演奏会にデビューし、自作を指揮し（彼は作曲家でもあった）、順調にスタートを切り、一九三三年にはプラハ交響楽団の音楽監督に就任した。

隣国ドイツは、第一次世界大戦敗北による巨額の賠償金にあえぎ、不況から脱することができないでいた。

そこに一九三三年、ヒトラー政権が誕生した。隣国のことではあるが、この独裁政権の登場が、チェコスロヴァキアの音楽家たちの運命も大きく揺るがすのだった。

一九三四年、プラハの聴衆の前にアンチェルよりもさらに若い指揮者が現れた。ラファエル・クーベリック（一九一四～九六）である。この年、二十歳になる青年だった。

クーベリックは一九一四年にボヘミアで生まれた。父親は名ヴァイオリニストとして知

ラファエル・クーベリック

られていたヤン・クーベリック（一八八〇～一九四〇）である。一八八〇年生まれの父ヤンは、技巧が絶賛されたヴァイオリニストで、ヨーロッパ各地はもちろん、アメリカにも演奏旅行に出かけ、大人気を博し、一九〇二年のアメリカ・ツアーでは十六万ドルを稼いだ。百年前の十六万ドルだから、現在の数千万ドルであろう。帰国後、城を買えたほどだった。ヤンは四〇年に亡くなる。

息子のラファエル・クーベリックはプラハ音楽院で作曲と指揮、そしてヴァイオリンを学んだ。指揮者になろうと決意したのは、フルトヴェングラーの演奏を聴いて感銘を受けたからとされる。

音楽院を卒業した一九三四年、クーベリックはいきなりチェコ・フィルハーモニーにデビューした。当人に才能があったことはその後のキャリアが実証しているが、親の七光りもあったであろう。クーベリックは二年後にはチェコ・フィルハーモニーの常任指揮者となり、さらに、一九三九年にはブルノの国立歌劇場音楽監督に就任するなど、順調にキャリアを積んでいった。

平和の終わり

チェコスロヴァキアの平和は二十年あまりで終わった。

かつて、チェコ人はドイツ人（オーストリア帝国）の支配下に置かれ苦しんでいたが、今度はチェコスロヴァキア西部のズデーテン地方のドイツ人が独立を求めていた。この地域は、オーストリア゠ハンガリー帝国の領土だったが、第一次世界大戦後の枠組みを決めるヴェルサイユ条約などで、チェコスロヴァキアの領土になっていた。ズデーテンは工業地帯として発展し、ドイツ人も多く住んでいた。ドイツ人としては、もともとは自分たちの領土だという意識がある。チェコ人としては、そのもっと前は自分たちの領土だった、オーストリア帝国のものになっていたのを奪還したのだという意識だ。

　一九三八年三月にオーストリアを併合したヒトラーは、次の目標として、ズデーテン地方の奪還を決めていた。有数の工業地帯を手に入れれば経済的にもドイツのためになるし、国内のナショナリズムを煽(あお)る意味からも、ズデーテン地方の奪還は必要だった。

　一九三八年九月、ミュンヘンにドイツ、フランス、イギリス、イタリアの四カ国の首脳が集まり、会議が開かれた。ヒトラーはズデーテン地方のドイツ帰属を認めるよう三国に求めた。英仏両国は、ドイツがこれ以上の領土要求をしないと約束するのを条件に、これを呑(の)んだ。両国としては自分の領土が減るわけではないので、容認したのだ。

　この会議には、しかし、当事者であるチェコスロヴァキアは加わっていない。大国同士が集まり、勝手に決めたのである。英仏としては、ズデーテンを与えればヒトラーもおとなしくするだろうとの読みだったのかもしれないが、これは裏目に出た。

　ミュンヘン協定により、十月にドイツ軍はズデーテン地方に侵攻し、チェコ人は出て行かなければならなくなった。事態はそれでは終わらない。

チェコスロヴァキア内では、スロヴァキアが独立を求めていたので、ヒトラーはそれも利用した。ミュンヘン協定によりスロヴァキアの自治権が認められ、これまでのチェコスロヴァキア共和国から連邦制のチェコ＝スロヴァキア共和国（第二共和国）となった。この「＝」があるかないかが重要な点だった。一方、ハンガリーの領土問題では、ハンガリーの要求で南スロヴァキアを割譲することになってしまい、これにスロヴァキアが反発した。

翌一九三九年三月、スロヴァキア共和国はヒトラーにそそのかされるように独立し、ドイツの属国となった。一方、残されたチェコは、ドイツに併合され「ベーメン・メーレン保護領」（「ボヘミア」「モラヴィア」のドイツ語読み）となってしまったのだ。

チェコの政府高官と政治家の一部はロンドンへ亡命政権を作ったが、多くの国民はチェコ内に留(とど)まり、ナチス・ドイツの支配下で生きていかなければならない。

ドイツ占領下の《我が祖国》

かくしてチェコ＝スロヴァキア共和国は消滅した。

その二カ月後の一九三九年五月二日から二十五日にかけて、プラハの国民劇場では「プラハ　音楽の五月」と銘打たれた音楽祭が開催され、スメタナ、ドヴォルザーク、ヨセフ・スーク（一八七四〜一九三五）といったチェコの作曲家の作品が、連日にわたり演奏された。これら三人は偶然にもみな五月に亡くなっていたのだ（スメタナが十二日、ドヴォルザークが一日、スークが二十九日）。

音楽祭を企画し実現したのは、当時、チェコ・フィルハーモニー首席指揮者にして、プラハ国民劇場音楽監督でもあったターリヒだった。ベーメン・メーレン保護領となったチェコを統治する総督には、ドイツから派遣されたノイラート男爵（一八七三～一九五六）が就いており、ターリヒはノイラートと交渉し、音楽祭開催を実現した。

この音楽祭では、前述の三人のチェコの作曲家の作品以外にも、モーツァルトの《魔笛》やベートーヴェンの「第九」も演奏された。

音楽祭はチェコ全土にラジオ放送されたというが、これは録音が遺っていない。しかし、あまりにも好評だったので、六月に入り追加公演がなされた。[*31]

両日とも指揮はターリヒ、オーケストラはチェコ・フィルハーモニーとラジオジャーナル管弦楽団（チェコ放送管弦楽団）、会場はチェコの国民音楽運動の象徴ともいうべきプラハ国民劇場だった。曲は《我が祖国》である。

ドイツの占領下に、チェコ民族の歴史を描いた音楽が演奏されたのだ。ターリヒとオーケストラはどのような思いで演奏し、チェコの人びとはどのような思いで聴いたのであろう。

《我が祖国》が終わると、熱狂的な拍手喝采となった。国家は主権を失ったが、国民音楽は不滅なのだ。その拍手のなかからやがて自然発生的にチェコの国歌が聞こえてくる。そして、その歌声は劇場全体に広がっていった。国歌が終わると、さらにすさまじい歓声となり、拍手はいつまでも終わらない。

ナチスには、チェコ人が国歌を歌うのを止めることはできなかった。

だが、なかには音楽活動ができなくなる者もいた。カレル・アンチェルである。

アンチェルは一九三三年にプラハ交響楽団の音楽監督に就任し、この年齢の指揮者としては順調にキャリアを積んでいたが、ユダヤ系だったためこのポストから追放された。

それだけではない。一九四二年十一月、アンチェルは家族全員と共にテレジンの強制収容所に送られた。さらに、四四年十月にはアウシュヴィッツへと移送される。

アンチェルは音楽家生命どころか、命そのものが危機に瀕していた。

一方、クーベリックは一九四二年、二十七歳の若さで、チェコ・フィルハーモニーの首席指揮者に就任した。ターリヒが国民劇場の仕事に専念するため禅譲したのである。

ナチス・ドイツに占領されながらも、チェコではチェコの音楽家が踏み止まり、チェコの音楽を奏でていた。

「プラハの春」音楽祭の始まり

一九四五年五月、ナチス・ドイツは降伏し、ヨーロッパの戦争は終わった。

しかし、チェコの苦難は続く。チェコを解放したのはソ連軍だったので、チェコとスロヴァキアの戦後処理における発言権はソ連が握った。

亡命政権としてロンドンに存在していたチェコスロヴァキア共和国政府の大統領はエドヴァルド・ベネシェ（一八八四〜一九四八）で、彼はソ連の指導下にある共産党と連立を組むことで、戦後の新体制を始めようとした。一九四五年五月、解体していたチェコ＝スロヴァキア共和国が復活し（第三共和国）、ベネシェが大統領に就任した。この時点でベネシェは、チェコスロヴァキアを「東西の架け橋」としようと目論んでいた。だが、事態はそうは甘くなかった。

ドイツでフルトヴェングラーやカラヤンたちが非ナチ化のためにナチス時代の言動が問われたように、占領下のチェコでの音楽家たちの活動も、少なからず責任が問われたのは、当然の成り行きだった。

プラハで活動していたターリヒとクーベリックが積極的にナチスに協力し、その罪に加担したとは言えない。しかし、それなりのポジションにいたターリヒは占領下での言動が糾弾され、国民劇場音楽監督を解任されてしまった。以後もターリヒはプラハでの活動は控え目なものに限られ、彼が育てたチェコ・フィルハーモニーの指揮台にも、限られた回数しか立てなくなる。

一九四五年十月二十二日は、チェコ・フィルハーモニー管弦楽団にとって、第二の創立とも言える日となった。かつて国民劇場を解雇された音楽家たちのオーケストラは、この日、国立のオーケストラになった。その六日後、チェコスロヴァキアの全銀行と主要産業の国有化、そして農地改革が断行された。

ユダヤ人だったためアウシュヴィッツ強制収容所に入れられていた指揮者カレル・アンチェルは、奇蹟の生還を果たした。だが、別の収容所に入れられていた家族は全員殺されていた。

アンチェルは新しい歌劇場で指揮することになった。現在のプラハ国立歌劇場につながる劇場で、当時は「五月五日のグランドオペラ」という名称だった。新ドイツ劇場の建物を使って公演されていた組織で、一九四八年には国民劇場に併合されてしまうが、それまではアンチェルによる意欲的な上演が行なわれていた。

一九四六年は、チェコ・フィルハーモニーの創立からちょうど五十年目だった。

そこで、首席指揮者のクーベリックはこれを祝福するための音楽祭を考え、スメタナの命日の前夜である五月十一日に開幕することになった。一九三九年にターリヒが開催した「プラハ　音楽の五月」のことが念頭にあったはずだ。あの時は、国家を喪ったチェコのための音楽祭だったが、今度は、国家を取り戻したチェコのための音楽祭だ。

これが、いまも続く「プラハの春」音楽祭である。

一九四六年はクーベリックから各国政府に出演依頼が出された。

ソ連からは作曲家のショスタコーヴィチと指揮者のムラヴィンスキー、ヴァイオリニストのダヴィッド・オイストラフ（一九〇八～七四）とピアニストのレフ・オボーリン（一九〇七～七四）が参加した。イギリスからは指揮者のエイドリアン・ボールト（一八八九～一九八三）、フランスからはシャルル・ミュンシュ（一八九一～一九六八）とヴァイオリニストのジネット・ヌヴー（一九一九～四九）が来た。

アメリカは国務省が窓口となり、指揮者・作曲家のレナード・バーンスタイン（一九一八～九〇）、作曲家のサミュエル・バーバー（一九一〇～八一）とピアニストのユージン・リスト（一九一八～八五）も選ばれた。ピアニストのリストは、一九四五年の米英ソの首脳が戦後処理を決めたポツダム会議のレセプションで演奏したことでも知られる。バーンスタインはこの時がヨーロッパ・デビューだった。

音楽祭は五月十一日から六月三日まで開催された。各国からは指揮者しか来ていないので、オーケストラはすべてチェコ・フィルハーモニーだった。

現在の音楽祭ではスメタナの命日にあたる十二日に《我が祖国》が演奏されて開幕となるが、この年は前日の十一日にドヴォルザークの交響曲第七番で開幕し、二日目（十二日）に《我が祖国》だった。どちらもクーベリック指揮チェコ・フィルハーモニーによる演奏だ。

クーベリックは十九日にもドヴォルザークの交響曲第八番[*32]を演奏した。

十五日はバーンスタインがチェコ・フィルハーモニーを指揮して、アメリカの同時代の音楽家の曲を演奏した。ウィリアム・シューマンの《アメリカ祝典序曲》、サミュエル・バーバーの《エッセイ》第二番、ジョージ・ガーシュウィンの《ラプソディ・イン・ブルー》（ピアノはユージン・リスト）、ロイ・ハリスの交響曲第三番、アーロン・コープランドの《エル・サロン・メヒコ》である。翌十六日も四つは同じ曲だったが、ガーシュウィンの曲に替わり、自作の《エレミア》を演奏した。

二十三日と二十四日はボールトが、ウィリアム・ウォルトン、ベンジャミン・ブリテン、ジョン・アイアランド、レイフ・ヴォーン＝ウィリアムズなどイギリスの作曲家の作品を演奏し、二十七日と二十八日はミュンシュが、ボフスラフ・マルティヌー、エルネスト・ショーソン、モーリス・ラヴェル、アルテュール・オネゲルらフランスの作曲家の作品を演奏した。マルティヌーはチェコ出身だがパリにいたこともあり、フランス近代音楽の薫陶を受けた作曲家だ。

五月三十一日はムラヴィンスキーが指揮し、プロコフィエフの《ロミオとジュリエット》第二組曲と、オイストラフの独奏でチャイコフスキーのヴァイオリン協奏曲、そしてショスタコーヴィチの交響曲第五番を指揮した。翌六月一日は、プロコフィエフとショスタコーヴィチは同じで、協奏曲がチャイコフスキーではなく、オボーリンの独奏でハチャトゥリャーンの協奏曲だった。

六月二日はオイストラフとオボーリンが、ベートーヴェンのヴァイオリン・ソナタや、ムソルグスキー、プロコフィエフ、タネーエフといったロシアの作曲家の曲を演奏した。

このように、米英仏ソ四カ国の指揮者たちはチェコ・フィルハーモニーを指揮して、自国の音楽を披露した。そこにはドイツの音楽家の姿はなかった。チェコの人びとには、故国を蹂躙したドイツ人を迎え入れることはまだできない。それにナチス政権下でドイツで演奏していた音楽家たち――フルトヴェングラーやベーム、クナッパーツブッシュ、カラヤンその他――は非ナチ化審理の只中にあり、公の場では演奏できない状況にあった。

音楽祭開催中の五月二十六日の総選挙では共産党が過半数は取れなかったが第一党になり、共産党のゴットワルト（一八九六～一九五三）を首班とする内閣が成立した。ゴットワルトとベネシュ大統領とは、やがて対立していく。

一九四八年二月、内閣が共産党主導になっていくことに抗議し、非共産主義政党の閣僚がベネシュ大統領に辞表を提出した。共産党はこれを機にプラハでデモを展開し、その一方で内閣を共産党とその同調者で独占し、政府の実権を完全に握った。これを「二月事件」というが、共産党からみれば、「二月革命」だった。

ベネシュ大統領は六月までは持ちこたえたが、ついに辞任に追い込まれ、六月にゴットワルトが大統領に就任した。共産党側からみれば勝利の革命であった。ベネシュは九月には病死してしまう。

この政変の時、クーベリックは、たまたまイギリスのエディンバラ音楽祭に出演することになっていたので、家族とともに渡英しており、そのまま亡命してしまった。彼には、共産党政権のもとで指揮する気はなかったのだ。ナチス時代を経験して、もう全体主義はこりごりだという思いがあったからだった。

以後、クーベリックは西側各国のオーケストラと歌劇場で指揮者として活躍し、世界的名声を得た。

チェコ・フィルハーモニーはクーベリックに指揮して欲しいと招聘したこともあったが、彼は「チェコスロヴァキアのすべての人びとが自分と同じように自由に外国に行けるようになり、すべての政治犯が釈放されるまでは、帰らない」との公開書簡を出し、帰国にあたって条件を突きつけた。共産党政権が、ひとりの指揮者のためにそんな政策転換をするはずがなかった。

首席指揮者を失ったチェコ・フィルハーモニーは、二十八歳になるヴァーツラフ・ノイマン（一九二〇〜九五）を後任の指揮者とした。

ノイマンは一九二〇年にプラハで生まれ、プラハ音楽院で指揮とヴィオラを学んだ。指揮ではターリヒに師事した。ノイマンはヴィオラ奏者として一九四五年にチェコ・フィル

ヴァーツラフ・ノイマン

ハーモニーに入団していたが、四七年にクーベリックが急病になった際に代役として指揮者デビューしていた。

国民的英雄であるヤン・クーベリックの息子でもあるラファエル・クーベリックは実力もスター性もある指揮者だった。チェコ・フィルハーモニーとしては、後任には「若さ」を売り物にするしかないと判断したが、同時にその「若さ」が不安でもあったので、職人的ベテラン指揮者カレル・シェイナ（一八九六〜一九八二）との二頭体制をとった。

しかしツートップ体制はどんな組織でもうまくいかない。両者間に確執があったのか混乱したので、一九五〇年にノイマンは辞任した。

そして後任には、プラハ交響楽団の首席指揮者となっていたカレル・アンチェルが就任することになった。アンチェルはこの決定に、「我が人生の最大の驚き」とコメントした。シェイナはアンチェルを支え、チェコ・フィルハーモニーはかつてのターリヒ時代に次ぐ第二の黄金時代を迎えた。

ターリヒはどうしたのであろうか。失脚し、プラハでの活動ができなくなると、彼は一九四九年にブラティスラヴァに引っ越し、スロヴァキア・フィルハーモニーの首席指揮者に就任した。しかし、一九五二年にはプラハに戻り、プラハ交響楽団の指揮者を務め、チェコ・フィルハーモニーにも客演していた。ターリヒとアンチェルの師弟関係は続いていたのだ。しかし、ターリヒは年齢の問題もあり、一九五四年に引退した。亡くなるのは一九六一年である。

一九六八年

一九五三年三月、スターリンが死んだ。

チェコスロヴァキア共産党第一書記ゴットワルトは、スターリンの葬儀から帰国した直後に亡くなった。まるで殉死のようなタイミングだ。後任の第一書記に就いたのがアントニーン・ノヴォトニー（一九〇四～七五）で、五七年には大統領も兼任し、党と政府の全権を握っていった。

総本山たるソ連ではスターリンの死後、フルシチョフによるスターリン批判、雪どけ政策、緊張緩和と続いていた。

ノヴォトニー政権のもと、チェコスロヴァキアでは一九六〇年には新しい憲法が発布され、国名はチェコスロヴァキア社会主義共和国となった。社会主義国として順調に発展しているように見えた。

しかしノヴォトニー政権は、スロヴァキアに対する政策でスロヴァキア共産党の反発を受け、さらに文化人たちからの共産党体制そのものへの批判も強まり、権力基盤が脆弱(ぜいじゃく)化(か)していった。後ろ楯(だて)に求めたのは当然のことながらソ連なのだが、ブレジネフ書記長は冷淡な態度をとった。

一九六八年一月のチェコスロヴァキア共産党中央委員会において、ノヴォトニーは退任し、スロヴァキア共産党第一書記のアレクサンデル・ドゥプチェク（一九二一～九二）が第一書記に就任した。このトップの交代劇は、自由と民主主義の問題もさることながら、チェコスロヴァキア内のチェコとスロヴァキアの対立も背景としてあった。

ドゥプチェクは社会主義者だったが、政権を維持するには自由と民主主義が必要だと考えていた。彼はまず検閲を廃止した。これによって、メディアにおける政府批判が解禁された。批判の矛先はノヴォトニー体制に向けられ、三月には大統領辞任に追い込まれた。後任の大統領は、第二次大戦中の英雄であったルドヴィーク・スヴォボダ（一八九五～一九七九）である。

チェコスロヴァキア共産党は、四月には「新しい社会主義モデル」を提起し、言論や藝術活動の自由、党への権限の一元的集中の是正などを政策として盛り込んだ。社会主義体制は維持しつつ、社会の自由化を試みたわけである。この政策は「人間の顔をした社会主義」とも呼ばれた。逆にいえば、それまでがいかに非人間的であったかということだ。

共産党指導による上からの民主化運動の側面もあったが、文化人や学生たちも決起していた。

この民主化運動はいつしか、「プラハの春」と呼ばれ、その名で歴史に刻まれている。

五月十二日、この年も「プラハの春」音楽祭はスメタナの《我が祖国》で開幕した。[*33]

演奏するのは、もちろんカレル・アンチェルが指揮するチェコ・フィルハーモニーだ。オーストリア帝国、ナチス・ドイツ、ソ連と、常に大国の支配下にあったこの国に、ようやく自由がやってきたのだ。《我が祖国》は、そんな思いで演奏され、聴く人びとはその思いを共有した。

世界は、プラハに注目した。本当に「人間の顔をした社会主義」など可能なのだろうか。クレムリンはどこまで許容するのか。

ソ連共産党と他の東欧諸国の権力者たちは、チェコスロヴァキアの民主化を苦々しく思っていた。自分の国に波及したら困るからだ。クレムリンは水面下でチェコスロヴァキアを恫喝(どうかつ)し脅迫した。しかし、ドゥプチェクは圧力に屈せず、民主化の動きは止まりそうもない。

ついにクレムリンは決断した。八月二十日、ソ連軍率いるワルシャワ条約機構軍がチェコスロヴァキア全土に侵攻したのだ。プラハは占領され、ドゥプチェクたち幹部は拘禁され、ここにチェコスロヴァキアの上からの民主化運動は挫折に終わった。反政府活動家たちは逮捕、投獄された。

ドゥプチェクに代わって、チェコスロヴァキア共産党の実権を握るのが、グスターフ・フサーク（一九一三〜九一）だった。一九四八年の共産党政権樹立の貢献者のひとりだったが、失脚していた。それがこの六八年の改革で復権し、副首相にまでなっていた。つまり、改革派と思われていたところ八月のソ連軍の介入であっさりとソ連側につき（あるいは、それ以前からソ連側と密通していたとも考えられる）、六九年四月にはドゥプチェクに代わって、党第一書記に就任する。

このように、一度失脚した経験があり、さらにまた「転向」した人は、忠誠心を示すために必要以上に極端に走る。フサークは、「プラハの春」以前よりも激しく改革勢力や反体制派を弾圧した。その流れのなかで逮捕された文化人のひとりが、劇作家のヴァーツラフ・ハヴェル（一九三六～二〇一一）だった。

このソ連による軍事介入が起きた時、アンチェルは単身でアメリカにいた。クリーヴランド管弦楽団やボストン交響楽団に客演するためだった。悩んだ末、彼は亡命を選択した。チェコスロヴァキアの新政権を認めるわけにはいかなかった。これにより、チェコ・フィルハーモニーはまたも首席指揮者を失った。

アンチェル亡命を受け、チェコ・フィルハーモニーに戻って来たのがノイマンだった。ノイマンはチェコ・フィルハーモニーを辞めた後、一九五七年から六四年までは東ベルリン、六四年からはライプツィヒで活躍していた。その一方、六三年からはチェコ・フィルハーモニーのコンサートにも復帰しており、アンチェルの補佐役を務めていた。アンチェルの後任としてノイマンが就くことに、支障はなかった。

アンチェルが亡命したのは、愛国心からだった。国がソ連に蹂躙されるのが耐えられなかったのだ。そして、ノイマンが東ドイツからチェコに戻ったのも愛国心からだった。そして、反東ドイツ感情からでもあった。チェコに侵入したのはソ連軍だけでなく、東ドイツの軍隊もワルシャワ条約機構軍の一員として侵攻した。故国チェコを侵攻した東ドイツになどいられるか、というのがノイマンの思いだった。そして、故国とそのオーケストラの危機を救うために、ノイマンはチェコ・フィルハーモニーの首席指揮者に就任した。

去った者、復帰した者、ともに愛国者なのである。誰もが持つ「故郷への愛」を、一部の国家主義的政治家は「国家体制への忠誠」と同一視する論理を展開する。その論理でいけば、アンチェルやクーベリックは非国民となり、ノイマンは忠誠心のある社会主義者となるのだろう。だが、どちらもそうではない。

ノイマンは、その後は一九七〇年から七三年にはシュトゥットガルト州立歌劇場音楽監督を兼務した以外は、チェコ・フィルハーモニー一筋の活動を続けた。シュトゥットガルトは西ドイツであり、チェコを侵攻していないので、彼にとっては容認できたのだろう。客演としては、ベルリン・フィルハーモニーやミュンヘン・フィルハーモニーなど西側のオーケストラにも客演し、日本でもＮＨＫ交響楽団や東京フィルハーモニーを指揮した。しかし東ドイツへは行かなかった。それほど、東ドイツへの怒りは強い。

ノイマンはチェコに自由が来る日を信じ、チェコ・フィルハーモニーと「プラハの春」音楽祭を守っていく。

民主化運動が弾圧された翌年、一九六九年の「プラハの春」音楽祭のためにカレル・アンチェルは祖国へ帰り、二つのコンサートを指揮したが、これがチェコでの最後の演奏となった。この時点では、チェコスロヴァキアの国境は緩く、アンチェルの入国と出国が可能だった。その後、アンチェルはカナダのトロント交響楽団の指揮者となって活躍するが、七三年七月に亡くなった。

この一九六九年の「プラハの春」には、カラヤンが指揮するベルリン・フィルハーモニーも参加している。カラヤンにとって、この音楽祭への出演は六六年以来、二度目だった。チェコスロヴァキアの新政権としては、自由な国であることを世界へアピールする必要があり、西側を代表する音楽家としてカラヤンとベルリン・フィルハーモニーの出演を求めたのであろう。ベルリン・フィルハーモニーは四月二十七日にベルリンで演奏した後、長い演奏旅行に出た。ドイツ国内をまわった後、二十五日と二十六日にプラハで演奏し、その後ソ連へ入り、モスクワとレニングラード、それからロンドン、パリという日程だ。モスクワではショスタコーヴィチ臨席のもと、この作曲家の交響曲第十番を演奏した。プラハにだけ行ったわけではなく、ソ連行きとのつながりではあろうが、カラヤンのこの時期のプラハ訪問は、チェコスロヴァキアとソ連に恩を売ることになったはずだ。

一九八九年、ビロード革命

ソ連の後ろ楯を得たフサークは一九七五年に大統領にも就任し、権力基盤を強化させた。秘密警察を駆使した強権的手法で反対派を弾圧していったので、表面上は安定していたが、国民の不満は鬱積していた。

一九八五年、ソ連にゴルバチョフ政権が登場し、グラスノスチ（情報公開）とペレストロイカ（建て直し）政策を打ち出すと、東欧諸国も大きく揺らいだ。共産党による独裁政権はどこの国でも制度疲労を起こし、経済はうまくいかず、国民の不満は爆発寸前だった。

一九八九年秋、ハンガリー、ポーランド、そして東ドイツで共産党支配体制が崩壊していった。十一月九日にはベルリンの壁が崩壊した。次はチェコだった。

十一月十七日、プラハでは学生によるデモが行なわれ、一万五千人が参加した。夜には大学と国立劇場の俳優たちがストライキに突入した。

ストライキは広がっていく。十九日には各地の国立劇場がストライキに入り、藝術文化同盟もこれに参加した。ノイマン率いるチェコ・フィルハーモニーも合流する。一方、反体制運動家たちは、ハヴェルを中心に市民フォーラムを結成した。二十日にはプラハでのデモは十万人規模にふくれあがった。

二十一日、ついにアダメッツ首相（一九二六〜二〇〇七）は市民フォーラムとの公式な交渉に応じ、公権力が市民に対し暴力を行使しないと約束した。政府は世論に包囲されていく。

市民フォーラムは二十七日にゼネストをすることを国民に呼びかけた。

民主化を求める運動に参加していたチェコ・フィルハーモニーは、十一月十七日から四週間にわたり、昼間はスメタナ・ホールに集まり、学生のために演奏した。この無料コンサートでは、スメタナの《我が祖国》が何度も演奏された。そして夜には正式な有料のコンサートが開かれた。音楽家たちは彼らにできることで、運動に参加した。

二十七日、実に全国民の七十五パーセントが参加したゼネストが決行され、政府は国家検閲の廃止を決定し発表した。二十八日には複数政党制の導入も決まった。民衆の勝利だった。この無血革命はビロード革命と呼ばれることになる。

十二月に行なわれた選挙では市民フォーラムが勝利し、ハヴェルが大統領になり、名誉職の連邦会議議長にはドゥプチェクが就任した。一九六八年の「プラハの春」の立役者は失脚した後も生きていたのだ。

十二月十四日、ノイマンとチェコ・フィルハーモニーは新政権となった市民フォーラムを祝福するコンサートを開いた。客席にはハヴェル大統領もいた。

この日、演奏されたのは、しかし《我が祖国》ではなかった。ノイマンはナショナリズムを煽ることの危険性を察知したのだ。《我が祖国》は翌年の「プラハの春」音楽祭で演奏すればよい。ノイマンは「いま必要なのは、国家を超えた普遍的な連帯の心を、すべての人びとに伝える音楽だ」と考え、それにふさわしい曲として、ベートーヴェンの「第九」を選んだ。[*34]

ノイマンの指揮のもと、チェコ・フィルハーモニーと合唱団は、ベートーヴェンの「歓喜の歌」を万感の思いで奏でた。

帰ってきた亡命者

一九四八年に共産党政権が成立したことで、チェコを去っていたラファエル・クーベリックは、西側でソ連・東欧圏の民主化・自由化を訴え続け、彼なりに共産主義と闘っていた。彼の演奏は、祖国チェコへの望郷と共産主義への怒りが込められていたが、七十二歳になる一九八六年に、彼は指揮活動から引退した。

しかし、チェコの人びとはクーベリックを忘れていなかった。ビロード革命によりチェコが民主化されたのを受け、クーベリックの帰還を求める声が高まった。

彼はそれに応え、音楽界への復帰と、故国への帰還を決めた。

一九九〇年四月、「プラハの春」音楽祭開催の一カ月ほど前、クーベリックは四十二年ぶりにプラハへ戻った。

飛行機からタラップで降りた時から、クーベリックは報道陣や出迎えの人びとに囲まれた。空港の建物内に入っても、マスコミは追いかけ、騒然となった。クーベリックを中心とした一群から少し離れたところに、ひとりの男性が立っていた。

クーベリックはその男を見つけると歩み寄り、抱き合った。ノイマンだった。クーベリックが去り、一九六八年の弾圧でアンチェルも去った後のチェコ・フィルハーモニーを守ってきたノイマンが迎えに来ていたのだ。

やがて空港ビルの通路でクーベリックの即席の記者会見が始まった。

「チェコ人の清らかな心が、なぜ外国の嘘（うそ）に従わなければならないのか」

クーベリックは熱く演説を始めた。ノイマンはその脇で黙って頷（うなず）いていた。亡命して外国で共産主義と闘った指揮者、祖国に残り音楽を絶やしてはいけないと共産主義政権と折り合いながらも、自由が来る日を待ち続けた指揮者。二人は何を思っていたのか。

亡命者としてその生涯の大半を異国で生きなければならなかった人が祖国へ帰還できたのは、祖国で耐えてきた人がいるからこそである。二人はともに愛国者であり、闘士だった。

五月十二日の音楽祭開幕のコンサートは、ハヴェル大統領も臨席した。クーベリックが舞台に登場しただけで、涙ぐんでいる人もいた。興奮と熱狂は、内に秘められたものだった。大声で歓声をあげる人もなく、静かに、ハープの音から音楽は始まった。[*35]

このクーベリックが指揮する《我が祖国》を聴いて、自由と民主主義の到来を実感できた人も多かったであろう。一説によると、その前日に切符を買えなかった若者たちのために、無料で公開リハーサルが行なわれ、それでもってクーベリックもオーケストラも燃え尽きてしまい、本番は抜け殻のようになっており、あまりいい演奏ではなかったという。

守られた約束

一九九〇年、「プラハの春」に帰って来たもうひとりの大音楽家が、レナード・バーンスタインだった。

一九四六年の最初の「プラハの春」で、ヨーロッパにデビューした二十七歳の青年も、もう七十一歳だった。バーンスタインは、四七年の「プラハの春」にも出演したが、四八年に共産党政権が樹立されると、以後は招かれなかった。

だが、ビロード革命の最中の前年（一九八九）十二月上旬、バーンスタインはプラハからテレックスを受け取った。それには、「あなたはこの音楽祭のスタート時に、ここにいました。そして、この国のすべての人びとの心に春が来た時、必ず戻って来ると約束されました。いま、その時が現実のものとなったのです」とあった。

バーンスタインは約束を守ることにした。すでに彼の体は中皮腫という悪性腫瘍に冒され放射線治療を受けていたが、八九年十二月のクリスマスにはベルリンで、ベルリンの壁崩壊を祝うコンサートで「第九」を指揮し、そして九〇年の「プラハの春」でも「第九」を指揮した。このプラハの「第九」が、バーンスタインにとって生涯最後の「第九」だった。

音楽界に復帰したクーベリックは、一九九一年秋にチェコ・フィルハーモニーと共に日本公演も果たした。この時はノイマンも同行して、指揮を分担した。十一月二日の東京のサントリーホールでの《我が祖国》が、クーベリックの生涯最後のコンサートだった。[*36]

ノイマンは一九九〇年をもってチェコ・フィルハーモニー首席指揮者のポストを若い世代に譲り、その後はフリーの指揮者として各国へ客演していたが、一九九五年九月に旅先のウィーンで亡くなった。

クーベリックは一九九六年八月に亡くなった。この年はチェコ・フィルハーモニーの創立百周年だった。

チェコとスロヴァキアは、一九九三年一月に平和的に分離し、それぞれチェコ共和国、スロヴァキア共和国となった。

第VIII章

アメリカ大統領が最も恐れた男

レナード・バーンスタイン

John F. Kennedy
Leonard Bernstein

第二次世界大戦後、アメリカ合衆国は世界最強の国家となった。その大統領は核兵器のスイッチと共に移動し、いつでも世界を破滅させる力を持っている。

この世界最強の権力者と対等にわたりあったひとりの音楽家——それがレナード・バーンスタインだった。《ウエスト・サイド・ストーリー》でミュージカルに革命を起こし、同時期にアメリカ最高のオーケストラであるニューヨーク・フィルハーモニックの音楽監督となり、テレビ番組にも毎週のように出て音楽の伝道者となり、クラシックの作曲家としても交響曲やオペラを作曲し、さらに平和運動家としても活躍した、アメリカのスーパースターのひとりだった。

ひとりの音楽家の生涯を、世界最強の権力者・アメリカ合衆国大統領との関係に焦点を当てて記していく。

対立候補にしたくない人間

ジョン・F・ケネディ（一九一七〜六三）は、一九六〇年十一月のアメリカ合衆国大統領選挙でリチャード・ニクソン（一九一三〜九四）に僅差で勝った。大統領就任は翌年の一月二十日である。

就任式前日の一月十九日は大雪となったが、ワシントン教練所でフランク・シナトラ（一九一五〜九八）が主催して資金調達を兼ねた祝賀コンサートが予定通り開催された。このコンサートにクラシックの音楽家として招かれたのはバーンスタインだけだった。バーンスタインは、単に招待客として呼ばれただけではなかった。式典で演奏されるファンファーレを作曲し、さらにスーザの《星条旗よ永遠なれ》とヘンデル作曲のハレルヤを指揮することにもなっていた。新しい若い大統領と共に、この音楽家も式典の主役のひとりだったのだ。雪のための渋滞に巻き込まれたバーンスタインはパトカーの先導で会場に到着し、その役目を果たした。

明日から大統領となるケネディはバーンスタインにこう声をかけた。

「僕の知る限り、きみは決して対立候補にはまわしたくない唯一の人間だよ」

リップサービスではあろうが、バーンスタインはすっかり驚き、一瞬、自分も大統領になれるかもしれないのかと、考えた。だが、すぐに選挙のことを思い出し、「あんなことは、うんざりだな」と思い、大統領になろうという考えを打ち消した。

この七年後の一九六八年、バーンスタインはこの日のことをジャーナリストに語った。すると、当時のフランスではシャルル・ド・ゴール大統領のもとで、作家のアンドレ・マルローが文化大臣を務めていたので、ジャーナリストは「マルローのようなポストに就く気はないのですか」と質問した。

「そんなポストに就くくらいなら、死んだほうがましだね」

バーンスタインはこう答え、さらに、「どんなポストなら魅力を感じるのか」との質問には、

「大統領。あるいはその程度のあまり高くない地位」

と言って笑った。

バーンスタインは、アメリカ音楽界で頂点に立っていた。ある種の人びとにとっては、バーンスタインこそがアメリカのトップだった。彼はそれ以上望みようのない地位にあったのだ。

アメリカの若き二人の英雄

レナード・バーンスタイン（一九一八〜九〇）はロシア（正確にはウクライナ）からのユダヤ系移民の子として、マサチューセッツ州ローレンスで生まれた。父は理容・美容店用商品の販売業で成功していた。

バーンスタインには、大音楽家によくある「三歳でピアノを弾き、五歳で作曲した」という類（たぐい）の神童伝説はない。彼の周囲にプロの音楽家はいなかったので、偶然、十歳の年に初めてピアノを弾くまで、彼自身、音楽への関心もなく、その才能も発見されていなかった。しかし近所のピアノ教師から習い始めると、すぐにその才能が開花する。バーンスタ

インは神童時代を経ずに、いきなり天才少年になったのだ。

父サミュエル・バーンスタイン（一八九二～一九六九）には息子を音楽家にさせようという気はまったくなかった。しかし、当人が強く望み、バーンスタインは一九三五年、ハーヴァード大学音楽専攻課程に入学した。この時点ではピアニストか作曲家を志望していた。彼が指揮者になろうと決意するのは、一九三七年に指揮者ディミトリ・ミトロプーロス（一八九六～一九六〇）と出会ってからである。

一九三九年にハーヴァードを卒業したバーンスタインは、ナイトクラブでピアノを弾く仕事をしながら作曲を学び、さらにフィラデルフィアのカーティス音楽院でフリッツ・ライナー（一八八八～一九六三）に師事して指揮を学んだ。一九四〇年にはボストン交響楽団音楽監督のセルゲイ・クーセヴィツキーと知り合い、タングルウッドでの夏季講習に呼ばれ、指導を受けた。作曲家としては一九四二年に最初の交響曲《エレミア》を完成させ、出版した。

この頃すでにアメリカも第二次世界大戦に突入していたが、バーンスタインは喘息（ぜんそく）の持病があったので徴兵検査で不合格となったため、兵役には就かなかった。

売れない音楽家としてナイトクラブでピアノを弾いていたバーンスタインだったが、一九四三年にニューヨーク・フィルハーモニックのアシスタント指揮者となった。

ニューヨーク・フィルハーモニックは一八四二年にアマチュア音楽家たちが自主公演す

るためのオーケストラとして結成された。同じ年に、ウィーン・フィルハーモニーも結成されている。もっともウィーンのオーケストラは宮廷歌劇場管弦楽団の楽団員たちが自主公演する際の団体名なので、オーケストラそのものの歴史はもっと古い。

ニューヨークが「市」となるのが一八九八年、自由の女神像が建つのが一八八六年なので、ニューヨーク・フィルハーモニックはそれよりも前に結成されている。アメリカ全体の中でもかなり歴史の長い団体である。名門中の名門といっていい。

バーンスタインはこの名門楽団のアシスタント指揮者となった。「副指揮者」と訳されることもあるが、映画でいう「助監督」のようなもので、ありとあらゆる雑用係だ。コンサートのための下準備をし、リハーサルにもすべて立ち会う。指揮者と副指揮者の関係は、大統領と副大統領とは異なり、主従関係、師弟関係に近い。たしかに、指揮者が急病の際には代役を務めることもあるのだが、そんな機会はめったにない。この点は副大統領と同じだった。

そのあるはずのない機会が、しかし、訪れた。一九四三年秋からのシーズンが始まって間もない十一月十四日、ニューヨーク・フィルハーモニックに客演していた大指揮者ブルーノ・ワルターが急病となったのだ。演奏会当日の朝に代役を告げられたバーンスタインは、リハーサルなしのぶっつけ本番でコンサートに臨み、見事に成功した。[*37] 大指揮者ワルターが指揮するので、そのコンサートは全米に放送されることになっており、ワルターが休演しても予定通り放送されたので、バーンスタインの名は一躍、アメリカ中に知れわたった。

この突然の代役は、バーンスタインの父がワルターに金を渡して頼んだものだとの噂があるが、ワルターが体調を崩したのは事実である。このような噂が出たのは、バーンスタインの父がやり手の実業家だったことと、バーンスタインの成功があまりにも「出来過ぎていた」からだ。

バーンスタインが成功する数カ月前、ジョン・F・ケネディもまた、海軍の「英雄」として全米に知られる存在となっていた。

ジョン・F・ケネディは一九一七年五月二十九日にマサチューセッツ州のボストン郊外のブルックラインで生まれた。バーンスタインの一歳上になる。父はアイルランド系移民だった。アイルランド系はカトリックだったため、プロテスタントが主流のアメリカでは少数派だった。

父ジョゼフ・ケネディ（一八八八～一九六九）は地方銀行に勤務していたが、若くして頭取となり、その後は鉄鋼会社の造船所の支配人に転身し、さらに金融会社に移り株の投機で儲け、それで得た金で三十一の映画館を買収した。一九二〇年代は映画が新興産業として飛躍的に伸びていた時期にあたる。一九二九年十月の株価大暴落の時は、なぜか事前に売り抜けていたため、莫大な利益を得た。こうして得た豊富な資金で、禁酒法時代に酒の密売で大儲けし、不動産の売買と投機も続け、巨万の富を得たのだ。

後に大統領となるジョンは次男で、二歳上のジョーという兄がいた。弟のロバートは八歳下、他に妹が五人、末弟エドワードとは十五歳離れている。ジョゼフは息子たちに「二番は意味がない。勝たなければダメだ」と言い聞かせた。ケネディ兄弟はアメリカで一番になるために闘う運命にあった。

ジョン・F・ケネディは生まれつき背骨に障害があり、病弱だった。健康不安は常に彼につきまとう。一九三五年にプリンストン大学へ入るが、入学前にロンドンへ旅行した際に体調を崩し、結局、休学してしまい、翌年ハーヴァード大学へ入った。バーンスタインがハーヴァード大学に入ったのが一九三五年なので、ケネディは一年遅れて入ったことになる。しかし大学時代に二人が知り合った形跡はない。

一九三〇年代のアメリカは、民主党のフランクリン・ルーズヴェルト（一八八二〜一九四五）政権下にあった。大恐慌から立ち直るためのニューディール政策の時代である。経済危機を政治によって立て直していた時代だったので、若者たちは政治への関心を強く持つようになっていた。そういう時代に、バーンスタインとケネディは学生だったのである。

ケネディが学生だった時期、父ジョゼフ・ケネディはルーズヴェルト政権から駐英大使に任命された。ルーズヴェルトの選挙にかなりの資金を提供していたので、その見返りの人事だった。父がロンドンで暮らすことになったので、ケネディも学生時代の一九三九年、開戦直前のヨーロッパを訪れている。イギリスがドイツへ宣戦布告する時の議会も傍聴した。

ジョゼフ・ケネディ駐英アメリカ大使が親しくしていたロンドン在住アメリカ人のなかには、美術商のテイラー家もあった。このテイラー家の娘が後の大女優エリザベス・テイラー（一九三二〜二〇一一）である。ジョン・F・ケネディと親しいハリウッド女優というと、マリリン・モンローがよく知られているが、エリザベス・テイラーのほうが先に知り合っており、恋多き女として知られるエリザベス・テイラーの男性遍歴のなかにはケネディの名も出てくる。

ケネディは一九四〇年にハーヴァードを卒業した。在学中にヨーロッパでの見聞をもとに『英国はなぜ眠ったか』という本を書いて出版すると英米で八万部が売れるベストセラーとなった。もっとも、大半は父が買い上げたらしい。

ハーヴァードを卒業したケネディは、今度はスタンフォード大学大学院に入るが一学期のみで辞めて、南米に旅行した。ケネディ家は財産があったので就職する必要はなかった。

一方、父は反ユダヤ主義でヒトラーに友好的だったため、駐英大使を解任された。

長男ジョーは父の望みどおり、アメリカ最高のポスト、合衆国大統領を目指していた。ジョンも兄の野心を知っており、対抗意識を抱いていた。政治家になるためには愛国心のある青年という経歴が必要だった。兄のジョーが海軍予備隊に入ったので、ジョンは陸軍に志願した。しかし、病弱な体質だったので入れなかった。そこで父が奔走して海軍に入ることになり、一九四一年九月、海軍士官に任官された。

一九四三年三月にケネディは南太平洋に配属となり、日本軍との戦場へ向かった。

八月二日、ケネディが指揮官となって率いていた哨戒魚雷艇（PTボート）がソロモン諸島のニュージョージア島の西で日本海軍の駆逐艦天霧と衝突した。PTボートの船体は引き裂かれ、乗組員全員が海に投げ出され、全員死亡とみなされた。

しかし、実際には十三人の乗組員のうち即死したのは二人だけだった。ケネディは生き残った部下たちをPTボートの破片にしがみつかせ、救援を待った。だが全員死亡と思われていたので、救援隊は出されていなかった。ケネディはこのまま待っていても助からないと判断し、部下たちを命綱でしばり、五キロも泳いで小さな島に辿り着いた。数日後もう少し大きな島へ泳ぎ、島民から食料などをもらった。そして、ココナツの実にナイフで「原住民が場所を知っている。十一人生存、ボートが必要、ケネディ」と刻み、島民にボートの基地に届けてくれと頼んだ。このココナツがうまく届き、救出されたのである。

この奇蹟の生還劇は全米の新聞で大きく報じられ、ケネディは勇気と決断力、そして部下を救う使命感が讃えられ、たちまち英雄となった。ココナツという小道具も話題となり、まさに神話となったのだ。

一九四三年、ともに野心家の父を持ち、ハーヴァード大学を卒業した、ケネディとバーンスタインという同世代のハンサムな青年は、全米にその名と顔が知れわたる有名人となった。

雌伏の日日

バーンスタインはワルターの代役で有名にはなったが、すぐにニューヨーク・フィルハーモニックの指揮者になれたわけではなく、下積みが続いた。その間に、音楽監督のロジンスキとの関係が悪化した。バーンスタインがあまりにも鮮やかに成功したので、ロジンスキは自分の地位を狙っているのではないかとの疑心暗鬼に陥ったのだ。ロジンスキが些細なことで怒り出し、バーンスタインの首を絞めそうになる事件まで起きた。あわや殺人事件という事態に驚いた総支配人は、バーンスタインに「当分、来なくていい」と伝えた。

一九四四年、バーンスタインはアシスタント指揮者を辞任し、フリーの指揮者として活躍するようになった。それと並行してブロードウェイでの作曲の仕事も始め、バレエやミュージカルで次々と成功した。しかし、シリアスなクラシックの交響曲も作曲していた。

戦争が終わり、一九四六年、バーンスタインはヨーロッパへも指揮者としてデビューした。この年から始まった「プラハの春」音楽祭での五月十五日の演奏会が、彼のヨーロッパ・デビューだ。翌一九四七年春にはパレスチナ交響楽団（現イスラエル・フィルハーモニー管弦楽団）も指揮した。このオーケストラとは生涯にわたり深いつながりを持つ。四七年も「プラハの春」に出演したが、翌年にチェコスロヴァキアが共産党政権になってしまうと、以後は行かなかった。

一九四八年の春もバーンスタインはヨーロッパへ行った。戦後三年目である。この時点ではユダヤ系の音楽家たちはドイツでの演奏を拒否していたが、バーンスタインは戦後ドイツで指揮をした最初のアメリカ人となった。五月九日、ミュンヘンでバイエルン州立管弦楽団の演奏会を指揮したのだ。秘書への手紙には「ミュンヘンでの演奏会はいままでで最高の出来だった」と誇らしげに記している。彼には、若さ、アメリカ人気質、ユダヤ人という三つの障害があったが、見事に乗り越えたのだ。バーンスタインは自画自賛しているが、実際、当時の新聞でも、「聴衆は立ち上がって十分もの間、彼に拍手を送り続けた。何度もカーテンコールが繰り返され、ブラボーの嵐が浴びせられた」とあるので、本当に成功したのだ。

だが、バーンスタインにとってさらに忘れられない演奏会となったのは、その翌日だった。五月十日、バーンスタインはミュンヘン近郊のユダヤ人の難民キャンプ、フェルダフィングとランツベルクとで、一日に二回、演奏会を指揮した。ナチスの強制収容所に入れられていたユダヤ人たちは終戦によって解放されたが、行き場のない者が多くいて難民となっていたのだ。

この難民キャンプでの野外コンサートには五千人もの聴衆が集まった。演奏したオーケストラはダッハウ強制収容所のユダヤ人オーケストラの生き残りの人びとだった。六十人以上いたメンバーは十数人しか終戦を迎えられなかった。バーンスタインは秘書にこう書いている。「胸が張り裂けるほど泣いた」。

この演奏会の直後の五月十四日、イスラエルは建国を宣言した。

このようにバーンスタインはアメリカとヨーロッパ各地へ客演していたが、一方で、オーケストラの常任指揮者のポストも狙っていた。

一九四五年からはニューヨーク・シティ交響楽団の音楽監督となり、四八年まで務めた。一九四七年にはパレスチナ管弦楽団から音楽監督になってくれとの要請もあったが、断った。というのも、恩師であるクーセヴィツキーがボストン交響楽団音楽監督を一九四九年春までのシーズンで辞めることになっており、その後任にバーンスタインがなる可能性があったのだ。しかし、ボストン交響楽団の音楽監督にはフランスのシャルル・ミュンシュの就任が決まった。バーンスタインは若過ぎたのだ。

バーンスタインはボストンを諦め、フリーの指揮者として世界各地へ客演していく。作曲家としてもブロードウェイでの作曲もする。一九五四年にはハリウッドでエリア・カザン監督、マーロン・ブランド主演の『波止場』の映画音楽の作曲、クラシック音楽の作曲、テレビ番組への出演と、八面六臂（はちめんろっぴ）の活躍を続けた。しかし、まだ真の名声は得ていない。

私生活では一九五一年九月にチリ出身の女優でピアニストのフェリシアと結婚した。

ジョン・F・ケネディがアメリカの英雄となった一年後の一九四四年八月、兄ジョーが戦死した。大統領になるという兄の（そして父の）夢は、弟のジョンが継がなければならなくなった。奇蹟の生還の後、ジョン・F・ケネディは本国勤務となっていたが、一九四五年三月には海軍を名誉除隊した。その後、またも父の世話で、「ヘラルド・トリビューン」の記者となり、七月には敗戦直後のベルリンへ取材に行った。そして戦禍によって壊滅した大都市の惨状を脳裡に焼き付けた。

ジョン・F・ケネディがベルリンへ行っている間に父ジョゼフは、翌一九四六年の下院議員選挙に息子を立候補させるべく準備をしていた。ジョンにはそれを断ることはできなかった。家長である父の命令は絶対だった。

ケネディは一九四六年の下院議員選挙に立候補した。アメリカの選挙は大統領選挙だけでなく下院議員の選挙でも予備選挙から始まる。四月に立候補表明、六月に民主党の予備選挙、そして十一月が本選挙である。まだ二十九歳と若いケネディは、そのハンサムな容貌と笑顔を武器にして選挙戦を闘い、圧勝した。

この選挙では共和党が圧勝し、民主党は上下両院で少数党となったので、そのなかでの若いケネディの勝利は目立った。当時の大統領は、ルーズヴェルトが任期中に亡くなったため副大統領から昇格したトルーマンである。前年は戦争を終わらせたこともあり八十七パーセントの支持率だったが、三十二パーセントに下落していた。それでもトルーマンは一九四八年の大統領選挙ではどうにか勝ち、再選を果たした。この年は下院議員の選挙もあり（任期は二年）、ケネディは再選を果たした。

冷戦が始まっており、トルーマンは「トルーマン・ドクトリン」を発表した。「世界は全体主義と自由主義の二つに分かれ、前者の脅威に対してアメリカは後者を支援する」という内容だ。全体主義とはソ連のことである。ケネディもこの政策を支持した。

ケネディは一九五〇年に三回目の当選を果たし、一九五一年には世界情勢を視察するため七週間にわたり、世界各地を旅した。そして外交を自分の政治テーマにしたいと考え、上院議員への転身を考える。

上院議員は各州ごとに二名の合計百名である。任期は六年だが二名を同時に選ぶのではなく、百人の議員は三組（三十四、三十三、三十三人）に分かれ、二年ごとに三分の一ずつが改選される。同じ組には同じ州の議員は属さないので、常にひとりずつ改選される。

ケネディは一九五二年十一月の選挙で共和党の現職を破り、当選した。

そして翌一九五三年九月、ケネディはジャクリーンと結婚した。三十六歳と二十四歳のカップルだった。

赤狩り

上院議員ケネディの任期が始まる一九五三年から、共和党のジョゼフ・マッカーシー（一九〇八～五七）による「赤狩り」が本格化していた。

赤狩りの舞台となるアメリカ合衆国下院議会非米活動調査委員会が設置されたのは、一九三八年に遡る。当初は反ナチス・反ファシズムのための機関で、国内における反体制的・反政府的活動を「非米活動」として取り締まるための調査・立法を目的としていた。しかし、戦後の冷戦の始まり、中国革命の成功とソ連の原爆実験により、この委員会は反共色が強まり、その活動は「赤狩り」と呼ばれるようになる。

この赤狩りの先頭に立っていたのが、マッカーシー上院議員で、彼の名をとり、「マッカーシズム」とも呼ばれる。「赤狩り」に熱心だった他の議員には、リチャード・ニクソンとロナルド・レーガンという後の共和党の大統領たちもいる。

そして民主党のケネディもこれを支持していた。というのも、マッカーシーは父ジョゼフと親しく、家族ぐるみの付き合いをしていたのである。もともとケネディ家の思想信条は共和党に近い。だが、ボストンを支配していたイギリス系の人びとが共和党を支持していたので、アイルランド系の人びとはそれへの反発で、敵の敵は味方ということで民主党を支持していたのだ。

ケネディは思想的にはリベラルだったので、マッカーシーのやり方には疑問を抱いていたはずだが、父親との情を優先し、彼を批判できなかった。

マッカーシーの「赤狩り」は当初は国民からも支持されていたが、一九五四年春頃から、その手法が行き過ぎで違法ではないかとの批判も出るようになっていく。十二月に上院でマッカーシーに対し、「上院に不名誉と不評判をもたらした」として譴責決議が出され、六十五対二十二で可決された。この議決に、ケネディは欠席し棄権した。健康を害し入院したからではあったが、後にマッカーシーを擁護したと批判される原因となる。

その入院中、ケネディは一冊の本を書き上げた。選挙区の有権者の意向と、自分の信念とが異なる際、信念に基づいて議会で投票し、その結果、次の選挙で落選した八人の議員の評伝、『勇気ある人々』だった。一九五六年に刊行されると、現職の上院議員が書いたということもあって話題となり、ベストセラーになった。それだけではない。一九五七年のピュリッツァー賞の伝記部門を受賞した。

バーンスタインは民主党を支持していた。リベラルではあったが、共産主義者ではないし、共産党に入ったこともない。

しかし、バーンスタインはリベラルな言動から「赤狩り」の対象となっていた。彼の交友関係には左翼とみなされた人が多い。運動家でもあった音楽家マーク・ブリッツスタイン（一九〇五〜六四）とは親友であり、ベルトルト・ブレヒト（一八九八〜一九五六）の《三文オペラ》のアメリカ版（ブリッツスタインが作曲）を指揮したこともある。リリアン・ヘルマン（一九〇五〜八四）とは《キャンディード》を共作した。ミュージカルでバーンスタインのパートナーであったジェローム・ロビンズ（一九一八〜九八）は共産党員だった。議会の非米活動調査委員会への召喚をヘルマンは拒否したが、ロビンズは応じ、自分の知っている党員の名を告げた。『波止場』の監督エリア・カザンも委員会に呼ばれて証言し、彼らは後に赤狩りに協力したとして批判される。

バーンスタインは誰とでも親しくなる人で、頼まれると自分の名を使うことを気軽に許した。そのため左翼系の団体や人びとの嘆願書の多くにバーンスタインの名があった。といって、彼が熱心な活動家だったわけではない。単に気前が良かっただけだ。

しかし、FBIはバーンスタインも左翼だと思い込み、監視下に置いていた。後に判明するが、FBIはバーンスタインの政治的意見や活動に関する約七百ページにも及ぶファイルを作っていたのだ。

バーンスタインは非米活動調査委員会には召喚されなかったが、一九五三年夏には共産主義者の疑いがあるとして州政府からパスポートの更新が拒絶された。秋には南米、そしてイタリアなどヨーロッパへ行く予定だったので、何としてもパスポートを奪還しなければならず、バーンスタインはワシントンまで行き、聴聞会に出なければならなくなった。弟への手紙では、「聴聞会で州当局の類人猿と対決しなければならなかった」とある。そして、元司法省犯罪捜査部部長を弁護士として雇ったという。バーンスタインが言うには、「赤狩りの親玉だ。楯(たて)になってもらうのにこれ以上の人間はいない」

その元司法省犯罪捜査部部長にして弁護士の手許(てもと)には、バーンスタインが過去に名前を貸した左翼系団体の嘆願書のファイルがあった。それを見ながら、その弁護士は「きみは共産主義者には見えないな。これからは厄介事に首をつっこまないように」と言って、パスポートをもらえるよう手配してくれたらしい。

こうして得たパスポートで、バーンスタインは南米へ行き、その後、イタリアへ飛んで、ミラノのスカラ座で初めて指揮した。当時のスカラ座ではベテランの指揮者が体調が思わしくなく代役を探しており、プリマドンナのマリア・カラスがラジオでバーンスタインの演奏会を聴いて、「この指揮者がいい」と提案した。このチャンスを得て、バーンスタインはオペラ指揮者としても成功した。

バーンスタインの気前のよさは、その後も問題となった。一九五六年三月には、当時彼が指揮していたシンフォニー・オブ・ジ・エア（トスカニーニが指揮していたNBC交響楽団の後身）の楽団員に共産主義者がいると、民主党の下院議員ジョン・ルーニーが名指しで批判し、聴聞会が開かれることになった。このルーニーを委員長とする小委員会には、バーンスタインは呼ばれなかったが、代わりに秘書が呼ばれて尋問を受けた。

聴聞会では、バーンスタインが関わっている団体として、ギリシャ解放同盟、ポリネシア解放戦線、エスキモー救済、トランシルヴァニアの自由化といった、ありとあらゆる種類の団体が列挙されたという。しかし、バーンスタインはそれらの団体のうち半分については関係したかどうか記憶がなかった。残りの半分については、名前すら覚えていなかった。若く無名だった頃のバーンスタインは、自分の名前が活字になると言われると、なんでも承諾していたのだ。

秘書がルーニー小委員会に呼ばれた数日後、バーンスタインはテレビの仕事でボストンへ行き、ジョン・F・ケネディ上院議員と共演した。ハーヴァードの学生生活をテーマにしたドキュメンタリー番組で、二人は著名な卒業生として共演したのだ。

誰とでもすぐに親友になるバーンスタインの才能はここでも発揮され、同窓生である上院議員とすっかり親しくなり、二日後の三月二十七日、二人はワシントンで昼食を共にした後、上院の討議を傍聴した。この時、バーンスタインはルーニー小委員会のことでケネディに陳情したと思われる。以後、バーンスタインへの調査、召喚はなくなった。

赤狩りとバーンスタインに関する最近の研究によると、一九五一年頃、バーンスタインは屈辱的な宣誓供述書への署名を強いられたともいう。

頂点への道

ニューヨーク音楽界には、バーンスタインがシンフォニー・オブ・ジ・エアの音楽監督になるとの噂(うわさ)が広まっていたが、その裏では別の動きが進行していた。

ニューヨーク・フィルハーモニックがバーンスタイン招聘(しょうへい)に動いていたのだ。かつてバーンスタインをアシスタント指揮者として雇い、ワルターの代役として華々しくデビューさせながらも、飼い殺しにした、名門オーケストラである。

当時のニューヨーク・フィルハーモニックはミトロプーロスが音楽監督を務めていたが、新聞の批評でさんざんに叩(たた)かれていた。さらに彼は心臓に持病があり、そう長くはないと自覚していた。理事会はミトロプーロスから音楽監督のポストを剝奪して、首席指揮者に降格させ、バーンスタインを同じ首席指揮者として招聘することに決めた。つまり、二人の首席指揮者という体制である。ミトロプーロスはバーンスタインに指揮を教えた師でもあるので、師弟ならうまくいくと思われた。

一九五六年十一月、バーンスタインが翌五七年秋からのシーズンにニューヨーク・フィルハーモニックの首席指揮者のひとりとなると発表された。

この時期のバーンスタインはミュージカル《キャンディード》の初演で多忙だった。この作品は興行的には成功とは言えず、作品的にもバーンスタイン自身が納得せず、その後、何度も書き換える。

さらに、次の作品が出来上がりつつあった。《ウエスト・サイド・ストーリー》である。何年も前から企画として進んでいたものだった。それがようやく完成したのである。ミュージカルは作曲家が譜面を書き上げた時点では真の「完成」とは言えない。上演されて初めて、完成したと言える。バーンスタインは作曲が終わった後も、上演に向けてさまざまな問題に直面し、ひとつひとつ解決していかなければならなかった。

一方、ケネディは大統領選挙に出ることを本気で考えるようになっていた。そのためには、まず副大統領となって知名度を上げ、実績を積むことだと考えた。

一九五二年の大統領選挙は共和党のドワイト・D・アイゼンハワー（一八九〇～一九六九）と民主党のイリノイ州知事アドレー・スティーブンソン（一九〇〇～六五）とで争われ、第二次世界大戦の英雄のひとりであるアイゼンハワーが勝ち、政権は民主党から共和党へと移行した。アイゼンハワーが副大統領に選んだのが、リチャード・ニクソンだった。

一九五六年、共和党は当然のように現職のアイゼンハワーを立てて大統領選挙に臨むと思われたが、民主党には有力な候補がいなかった。党内的には前回出て敗れたスティーブンソンが有力候補だったが、世論調査では、アイゼンハワー対スティーブンソンとなった場合、アイゼンハワーの圧勝が予想された。

ケネディは候補者としては、テキサス州の上院議員リンドン・B・ジョンソン（一九〇八〜七三）が適任だと考えていた。ジョンソンならばアイゼンハワーに勝てると思った。そしてケネディは勝手に、ジョンソンを大統領にして、自分が副大統領となり、五六年、六〇年と二期八年を務め、六四年の選挙では副大統領八年の経験をセールスポイントにして自分が大統領選挙に出る——と計画を立てた。実際、ケネディは自分を副大統領にするのなら父ジョゼフが選挙資金を用意するとジョンソンに持ちかけた。しかしジョンソンは、アイゼンハワーを相手にした選挙では勝ち目がないと踏み、この話を断った。

ケネディは副大統領を諦めない。大統領候補を決める民主党の党大会は八月にシカゴで開催され、大統領候補にはスティーブンソンがあっさりと決まった。問題は副大統領候補だった。大会では最初に党の宣伝映画が上映されたが、その時に会場内でのナレーションをケネディが担当した。この大会はテレビ中継されたので、ハンサムな若き上院議員ケネディの姿が全米で放送された。テレビを見た人びとは第二次世界大戦で「奇蹟の生還」を果たした英雄のことを思い出し、彼がピュリッツァー賞を受賞したインテリであることも思い出した。

ケネディの一般的知名度は上がったが、代議員による投票で決めることになった副大統領候補には選ばれなかった。

予想通り、十一月の大統領選挙はアイゼンハワーの圧勝だった。ニクソンは引き続き副大統領となった。

一九五七年八月十九日、《ウエスト・サイド・ストーリー》はワシントンで試験興行の幕を開け、その次はフィラデルフィアに移動する。この試験興行で最後の仕上げをして、九月にニューヨークに乗り込むのである。

ワシントンでの初日には政界の大物たちも観に来た。最高裁判所判事フランクファーターは、休憩時間にバーンスタインとロビーで会うと「アメリカの歴史が、いま変わった」と言った。三週間にわたる試験興行は連日満員で大成功のうちに終わり、フィラデルフィアに移っても、成功は続いた。

そして、九月二十六日、ついに《ウエスト・サイド・ストーリー》のニューヨークでの公演が始まった。マンハッタンのウィンター・ガーデン・シアターでのブロードウェイ初演は初日から絶賛され、実に七百三十二回ものロングラン興行となるのである。

「ロミオとジュリエット」の物語を現代のニューヨークに移し替えた物語は、救いようのない悲劇で終わる。にもかかわらず、大ヒットしたのは、音楽の斬新さと革命的なダンスによる。若きアメリカの才能が結集し、ミュージカルの概念を変えたのである。

しかし、バーンスタインがブロードウェイのために書いたのは、これが最後となる。《ウエスト・サイド・ストーリー》が開幕した直後、バーンスタインはニューヨーク・フィルハーモニックの理事会から、「二人の首席指揮者のひとり」から、唯一人の「音楽監督」になるよう打診され、彼はそれを受諾した。アメリカ生まれのアメリカ人が、アメリカのメジャー・オーケストラの音楽監督になるのは、これが初めてだった。

こうして、レナード・バーンスタインはアメリカ音楽界のなかでクラシックの最高峰の地位と、ミュージカルでの空前の成功という二つの栄冠を得た。しかし、バーンスタインはブロードウェイとは関係を断つ。ニューヨーク・フィルハーモニックの理事会は、ミュージカルを蔑視する保守的な人が多く、音楽監督就任にあたっての条件として、在任中はミュージカルを書かないことを求めたからだ。

ケネディの目指す頂点は、まだ遥か先にあった。

アメリカ代表としてのバーンスタイン

ニューヨーク・フィルハーモニックのバーンスタイン時代は、正式には一九五八年秋から始まるが、音楽監督就任が発表された五七年秋から、すでにニューヨーク・フィルハーモニックは「バーンスタインのオーケストラ」となっていた。

一九五八年一月二日、当時はまだ「二人目の首席指揮者」で「次期音楽監督」であるバーンスタインは、このシーズンとしては初めてニューヨーク・フィルハーモニックのコンサートを指揮した。

五月から六月にかけて、ニューヨーク・フィルハーモニックはミトロプーロスとバーンスタインという二人の首席指揮者と共に南アメリカ歴訪のツアーに出た。十二カ国の二十の都市でコンサートをするもので、アイゼンハワー大統領による「文化の紹介を目的とする特別国際プログラム」基金の支援を受けた文化外交のひとつだった。

当時のアメリカと南米諸国との関係はあまりいいとは言えなかった。バーンスタインとニューヨーク・フィルハーモニックのツアーと同時期に、副大統領ニクソンも南米各国を歴訪していたのだが、彼は激しい野次と怒号で出迎えられ、実に不愉快な思いをしていたのだ。しかし、バーンスタインは歓迎された。

この二組の親善使節団はエクアドルのキトで鉢合わせた。その時、バーンスタインはニクソン副大統領に「嵐のような歓迎、記録的な大観衆、喝采し足を踏みならす観客、キスに、バラに、抱擁……」と自分が歓迎されており、ツアーは大成功していると短い手紙を書いた。すると、ニクソンからは、不愉快で嫌な出来事ばかりだという内容の返事が来た。

南米の人びとはアメリカ合衆国副大統領の訪問は歓迎しなかったが、同時期に訪問したアメリカの音楽家たちへは喝采を贈ったのだ。南米の人びとはアメリカという国家の外交政策には不満があったが、アメリカが嫌いなわけではないことを示したのだ。

バーンスタインは一九六三年のスピーチで、このエピソードを紹介した後、こう述べた。

「私たちは共にアメリカ人で、親善使節団であり、共産主義者が関与しているかどうかにかかわらず反米感情の示威運動に同じようにさらされやすい存在でした。私と副大統領とはどこが違ったのでしょう？　音楽の中に、つまり最も深い感情の交流と人間に可能な啓示――藝術（げいじゅつ）の啓示のなかに、その違いはありました」

バーンスタインは、楽しい旅を続けていた。だが、バーンスタインの師でもあるミトロプーロスは、だんだんに不機嫌になっていった。注目を浴びるのが常にバーンスタインだったからだ。オーケストラでは円満な政権交代がなされたはずだったが、バーンスタイン人気があまりにも高く、師弟関係は微妙になった。

一九五八年秋からのバーンスタインの最初のシーズンは客の入りもよければ批評家の受けもよく、五九年六月に大成功のうちに終わった。夏にはザルツブルクに行くことにはなっていたが、それ以外は仕事はないはずだった。ところが、合衆国政府からの要請でバーンスタインとニューヨーク・フィルハーモニックは、大掛かりなツアーに出なければならなくなった。

アイゼンハワー大統領の基金による音楽外交は、前回の南米はニューヨーク・フィルハーモニックだったので、次はシカゴ交響楽団が東欧・ソ連・中東に出かけることになっていたのだが、シカゴの七十歳になる音楽監督のフリッツ・ライナーが健康に不安を感じ、「行かない」と言い出したのだ。シカゴ交響楽団は不満だったが、ツアーをキャンセルした。そこで代役がニューヨークにまわってきたのだ。

かくして、アメリカのオーケストラ初の東欧・ソ連・中東ツアーという名誉ある仕事は、バーンスタインとニューヨーク・フィルハーモニックが受諾した。

このニューヨーク・フィルハーモニックのツアーは、八月二日にニューヨークを発ち、五日のアテネからコンサートが始まり、いくつかの都市で演奏した後、ソ連の各都市、その後、西ヨーロッパ各地をまわり、最後が十月十日のロンドンという旅程だった。この時代はいまほど交通の便がよくないがゆえに、いったん出かけるとかなり長期のツアーになった。そして、どこでもアメリカ合衆国を代表しての訪問となった。

バーンスタイン一行は親善使節団としてソ連を訪れたのだが、米ソの歴史的和解には貢献できなかった。それどころか関係を悪化させた。

コンサートで、ソ連を亡命した作曲家であるイーゴリ・ストラヴィンスキー（一八八二〜一九七一）の《春の祭典》を演奏するにあたり、バーンスタインはこう述べた。

「ロシア革命の前にもうひとつの革命があった。それが《春の祭典》である」

この曲の初演は一九一三年でロシア革命は一九一七年なので間違いではないが、ソヴィエト政府の高官のいる前で、この国家の原点である革命と、ロシアから亡命した作曲家の作品を同列に扱ったのだ。さらに、「《春の祭典》がロシアで演奏されるのは三十年ぶりのことである」と暗にソ連政府を批判した。

バーンスタインは、「ソ連の敵」となってしまった。外交官であれば、失格の烙印を押されるところだが、幸いにもバーンスタインの職業は藝術家だった。

外交的配慮など眼中にないバーンスタインは、ソ連政府が不快に思うのを承知の上で、『ドクトル・ジバゴ』で知られる作家ボリス・パステルナークと晩餐(ばんさん)を共にし、コンサートにも呼んだ。

やりたい放題であった。絶大な人気と、信念がそれを可能にした。

十月十二日にバーンスタインとニューヨーク・フィルハーモニックは凱旋(がいせん)帰国した。

こうして音楽監督としての最初の一年は終わった。以後、ニューヨークでは一九六九年までバーンスタイン時代が続く。

若き大統領の誕生

一九五八年、ケネディは上院議員としての二期目の選挙で圧勝した。二年後の一九六〇年の選挙は、大統領は二期までと決まっているのでアイゼンハワーは出ない。共和党も民主党も互角のはずだった。民主党にとっては政権奪還のチャンスである。ケネディは積極的にメディアに出る作戦を取った。メディアも若くハンサムな上院議員を好んで取り上げた。彼自身もさることながら、若く美しい妻のジャクリーンの人気も出てきた。

一九六〇年一月二日、新年のニュースの少ない時期を狙い、ジョン・F・ケネディはこの年の秋の大統領選挙へ立候補すると発表した。その理由は、アメリカ国民にもっと活力のある生活を保障し、世界の人びとに自由を保障し、すべての国の国民にとっての負担である軍備増強競争を止めさせ、新興国に自由と秩序を確立するためだと、述べた。

こうして、十一月の本選挙までの長い選挙戦に突入した。七月十一日に予定されている民主党党大会で大統領候補指名を勝ち取り、十一月の共和党候補との対決まで続く長い長い選挙戦である。

民主党党内では、五二年と五六年の二度にわたりアイゼンハワーに挑んで敗れたスティーブンソンが三度目の立候補を狙っていた。他に、ミネソタの上院議員ハンフリーや、前回、ケネディが立候補を勧めたジョンソンも、今回は乗り気だった。

当時の民主党の大統領候補の決め方は、党大会での代議員による投票であり、その代議員の選び方は州によって異なっていた。予備選挙を実施していたのは十五の州とワシントンDCだけで、まずはそこで勝つ必要があった。ケネディは三月八日のニューハンプシャー州での予備選挙で大勝した。これはスティーブンソンら有力候補が、ここではケネディが勝つと踏んで、運動をしなかったからだった。

四月五日のウィスコンシン州での予備選挙が最初の山場となった。ここはプロテスタントが強い州で、ハンフリーの地元ミネソタの隣でもあったのでハンフリー有利という下馬評だった。しかし、ケネディが勝利した。これで大統領候補指名への道が開けてきた。

その後もケネディは予備選挙で勝ち続け、まずハンフリーが撤退した。

党大会が開かれるまでには確保した代議員数ではケネディが最高となっていた。だが、過半数には達していないので、まだ決まったわけではない。党員集会で代議員を選ぶ州では苦戦していたのだ。

ジョンソンはそれまで立候補を表明せず、予備選挙では何の運動もしていなかったが、党大会の一週間前になって立候補を表明した。規則上、それは許された。ジョンソンは「予備選挙の結果は意味がなく、重要なのは各州の実力者が誰を大統領にふさわしいと判断しているかだ」と述べた。

ジョンソン陣営はケネディは若く経験不足だと批判し、さらにマッカーシーに対する譴責決議で棄権したことも批判した。さらにケネディはカトリックであることも不利だったし、保守派からはリベラルだと警戒された。

七月十三日に代議員による投票が行なわれた。ケネディ、ジョンソン、スティーブンソンの三人が候補者である。過半数を取る者がいないと、決選投票となる。開票の結果、ケネディが過半数を二票上回り、大統領候補に指名された。

ケネディは周囲の反対を押し切り、副大統領候補には最大の敵であったジョンソンを口説いた。自分の若さとバランスを取るためでもあり、南部出身のジョンソンと組むことで、本選挙での南部の票も期待したかった。

共和党はリチャード・ニクソンを大統領候補に指名した。ケネディは四十三歳、ニクソンは四十七歳だった。二人は大統領選挙では初のテレビ討論を行ない、周到に準備したケネディが視聴者に好印象を与え、これが勝利の決め手となったとされている。

この大統領選挙において、バーンスタインは積極的には動いていない。彼は相変わらず多忙だった。夏からニューヨーク・フィルハーモニックは七週間にわたるアメリカ全土をまわるツアーに出た。大統領選挙なみのスケジュールで、ハワイへも行った。どこに行っても、バーンスタインのまわりには大群衆が集まった。

全米ツアーが終わると、バーンスタインとニューヨーク・フィルハーモニックはベルリンへ向かった。ベルリンの壁が作られるのは翌年夏なので、この時はまだ壁はなかった。帰国すると、新しいシーズンの始まりである。

大統領選挙の投票日直前の十一月二日、バーンスタインの前任者で恩師でもあったミトロプーロスが、ミラノでリハーサル中に意識を失い、そのまま亡くなった。

こういう悲劇はあったが、十一月の大統領選挙ではケネディが勝利し、バーンスタインは喜んだ。

バーンスタインは大統領となった親友について晩年にこう語る。

「彼は、私が光栄にも知り合え、友人になれた最も偉大な政治家だった」

政権交代の果実

ケネディ政権が本格的に動き出して数週間後、アメリカン・アカデミーの外郭団体である、藝術・文学協会の委員に、バーンスタインが選ばれた。

民主党のケネディ政権の誕生はバーンスタインにとって思想信条的には喜ばしいことだったが、実利的には困った事態となった。

共和党のアイゼンハワー政権のもとでは、ニューヨーク・フィルハーモニックが南米や東欧・ソ連・中東に行く際に資金援助があったのに、民主党政権になると政府からの援助が出なくなってしまったのだ。

一九六一年春にニューヨーク・フィルハーモニックは初の日本公演に出るが、その資金はCBSテレビがスポンサーとなった。さらに、CIAが出資する文化自由会議が東京で主催する東京世界音楽祭の一環としての公演となった。日本の左翼系の音楽家たちはCIAが絡んでいるとして、この音楽祭をボイコットしていた。

東西冷戦は日本の音楽界にもそれなりに影響を与えていた。同時期には、東ドイツからライプツィヒ・ゲヴァントハウス管弦楽団も来日しており、日本の左翼系文化人たちは、こちらを支持した。

一九六一年十一月十三日に、パブロ・カザルスがケネディ大統領に招かれ、ホワイトハウスで演奏した際には二百人のアメリカの音楽家が招かれたが、もちろん、バーンスタインもその一人だった。

カザルスの演奏会の翌日、バーンスタイン夫妻はホワイトハウスに呼ばれ、大統領夫妻と昼食を取り、夜には夕食会にも招かれた。バーンスタインのホワイトハウス通いが始まった。ケネディ大統領はバーンスタインに、ワシントンに文化センターを作りたいと語り、その藝術監督になってくれと口説いた。

かつてＦＢＩのブラックリストに載った音楽家は政権交代により、大統領の側近となっていた。

大統領との緊張

しかし、この頃からバーンスタインとケネディとの関係は緊張してくる。

ソ連を訪問した際、共産党幹部たちのご機嫌をとらずに信念を貫いたバーンスタインは、親友の政権に対しても是々非々の立場を取った。最も対立したのが核武装をめぐる方針だった。

一九六一年夏のソ連訪問時のバーンスタインの言動が共産党幹部を刺激したわけではないだろうが、秋になると、ソ連は核兵器増強路線をとりはじめ、核実験も再開した。

年が明けて一九六二年一月、ホワイトハウスで、ロシアから亡命した音楽家ストラヴィンスキーの八十歳を祝う小さなパーティーが開催された。バーンスタイン夫妻も招かれ、他の客が帰った後も夫妻は遅くまでホワイトハウスに残っていた――だが、この夜がバーンスタインがケネディ時代のホワイトハウスに招かれた最後となった。

春になるとケネディ政権は、ソ連に対抗すべく核実験を再開すると宣言した。これにはアメリカのリベラル層が反発し、大きな抗議運動へと発展した。核兵器反対のデモ行進がワシントンで行なわれ、二万五千人が参加した。その先頭には核兵器廃絶を願う音楽家、レナード・バーンスタインの姿もあった。

このバーンスタインの行動にケネディ大統領がどう思ったのかは、公には何も分からない。彼としては気にしていなかったかもしれないが、大統領の側近たちが憤ったことは、その後のホワイトハウスのバーンスタインへの態度から窺える。バーンスタインはこのデモ以後、一度もホワイトハウスには招かれなかった。

それだけではない。この年の九月、ニューヨークの大規模再開発事業として複合的文化施設リンカーン・センターが完成し、その中にニューヨーク・フィルハーモニックの本拠地となる新しいホールも落成した。九月二十三日のオープニング・コンサートには大統領夫妻が出席し、コンサートの休憩時間にバーンスタインとケネディとがテレビカメラを前にして会談することになっていた。

だが、九月十一日になって大統領夫妻の欠席が報じられた。多忙がその理由だったが、二十三日の大統領の予定はニューポートでの静養であり、翌日も訪米中のパキスタン大統領との会談があるだけだった。さらに、二十五日には大統領夫妻がミュージカルを観劇する予定であることも分かった。

ケネディ自身が欠席を決めたのだろうか。側近が忖度して勝手に決めて発表してしまった可能性が高いだろう。後にジャクリーンは、「バーンスタインがホワイトハウスへ来ることを妨げるものは何もなかった」と語っている。当人同士は、何のわだかまりがなくても、二人とも超大物なので周囲が勝手に動くのだ。携帯電話や電子メールで、いつでも当人同士がダイレクトに話せる時代ではなかった。

　ともあれ、大統領夫妻欠席が伝えられると、バーンスタインも黙っているわけにはいかなくなった。

　大統領夫妻欠席が報じられた翌日、ニューポートでは、ワシントンに新しく複合文化施設を建てるための資金集めパーティーが開かれることになっていた。ケネディ大統領が熱心で、バーンスタインに藝術監督就任を要請したプロジェクトである。バーンスタインはこのパーティーでの主役のひとりであり、大統領夫人ジャクリーンを紹介し、それを受けて彼女が建設予定のビルの模型を披露するという段取りだった。だがバーンスタインは当日になって、「唇を切ってしまいスピーチができない」との理由で欠席してしまった。もちろん仮病だった。

　両者の緊張は高まった。このままではアメリカの最高権力者とアメリカ音楽界のスーパースターの関係は決裂してしまう。

　大統領とその周辺がどのように話し合ったのかは分からないが、九月二十三日のオープニングは、大統領は欠席したが、ジャクリーンは出席した。バーンスタインをこれ以上怒らせるのはまずいとの判断であろう。

　ジャクリーンはコンサートの休憩時間にバーンスタインの楽屋へ向かった。このコンサートはCBSによって全米に放送されていたが、最大の売り物は演奏される音楽でもバーンスタインでもなく、「ファーストレディが生で見られる」ことだった。

ジャクリーンをカメラは追いかけた。バーンスタインはジャクリーンを迎えると、いきなり、このファーストレディの頰にキスをした。

この時のやりとりはいろいろと伝えられている。バーンスタインが「全身、汗だくです」と言うと（そんな状態で抱擁しキスをしたのだから、ジャクリーンとしてもいい迷惑だったであろう）、「あなた、十ポンドは若返ったわ、いえ、痩せたみたいよ」とファーストレディは応じた。ジャクリーンは新しいホールの音響について質問されたのに、「こんなすばらしいものを見たのは初めてですわ」と謎めいたコメントを残すと、専用ヘリコプターで帰ってしまった。彼女は演奏会の後半は聴かなかった。

演奏会が終わり、聴衆からの喝采を浴びているのは、バーンスタインとオーケストラだった。もしそこに大統領夫妻がいたら、彼らもその栄誉を受けられたはずだった。ケネディは絶好の機会を自ら逃したのである。

そして結局、バーンスタインがケネディ大統領と会う機会は、二度となかった。

二度の追悼コンサート

リンカーン・センター落成から一年が過ぎた。

その日――一九六三年十一月二十二日金曜日、バーンスタインはニューヨークにいた。テレビの公開番組「ヤング・ピープルズ・コンサート」のため、フィルハーモニック・ホール（現ディヴィッド・ゲフィン・ホール）で打ち合わせを兼ねた昼食をとっている時に、そのニュースを知った。

アメリカ大統領ジョン・F・ケネディが暗殺されたのだ。

バーンスタインは指揮者として、あるいは《ウエスト・サイド・ストーリー》をはじめとするミュージカルの作曲家として知られているが、シリアスな交響曲も三曲書いている。その三曲目の《カディッシュ》を作曲したのがこの年の夏で、秋の間はオーケストレーションに没頭していた。

親友の訃報は、そんな時期に飛び込んできたのだ。「カディッシュ」は、「神聖化」「聖なるもの」といった意味で、ユダヤ教で死者の追悼のために歌われる祈りでもある。バーンスタインは親友の死を予期して書いていたわけではないが、この最新作をケネディに捧げることを決めた。

ニューヨーク・フィルハーモニックは、二十四日の日曜日のコンサートを大統領追悼演奏会とすることを決めた。バーンスタインが選んだのは、マーラーの交響曲第二番《復活》だった。この追悼コンサートはテレビ中継され、何百万もの人が聴いた。

この選曲は意表を突くものだった。モーツァルトやヴェルディの《レクイエム》でもなければ、葬送行進曲のあるベートーヴェンの交響曲第三番《英雄》でもなく、《復活》を選んだ理由について、バーンスタインはこう語る。

「《復活》は希望と勝利といった非現実的な観念が世俗の苦しみに打ち克つ曲です」

そして、

「私たちの愛すべき人物の『復活』を願ってというだけでなく、彼の死を嘆き悲しむ我々すべてに希望を呼び戻したいと考えたのです」と。

バーンスタインの新作《カディッシュ》は六三年十二月にテルアヴィヴで初演された。バーンスタインはミュージカルでは躍動する音楽を書いたが、シリアスな交響曲の分野では沈痛な重苦しい曲ばかりを書いた。そのため、彼の作曲作品はあまり人気がなく、演奏機会は少ない。《カディッシュ》も声楽を伴う交響曲で、暗く重い。「私の最期は一分後か、一時間後か」「神は死を招く新発見の火を弄することをなぜ人間に許したのか」など、核戦争の恐怖を連想させる歌詞となっている。初演の評判は賛否両論だった。


アメリカの政権は、副大統領ジョンソンが残りの任期を継いだ。一九六四年の大統領選挙でジョンソンは勝利し、彼の政権は国民に信任された。これにより、ベトナム戦争は泥沼化していく。

バーンスタインは一九六六年十一月に、六九年五月をもってニューヨーク・フィルハーモニックの音楽監督を退任すると発表した。作曲に専念したいというのがその理由だった。

当時のバーンスタインが引き受けていた仕事として、ジャクリーン・ケネディから依頼された、ワシントンDCに六九年に落成する予定のケネディ・センター（コンサートホール、オペラハウス、劇場などからなる複合文化施設）の開場公演のための曲がある。バーンスタインは親友のための「ミサ曲」を作ることにしたが、難航していた。

一九六八年はアメリカ大統領選挙の年だった。民主党は現職のジョンソン大統領が候補になると思われたが、ベトナム戦争反対の姿勢を明確に打ち出したユージン・マッカーシー（一九一六～二〇〇五）上院議員が予備選挙で予想以上の票を集め、有力候補に浮上した。ジョンソンが出馬を断念すると、ロバート・ケネディ（一九二五～六八）が立候補を決断し、優勢に立った。

だが、指名選挙の最中の六月六日、ロバート・ケネディは暗殺された。ケネディ家をまたも悲劇が襲ったのだ。バーンスタインはロバートとも親しかったので衝撃に打ちひしがれ、一週間ほど何もする気になれなかった。しかし、追悼ミサで彼が演奏しないわけにはいかない。

六月八日、セント・パトリック大聖堂でのミサで、バーンスタインとニューヨーク・フィルハーモニックの有志は、マーラーの交響曲第五番の第四楽章アダージェットを演奏した[*38]。参列者にはジョンソン大統領やモナコ王妃となったグレース・ケリー（一九二九～八二）もいたが、誰よりも注目されたのは、やはりバーンスタインだった。

バーンスタインは民主党の大統領候補選びでは、ロバートが亡くなったので、マッカーシーを支持していた。とくに妻フェリシアはマッカーシーの選挙運動に積極的に参加していた。

八月二十日、ソ連が率いるワルシャワ条約機構軍がチェコスロヴァキアに侵攻し、「プラハの春」は終わった。バーンスタインとニューヨーク・フィルハーモニックが西ヨーロッパ・ツアーに出発したのはその二日後だった。フェリシアは選挙で忙しくバーンスタインに同行しなかった。

八月二十六日から二十九日、民主党はシカゴで党大会を開催した。マッカーシー支持を訴えて集結した反戦運動家たちが警官隊と衝突し流血の惨事となり、急進的だと反発が湧き、ジョンソン政権で副大統領だったハンフリーが大統領候補に指名された。バーンスタインは旅先でそれを知ると、落胆した。同行した者によると、バーンスタインは、怒りと悲しみ、そして恐怖に打たれて涙ぐんでいたという。

西でも東でも、自由と民主主義が脅かされていた。アメリカではリベラルな候補が敗北し、東欧では民主化運動がソ連によって弾圧された。

今こそ、バーンスタインは世界へ発信すべきだった。しかし、彼は絶望し、もう何も発言する気になれなかった。ヨーロッパ・ツアーでは、期待したほどは歓迎されなかった。彼らは世界中で嫌われている「ベトナムで戦争をしている国」の音楽家だったのだ。

十月二十日、ジャクリーンはギリシャの大富豪オナシスと結婚した。オナシスは世紀の大歌手マリア・カラスと結婚すると噂されていたので、世界中が驚いた。最も衝撃を受けたのはニュースで恋人の結婚を知ったカラスだった。

十一月の大統領選挙では共和党のニクソンが僅差で勝った。

アメリカが明るく輝いていた時代は終わろうとしていた。それは、バーンスタインの四十代の終わりでもあった。八月二十五日に彼は五十歳になっていた。

世界を飛び回る指揮者にして平和運動家

大統領の任期は四年だが、オーケストラの音楽監督の任期はさまざまである。その指揮者に人気があり客が呼べれば、オーケストラは契約を延長したがる。一方、人気のある指揮者は売り手市場となるので、条件のいいオーケストラから呼ばれれば、移りたいと考える。そこにエージェントのビジネス上の思惑も絡むので複雑極まりない。選挙で決まる大統領とはだいぶ異なる。

オーケストラの音楽監督が交代する最大の理由は、指揮者か楽団のどちらかが、これ以上一緒に仕事をする気にならなくなるからだ。音楽監督が辞表を叩きつけ、喧嘩(けんか)別れをして絶縁する場合もあれば、その後も親密な関係が続き客演し続ける場合もある。バーンスタインとニューヨーク・フィルハーモニックは後者だった。バーンスタインは音楽監督を退いた後も、このオーケストラ初の桂冠指揮者として生涯にわたり客演する。

バーンスタインが一九六九年をもって退任した最大の理由は、「作曲する時間が欲しい」というものだった。だが、結果として、自由になったバーンスタインは世界中のオーケストラからの客演要請を断りきれず、ニューヨークに落ち着いていた時期以上に、世界中を飛び回る多忙な指揮者となってしまい、ついに満足のいく作曲作品は生み出せずに終わる。

ケネディ・センターの建設工事は予定より二年遅れ、七一年九月に落成した。その建設コストは、「ベトナム戦争で六六年秋に投じられた一日分の戦費よりも少ない」と言われた。バーンスタインの「ミサ曲」は初演直前に完成した。

その初演に、依頼主ジャクリーンの姿はなかった。彼女はもうケネディ家の人間ではなかった。バーンスタインの政治姿勢に反感を抱いていた、時の大統領、リチャード・ニクソンも欠席したので、大統領用のボックス席には、ジョンの母ローズ・ケネディと弟エドワード・ケネディ上院議員がいた。客席にはワシントン市長、キッシンジャー国家安全保障問題担当大統領補佐官（後、国務長官）をはじめ、各国の大使もいた。作曲家としてのバーンスタインにとって、最高の栄誉を受けた夜となった。

ニクソンとの対決

ベトナム戦争の早期決着はニクソンの公約でもあったが、戦争は泥沼化していた。一九七二年は大統領選挙の年だ。民主党の大統領候補は、当初はケネディ兄弟のひとり、エドワードが有力だったが、スキャンダルで脱落し、マクガヴァンに決まった。共和党は現職のニクソンが候補となり、十一月の選挙ではニクソンが圧勝した。

バーンスタインはこの選挙には何も関わらなかった。この年の秋、彼はハーヴァード大学で客員教授として連続講義をしていたのだ。

年が明けた。現職の大統領が再選されても、一月二十日には改めて就任式が行なわれる。十九日はその前夜祭が計画されていた。ケネディ・センターでは記念コンサートが開催され、フィラデルフィア管弦楽団がユージン・オーマンディの指揮で演奏することになっていた。ニクソンはチャイコフスキーの序曲《一八一二年》をプログラムに入れるよう要請した。大砲の音が鳴る戦意高揚の曲として知られている。この選曲にオーケストラは反発していた。

平和の闘士であるバーンスタインはニクソン政権に対し、当然のことながら、一貫して批判的立場をとっていた。そしてバーンスタインは、口で言ったり書いたりするだけではなく、行動する人だった。盟友ケネディの核兵器増強政策に対してもデモをした人なのだ。

十九日のニクソン就任記念コンサートの同時刻に、バーンスタインは、ワシントン大聖堂で、「平和への嘆願」と銘打ったコンサートを開くことにした。六八年の大統領指名選挙で彼が支持したマッカーシー上院議員やハーヴァード大学の助教授といった、バーンスタインのネットワークが実現に向けて動いた。

ニクソン政権はベトナム戦争休戦に向けて秘密裡に動いていたが、就任式までに休戦協定を結ぶことはできない。

十九日のコンサートでバーンスタインが選んだ曲は、ハイドンの「戦時のミサ」と呼ばれるものだった。オーケストラに加え、百二十五人の合唱団が必要な曲だ。ナショナル交響楽団のメンバーが組合の定める最低賃金で演奏を引き受けた。

会場になる大聖堂には三千人の席が用意されていた。「戦時のミサ」はそれほど有名な曲ではない。しかも、その夜は激しい雨と風になった。はたして客は来てくれるのか。それでも、人びとは来た。反戦の声が高まっていることを、音楽を聴きに行くことで示そうとした人びとが詰めかけた。

三千席はすぐに埋まった。それでも、大聖堂へ向かう人の流れは絶えない。急遽、大きなスピーカーが大聖堂の外に取り付けられた。入れなかった一万二千人が、雨と風のなか、凍えながらもスピーカーから流れる「戦時のミサ」を聴いた。そして、それを聴いている人びとのことは全米に報じられ、さらには全世界へも伝わった。

この音楽家は、大統領就任記念コンサートの同日同時刻に同じ都市で反戦コンサートを開き、見事に成功させたのだ。

十二年前の大統領就任式前夜の祝賀会で、ジョン・F・ケネディはバーンスタインに「僕の知る限り、きみは決して対立候補にはしたくない唯一の男だよ」と言った。ケネディは、この日のことを予見していたのかもしれない。

四日後の一月二十三日、パリにおいてアメリカのキッシンジャーと北ベトナムのレ・ドゥク・ト特別顧問との間で和平協定案の合意、仮調印がなされた（本調印は二十七日）。

ウォーターゲート事件でニクソンが大統領辞任に追い込まれるのは一九七四年八月のことだ。副大統領のフォードが昇格した。

ウォーターゲート事件は、一九七二年の大統領選挙の際に、ワシントンにあるウォーターゲート・ビルの民主党全国委員会のオフィスが盗聴された事件である。これがニクソン陣営の仕業ではないかとの疑いがもたれ、調査の過程でニクソン大統領当人の関与も明らかになった。

ニクソンは猜疑心（さいぎしん）が強い男だったらしく、敵である民主党だけでなくホワイトハウスでの自分とスタッフとの会話も録音していた。これらの録音テープも証拠として押収されるのだが、そのなかにはニクソンがバーンスタインのことを「サン・オブ・ア・ビッチ」（クソヤロウ）と罵っている声も録音されているという。バーンスタインもニクソンのことをインタビューの場で「リチャード・ファッキング・ニクソン」と呼んでいるから、お互い様である。

ニクソン辞任についてバーンスタインは「ケネディ暗殺以来の汚穢と裏切りに満ちた陰鬱な時代は、終わりを告げようとしている」と述べた。

一九七六年、副大統領から昇格したフォードは大統領選挙に立候補した。政権奪還のチャンスとなった民主党はジミー・カーター（一九二四〜）を候補にして挑み、カーターが勝った。この政権交代で、バーンスタインは再びホワイトハウスへ行く機会ができた。

亡くなる一年前の一九八九年十一月のインタビューでバーンスタインはこう語る。

「結局、世界中のどんなハウスよりも、僕はホワイトハウスが大好きなんだ。僕は音楽家であると同時にこの国の市民だからね」

一九七九年一月、バーンスタインはカーター大統領と共に、メキシコへ向かった。大統領の公式訪問に合わせ、メキシコ・シティ・フィルハーモニックをバーンスタインが指揮することになったのだ。国家の正式な外交使節としての訪問だった。

メキシコ・シティでの公式晩餐会にもバーンスタインは出席し、メキシコのロペス・ポルティーヨ大統領とフォークソングを歌い、その場の堅苦しい雰囲気を一瞬にして和ませ、カーター大統領を喜ばせた。カーターはバーンスタインに、「いつでも来てください、歓迎します」とメモを渡した。このメモをバーンスタインは額に入れて飾っていたが、それを持ってホワイトハウスに行くことはなかった。

物議を醸すスピーチ

一九八〇年秋の大統領選挙では現職のカーターが共和党のレーガンに敗れた。その選挙の直後の十一月二十二日、バーンスタインは出版社が主催したパーティーに出た。それは「グローブ音楽事典」全二十巻の新しい版の出版記念パーティーで、版元であるマクミラン社のオーナー家のひとり、英国の元首相ハロルド・マクミラン（一八九四〜一九八六）も出席していた。

この日が選ばれたのは、十一月二十二日が音楽の守護聖人である聖チェチリアの祝日だったからだが、バーンスタインにとっての十一月二十二日は別の重要な日だった。スピーチでバーンスタインは、「今日はこんなところに来たくなかった」といきなり言い出し、こう述べた。

「今日は、十一月二十二日なのに、ニューヨーク・タイムズを含め、誰もジョン・F・ケネディの死を語らない。イギリスは恐ろしいスキャンダルが起きれば、自分たちで対処するが、アメリカ人は国家的トラウマに直面しようとしない」

そのイギリスの例としてバーンスタインが挙げたのが、プロフューモ事件だった。大臣であるプロフューモが関係を持ったコールガールがソ連のスパイで、国家機密が漏洩（ろうえい）したという事件だ。これによって大臣は辞任し、さらに首相まで辞任に追い込まれた。その首相こそ、パーティーに出席していたマクミランである。つまり、パーティーの主賓の古傷を持ちだしたのだ。

さすがに会場はしらけた。「ばかげた話はやめてほしい」と言う者もいた。しかしバーンスタインはやめない。「ケネディのために、この場で全員が起立し二分間の黙禱を捧げるべきだ」と言って、ようやくスピーチを終えた。

この一件は新聞で報じられ、バーンスタインは批判された。当人によると、スピーチの前にマクミランと親しく飲み、この後のスピーチではケネディのことを話すと了解をとっていたという。マクミランが首相だったのは一九五七年から六三年なので、ケネディとは英米の首脳として親しかったのである。

マクミランはそんなに怒っていなかったかもしれないが、マスコミはバーンスタインを攻撃した。バーンスタインは自分への攻撃を、レーガンが勝利した結果、保守派の敵愾心が表面化したひとつの例だと捉えていた。

バーンスタインは自分が最後にホワイトハウスに行ったのが一九八〇年十二月七日だったとはっきり覚えている。十一月の選挙でカーターはレーガンに負けたが、一月二十日まで任期があった。

カーター政権は舞台藝術に貢献した藝術家を称えるためのケネディ・センター賞を創設

していた。第一回には当時九十一歳だったピアニストのアルトゥール・ルービンシュタインが選ばれ、授賞式ではバーンスタインが開会の辞を述べた。その第三回の受賞者に六十二歳のバーンスタインが選ばれたのだ。彼は「生涯の業績に対する賞を受けるには若すぎる」といったんは辞退したが、受けることにした。

ホワイトハウスでの授賞式には家族全員も連れて行った。レセプションの後、バーンスタインと家族は、リンカーンが奴隷解放宣言に署名した部屋に通され、そこで休憩してくださいと言われた。

その翌日の十二月八日、バーンスタインは娘が迎えに来てニューヨークのダコタ・ハウス（住んでいたマンションの名称）の自宅へ戻り、夕食をとっていた。すると、家政婦があわてやって来て、銃声がしたと伝えた。

同じダコタ・ハウスに住むジョン・レノンが殺されたのだった。

その後のレーガン時代についてバーンスタインはこう述べている。

「レーガンの時代は、受け身で人におんぶして現状維持で、波風を立てない、愛すべき八年間だったね」

だが、バーンスタインは波風を立てる人だった。

一九八三年八月、彼は六十五歳になるが、その数カ月前、今度の自分の誕生日は核軍縮を訴える日にしようと思いたち、世界中の音楽家に向かって、八月二十五日（バーンスタインの誕生日）にはスカイブルーの腕章をつけてくれと呼びかけた。世界各国の音楽家がこれに応じた。

八月二十五日当日、バーンスタインはスピーチで述べた。

「核軍縮は、世界が抱える問題として、これまでで最も致命的、最も長期的な問題であり、こうした世界の自殺行為を解決することに、私は真剣に取り組みます」

彼は有言実行の人だった。核軍縮、世界平和、人種差別撤廃、アムネスティ・インターナショナル、エイズ研究など、多くの社会問題について機会があれば発言した。彼は世界中のオーケストラに客演していたので、世界中の主要都市をまわり、そのたびにその国の大統領や首相と会い、親しく語り合った。

一九八五年には「平和への旅」と名づけて政治と音楽活動を一体化させた。ユース・オーケストラとともに平和を訴えるコンサートを世界各地で開くというものだった。

そのなかでも八月六日の広島でのコンサートはひとつのクライマックスだった。いうまでもなく、原爆投下から四十年の日である。

広島での記者会見でバーンスタインは、日本の反核運動が分裂していることを批判し、関係者をあわてさせた。相手が大統領であろうが反核団体であろうが、バーンスタインは遠慮しない。その発言を受けてアメリカ大使館はあわてて「レナード・バーンスタイン氏は公的な立場にはない」と声明を出した。

アメリカのテレビ局のインタビューには「戦争は不要であり、核兵器などというナンセンスなものはすべてきっぱりと廃絶すべきであるという懸命な認識を、このコンサートによって少しでも広げることができればと思っている」と答えている。

バーンスタインと青年たちのオーケストラはその後、ブダペストとウィーンでもコンサートを開き、核兵器廃絶と平和を訴えた。

東欧革命

レーガン政権は二期八年で終わったが、一九八八年の大統領選挙では民主党は政権奪還ができず、副大統領だったブッシュ（父）が当選した。

一方、ソ連にはゴルバチョフが登場しペレストロイカ、グラスノスチによる改革が進んでいた。ゴルバチョフについてバーンスタインは一九八九年のインタビューで「私が本当に敬愛するただひとりの現存する政治家」と称えた。

一九八九年は世界が大きく変わった年だった。十一月にベルリンの壁が崩壊したのを皮切りに、東欧諸国で共産党政権が倒され、民主化が実現したのだ。

ゴルバチョフも各国を訪問していたが、バーンスタインも負けてはいない。

四月にはイスラエルへ行き、彼が作曲した《ジュビリー・ゲームズ》の改訂版《オーケストラのための協奏曲》の初演を指揮した。

当時のイスラエルは強硬派で知られるイツハク・シャミルが首相だった。平和を求めるバーンスタインは、イスラエル・ホロコースト・メモリアルでのセレモニーで、アラブに対する煽動的な演説をするシャミルに対しては疑問を抱き、懸念を隠さなかった。

九月一日は、ヒトラーのナチス・ドイツがポーランドへ侵攻した日で、一九八九年はちょうど五十年にあたった。記念する音楽イベントがワルシャワであり、バーンスタインはその主役のひとりだった。オーケストラと合唱団はポーランドの音楽家たちで、指揮者やソリストは、かつての敵国であるドイツと、連合国側のアメリカの音楽家で、三者が互いに平和を確認するという趣向だ。

バーンスタインはベートーヴェン《レオノーレ》序曲第三番と自作の宗教合唱曲《チチェスター詩篇》を指揮した。ポーランドのクシシュトフ・ペンデレツキが自作《ポーランド・レクイエム》の何曲かを指揮し、ベルリン出身のユダヤ人であるルーカス・フォスがアルノルト・シェーンベルク《ワルシャワの生き残り》を指揮した。

演奏会後のレセプションで、バーンスタインはヴォイチェフ・ヤルゼルスキ大統領と、タデウシュ・マゾヴィエツキ首相と面談した。

オペラハウスのバーンスタインの楽屋での大統領と首相を招いての公式レセプションは、典型的なセレモニーだった。それが終わると、バーンスタインは大食堂で開かれていた出演者たちのパーティーの場に、国家指導者二人を連れて行った。バーンスタインは陽気にはしゃいだ。大統領も首相もそれに応じるしかない。音楽家たちは楽しそうなバーンスタインと大統領と首相を囲んだ。彼らは、この国が本当に自由と民主主義を手にしたのだと実感した。

抗議の勲章辞退

一九八九年十一月、バーンスタインは国民藝術勲章を授与されることになった。これは二年に一度、大統領から創造的な藝術家と藝術後援者に贈られるものだった。

バーンスタインとしてはブッシュ大統領から貰(もら)うのは気が進まなかったが、母親を喜ばせようと、受章を決めた。ところが、この勲章の受章者を決める全米藝術基金が、エイズのもたらす荒廃をテーマにした展覧会への補助金一万ドルを撤回した。展示内容が猥褻(わいせつ)だという理由だった。これにバーンスタインは激怒し、勲章を辞退した。その時に、大統領へ宛てた手紙が公開されている。

「あなた（ブッシュ）の政権下で公式に表彰されるためにワシントンへ行けば、これ以上の息苦しい日日はたくさんだと思いながらも、愛想の良い紳士的な沈黙と共にメダルを集めることに満足している政府公認藝術家であると思われかねないので、そんなことはできない」

バーンスタインがここまで強い態度に出られるのは、世界的名声と巨万の富があるからだった。そしてその名声と富とは、彼が政府に頼らずに自分の力で手に入れたものだった。だから彼は権力から自由だった。しかし同じように世界的名声と富を持ちながらも、メダルを集めることに夢中になり、時の政権に媚(こ)びへつらう藝術家もいるのだから、やはり、バーンスタインは特別な人だったと言えるだろう。

勲章を辞退した後、その年のクリスマス、バーンスタインは壁が崩壊したばかりのベルリンでベートーヴェンの「第九」を指揮した。

まさに、東欧革命、冷戦終焉(しゅうえん)における真打ち登場だった。オーケストラは、東西ドイツと、ベルリンを占領・統治した米英仏ソ、あわせて六カ国の音楽家たちによる臨時編成の楽団だ。コンサートは西ベルリンと東ベルリンで一回ずつ行なわれた。

会場は二十三日が西ベルリン側にあるフィルハーモニーで、一日休みをはさんで、二十五日は東ベルリンのシャウシュピールハウス（現コンツェルトハウス・ベルリン）だった。バーンスタインは演奏にあたり、第四楽章の「歓喜の歌」の歌詞の「フロイデ（喜び）」を「フライハート（自由）」に変更した。

二十三日の西ベルリンのフィルハーモニーでの演奏会は、市の繁華街に置かれた巨大スクリーンにも映し出され、チケットを買えなかった人たちは野外で観た。霧雨が降っていたが、何万もの人びとがその雨のなか、バーンスタインが指揮する自由を謳(うた)い上げた「第九」を観て聴いて涙を流した。

翌日はリハーサルもせず、休んだ。そして二十五日のクリスマス、会場は東ベルリンのシャウシュピールハウスに移った。朝から寒かった。この日の演奏会は衛星中継で全世界二十カ国に放送された。テレビで放送されただけでなく、レーザーディスクとしても発売され（現在はＤＶＤ）、ライブ録音のＣＤ[*39]にはベルリンの壁の残骸が付録として付けられた。

バーンスタインの「第九」は全世界へ届いた。

その翌年六月二日と三日には一九四七年以来、四十三年ぶりに「プラハの春」音楽祭に出て、「第九」を指揮した。

プラハでは新しいチェコの大統領であるハヴェルとも長い時間、面談した。バーンスタインは一九七七年にプラハに行くことになっていたが、当時の政権が反体制作家を投獄したことに抗議して、取り止めたことがあった。ハヴェル大統領はそのときのことを感謝した。

この時すでにバーンスタインの身体は癌に冒されていた。

プラハからアメリカに帰ると、七月には日本へ行った。帰国して、タングルウッド音楽祭に行き、八月十九日にボストン交響楽団を指揮したのが、最後のコンサートとなった。

一九九〇年十月十四日、レナード・バーンスタインはその生涯を終えた。

亡くなる一年前のインタビューで尊敬する政治家として彼は、ケネディ、ヴィリー・ブラント、アジェンデ、サダト、ミッテラン、そしてゴルバチョフを挙げている。

終章

禁じられた音楽

ドイツ敗戦後、連合国による「非ナチ化政策」により、多くの音楽家がナチス政権下の「生き方」を問われた。何年も演奏活動が禁止された音楽家たちもいた。それでも、ヒトラーが好んでいたワーグナーやベートーヴェンの音楽そのものは罪には問われなかった。ナチスと闘っていたアメリカでもワーグナーやベートーヴェンは演奏されていたからだ。問われたのは「演奏家の生き方」であり、「音楽作品」ではなかった。

だが、イスラエルだけは事情が異なっていた。

カラヤン抜きで

クラシック音楽業界での小噺（こばなし）がある——ある日カラヤンがタクシーに乗った。運転手が「どちらまで?」と訊（き）くと、カラヤンはこう答えた。「どこへでも、世界中が私を待っている」

しかし、カラヤンを待っていない国がひとつだけあった。イスラエルである。

イスラエルではドイツ音楽全般は戦後も演奏されていたが、一部のドイツ人の演奏は拒まれ続けた。ドイツ最高の、つまりは世界最高のオーケストラであるベルリン・フィルハーモニーは、戦後、西ドイツの文化使節としての役割を担い、アメリカはもちろん、アジア、そしてソ連や東欧にも演奏旅行に出かけていたが、クラシック音楽が盛んな主要国の中でイスラエルにだけは行けなかった。

ベルリン・フィルハーモニーのイスラエル・ツアーは何度も企画されたが、そのたびに、このオーケストラの指揮者カラヤンがかつてナチスの党員であったことが問題となった。ベルリン・フィルハーモニー側は、「イスラエルにだってフォルクスワーゲンが走っているではないか」と説得した。フォルクスワーゲンはナチス政権下に国策会社として作られた。その車を受け入れているのだからカラヤンだって受け入れるべきだとの意見は、イスラエル国内にもあった。

しかし、「我々にはフォルクスワーゲンは必要だが、カラヤンは必要ではない」、「カラヤンという名前に拒絶反応を起こす人びとがいる」との意見が圧倒的だった。

結局、ベルリン・フィルハーモニーがイスラエル訪問を果たすのは、カラヤンの死の一年後、一九九〇年四月のことで、ダニエル・バレンボイム（一九四二〜）の指揮で実現した。

バレンボイムはピアニストとして世に出て、指揮者としても活躍し、コンサートもオペラも振る、大音楽家である。彼は戦争中の一九四二年にアルゼンチンで生まれたが、両親ともロシア出身のユダヤ系移民だったので、イスラエル国籍も持つ。ユダヤ人でありながら、現在屈指のワーグナー指揮者であり、ピアニスト・指揮者としてのレパートリーの中心はベートーヴェンなどのドイツ音楽だ。

イスラエルと縁が深いもうひとりの大指揮者がズービン・メータ（一九三六〜）である。彼はインドのゾロアスター教徒の家に生まれた。ユダヤ人ではないが、一九六〇年代から仕事としてイスラエル・フィルハーモニーを指揮しているうちに、熱烈な親ユダヤとなり、このオーケストラの終身音楽監督となっている。

メータはベルリン・フィルハーモニーに何度も客演していたので、九〇年のツアーの際には、メータが指揮して、イスラエル・フィルハーモニーとベルリン・フィルハーモニーの合同コンサートが行なわれた。ベルリンのメンバーは黒い燕尾服(えんびふく)、イスラエルのメンバーは白いタキシードでステージに並び、ベートーヴェンの交響曲第五番が演奏された。[*40]

前年にベルリンの壁が崩壊していたが、このツアーと合同コンサートも、「もうひとつのベルリンの壁」の崩壊だと評された。半世紀近い歳月が流れ、ようやく、ドイツを代表するオーケストラはイスラエルの地で演奏できたのだ。

しかし、ワーグナーの音楽がイスラエルで演奏されるまでには、さらに十年の歳月が必要だった。

アンコールはワーグナー

ナチス政権下のドイツではユダヤ系音楽家がオーケストラから追い出され職を失っただ

けでなく、メンデルスゾーンやマーラーなどユダヤ系作曲家の作品も演奏されなくなった。戦後のイスラエルが、カラヤンを受け入れず、ワーグナーの演奏を禁じているのは、それと同じではないか——との批判がある。しかし、そんな批判に対しては、そうせざるをえないほど、ナチスは残虐非道だったのだとの反論もある。結論の出ない問題だった。

「イスラエルではワーグナーが禁止されている」といっても、ワーグナーの曲のCDは普通に売られているし、ラジオで放送されることもあった。イスラエル・フィルハーモニーのコンサートでの演奏のみが禁止されていたのである。そしてイスラエル音楽界では、同オーケストラが外国の演奏家との窓口になっていたので、公的にイスラエルを訪問した音楽家はこの方針に従わなければならない。

東西ドイツ統一後、かつては東側に属していたベルリン州立歌劇場は音楽監督にユダヤ人バレンボイムを選んだ。九二年秋からバレンボイム体制が始まり、二〇〇一年には同歌劇場の専属管弦楽団が、イスラエル音楽祭に招かれた。

バレンボイムは音楽祭のコンサートで、ワーグナーの《ワルキューレ》第一幕を演奏会形式で上演したいと申し出て、いったんは決まった。しかし政府からの抗議で、このプログラムは変更され、シューマンとストラヴィンスキーの曲となった。

七月七日のエルサレムでのコンサートでは、アンコールとしてチャイコフスキーの曲が演奏された後、指揮者バレンボイムが客席に向かって言った。

「さらに聴いていただけるのであれば、ワーグナーの《トリスタンとイゾルデ》の前奏曲と〈愛の死〉はどうだろうか」

場内は騒然となった。バレンボイムは聴衆に対し、「話し合いたい」と言った。そしてその場で四十分にわたる対話集会となった。結論として、「帰りたい方は、もちろん帰っていただいてかまわない。だが、聴きたいという方がいるのであれば、我々は演奏したい」とバレンボイムが言って、対話集会は終わった。二、三十人が出て行った。

残った約二千八百名の聴衆を前にして、ベルリンのオーケストラはワーグナーを奏ではじめた。演奏が終わると、聴衆はスタンディングオベーションで、政治に屈しなかったオーケストラと指揮者を讃えた。

だが、翌日からバレンボイムはイスラエル中のマスコミで批判にさらされた。コンサート会場にいなかった人びとが、「ワーグナーを演奏した」ということのみで攻撃したのだ。

エルサレム市長オルメルト（一九四五〜）は、「厚かましく、傲慢、野蛮、かつ鈍感な行為だ」と批難し、政治家の中には、「彼が謝罪するまで、イスラエルに呼ぶな」とまで言う者もいた。バレンボイムは「本当にがっかりした」と、この騒動を振り返っている。

バレンボイムは、ホロコーストを生き延びた人びとがワーグナーに抱いている嫌悪を理解している。無理に聴けと言うつもりはない。

だが、「恐ろしいイメージを持たない人びとまでもが、ワーグナーの音楽を聴く機会を奪われるのはおかしいのではないか、それは間接的に、ナチスによるワーグナー音楽の不正な利用に加担するものではないか」と語る。

カラヤンが言うのではない。ユダヤ人バレンボイムが言うのだ。それなのに、理解されない。

ワイマールの若者たち

ドイツの問題はイスラエルにとって、忘れてはならないが、「過去」のことだ。そしてイスラエルが直面している「現在」がパレスチナとの関係だった。

バレンボイムがそのパレスチナに音楽で関わるのは、ひとつの偶然の出会いがあったからだ。

文藝(ぶんげい)批評家のエドワード・サイード（一九三五〜二〇〇三）はエルサレムに生まれ、カイロで育ち、アメリカへ移住した、パレスチナ系アメリカ人である。二〇〇三年に亡くなるまで、アメリカ国内でパレスチナ側に立つ数少ない文化人のひとりだった。

サイード一家がエルサレムを去ったのは一九四八年、イスラエル建国の年のことだ。一方、ブエノスアイレスでロシア出身のユダヤ人の子として生まれたバレンボイムが両親と共にイスラエルへ移住したのは一九五二年だった。政治によって生まれた土地を去ったサイード、政治によって祖先の地に帰ることができたバレンボイム。ひとりは文学の道へ進み、ひとりは音楽家となった。

一九九三年六月――イスラエルを国家として、ＰＬＯ（パレスチナ解放機構）をパレスチナの自治政府として相互に承認する「オスロ合意」が宣言される三カ月前――二人はそれぞれの仕事で訪れたロンドンで偶然に出会った。互いにその仕事を通して存在は知っていたが、会って話したのは、その時が初めてだった。二人はすぐに意気投合した。

こうして始まった二人の友情が、大きなうねりを起こす。

五年後の一九九八年、バレンボイムはサイードと共に、パレスチナのビルゼイト大学学長の家へ招かれた。一年後、バレンボイムは「パレスチナで演奏する初めてのイスラエル人」として、ビルゼイト大学でのリサイタルでピアノを弾いた。アンコールでは、イスラエル系パレスチナ人の若いピアニストとも連弾した。

サイードは「この夜、すべては変わった」と回想している。

「かつて例をみなかった新しいことがすばらしい形で起きたのだと、心を搔き乱されつつ悟っていた」

二人はこの変化を一夜だけのものにしてはならないと考えた。

一九九九年夏、この年の「欧州文化都市」として指定されていたドイツのワイマールで、バレンボイムとサイードは音楽のワークショップを始めた。

この年はゲーテ生誕二百五十年でもあり、その『西東詩集』からとって、ウエスト゠イースタン・ディヴァン・オーケストラと名付けられた臨時編成のオーケストラが結成され、十八歳から二十五歳までの間の音楽家七十八人――パレスチナ人、エジプト人、イスラエル系アラブ人、ユダヤ人、レバノン人、シリア人、そしてドイツ人も十二人――がオーディションによって選ばれワイマールへやって来た。講師はバレンボイムと世界的チェリストのヨーヨー・マ（一九五五〜）、さらにシカゴとベルリンのオーケストラの首席奏者たちも参加した。

日中はバレンボイムたちが指導する七時間にわたる練習、夜はサイードが指導する討論会となった。その場では音楽はもちろん、政治についても意見が交わされ、敵意と友情が交錯した。

あるイスラエル人チェリストが言った。「僕は音楽のために来たのであり、他のことには興味はない。僕はレバノンに送られて、彼らと戦うかもしれないんです」。彼は兵士だったのだ。

バレンボイムは「帰ってもいいんだ。無理に留まることはない」と言った。

しかし、その青年兵は最後までオーケストラの一員としてアラブの青年たちと演奏した。

ラマラでのコンサート

二〇〇〇年代前半のバレンボイムは、ベルリン州立歌劇場とシカゴ交響楽団の音楽監督、さらにピアニストとしても演奏していたが、シーズンオフになる夏は、毎年ウエスト＝イースタン・ディヴァン・オーケストラの活動を続けた。

二〇〇五年夏は、パレスチナ自治区のラマラでコンサートを開いた。このコンサートはサイードが発案したものだったが、彼は二〇〇三年に亡くなっていた。パレスチナ自治区でイスラエル国籍を持つバレンボイムが指揮して、アラブ人とイスラエル人の青年たちによるオーケストラが演奏するという、亡き盟友の企画の実現に向けてバレンボイムは持てる力を傾注していった。

いうまでもなく、ラマラは政治的に極めて微妙な地域であり、そんなところでわざわざコンサートをする興行的理由はない。政治的にも微妙だが、現実に戦闘地域でもあり、身の危険もある。しかし、バレンボイムと若者たちは悩みながらも、このコンサートに挑む。

世界的指揮者の看板があったとしても、イスラエルの音楽家がパレスチナ自治区で演奏することが、はたして可能なのか。

このオーケストラは活動拠点をスペインのセビリャに置いていたので、バレンボイムはスペイン政府に働きかけ、青年たちにスペインのパスポートを発給させた。これにより、パレスチナ自治区への「入国」が、「不可能」から「ほとんど不可能なくらい困難」へ変わる。それは「困難」、「困難だが可能」、「可能」というプロセスを経て、実現した。だが、そうなると、今度は若者たちひとりひとりが行くか行かないかの選択を迫られる。とくにイスラエルの若者たちは命の危険も感じていた。

困難と苦悩を経て、コンサートは八月二十一日に行なわれ、モーツァルトの協奏交響曲とベートーヴェンの交響曲第五番などが演奏された。このコンサートの様子はドキュメンタリー映画『知らなければ何も始まらない』となり、DVD[*41]にもなっているし、テレビでも放送された。

バレンボイムとウエスト゠イースタン・ディヴァンの青年たちの活動は続く。翌二〇〇六年はヨーロッパ各地をツアーした。この年の曲は「世界はひとつ」と謳(うた)いあげるベートーヴェンの「第九」と、ブラームスの交響曲第一番だった。

だが予定していたツアーの直前、七月にレバノンのシーア派武装組織がイスラエル兵二人を拉致したことがきっかけとなり、イスラエル軍はレバノンへの空爆と地上部隊の侵攻を開始した。空爆では数百人が死に、百万人近くが難民となった。まさに戦争状態にあったが、バレンボイムと若者たちは集まった。

ツアーは八月八日のスペインのセビリャで始まり、マドリード、ペラーダ、サンタンデル、アルヘシラス、イスタンブール、グラナダ、ブリュッセル、パリ、ケルン、ベルリンで演奏し、最終日は八月二十八日、このオーケストラ発祥の地であるワイマールである。

ツアーが終わって一カ月以上が過ぎた十月一日になって、イスラエル軍は撤退を開始した。つまり、このオーケストラの若者たちは、自分の国が戦争している間、その敵国の音楽家たちと共に、「第九」やブラームスを演奏していたのである。

藝術は戦争の前に無力なのか、それとも、藝術こそが対話と協調をもたらすのか。

バイロイトでのコンサート

ドイツの地方都市バイロイトは、リヒャルト・ワーグナーが自らの理想の実現のために劇場を建て、自作のみを上演する音楽祭を開いた地だ。ワーグナーを敬愛したヒトラー政権時代、この音楽祭はナチスの祭典だった。二〇〇九年からはワーグナーの二人の曽孫(ひまご)が音楽祭の総監督を務めている。

そのバイロイトに、二〇一一年夏、イスラエルの楽団が史上初めて訪れて演奏会を開いた。バイロイト音楽祭側が招聘(しょうへい)したものだったが、これを受けてバイロイトへ行くべきかどうか、イスラエル国内では論争になった。ホロコーストの犠牲者やその遺族からは反対の声が多かった。ドイツの、それもヒトラー政権と密接な関係にあったバイロイトへ行き、しかもワーグナーを演奏するなど、絶対に許せないと考える人びとは多かったのだ。楽団員の中には親族がホロコーストの犠牲になった者もおり、彼らは悩んだ。楽団へは国庫からの支援が出ているので、国会議員の中には「予算執行を差し止めろ」と言う者もいた。

だが、楽団は作曲家の思想と作品は別だとして、バイロイトへ行くことを決断し、イスラエル国内ではワーグナーの曲は練習しないという配慮をした上で、ドイツへ向かった。それでもテルアヴィヴでは反対のデモまであった。

イスラエルにとってワーグナーはいまもなお大きな政治問題となる。右翼政治家のなかには、あえて反ワーグナー感情を煽ることで自分の存在をアピールしている人もいるのだ（イスラエルでは、右翼が反ワーグナーとなる）。

七月二十五日にバイロイト音楽祭は開幕し、その翌日がイスラエル室内管弦楽団の演奏会だった。[*42]

最初にイスラエル国歌が演奏され、マーラーの歌曲、メンデルスゾーンの交響曲、そしてリストの《夕べの鐘》とユダヤ系の作曲家の作品が演奏された後、ワーグナーの《ジークフリート牧歌》が演奏された。曲が終わると、客席にいた誰もが立ち上がり、楽団を称えた。バイロイトとイスラエルの音楽家たちは音楽で和解できたのだ。

ユダヤの人びとが国家を持たなかった時代、差別はあったが、才能のある音楽家たちはヨーロッパ各国のオーケストラに入り、ワーグナーも演奏していた。それに誰も何の疑問も抱かなかった。ワーグナーは反ユダヤ感情を抱いていたが、それを気にするユダヤ人演奏家はいなかった。

ヒトラー政権によって、ユダヤ人はドイツから追放された。追われたユダヤ系演奏家たちのなかには、パレスチナに新しくできたユダヤ人による自主的なオーケストラ、パレスチナ交響楽団（現在のイスラエル・フィル）結成に参加した者もいる。

同楽団の最初のコンサートは、第Ⅱ章で述べたように一九三六年十二月で、指揮したのはユダヤ人ではないトスカニーニ、曲はブラームスやシューベルトというドイツ音楽だった。二年後の三八年に、この楽団はトスカニーニの指揮でワーグナーの《ローエングリン》の前奏曲も演奏している。

ワーグナーがタブーとなったのは戦後、イスラエルという国家が建国されてからなのだ。イスラエル国家は、かつてユダヤ人を弾圧したナチス政権のように、音楽を弾圧している。ホロコーストを忘れてはならない。

しかし、ワーグナー作品をタブーとしたままでいいのか――音楽家たちは演奏を通して訴えている。

ミュージシャンや俳優、作家やマンガ家が政治的な発言をすると、「素人が政治に口を出すな」と批判される。この本は、それに対するひとつの反論でもある。歴史をひもとけば、いかに多くの音楽家が政治的発言をし、行動してきたか——その闘争の記録だ。

その闘いは、しかし、多くが敗北に終わる。著名な音楽家の言動が人びとの心を動かすことはあっても、為政者の姿勢を変えることはない。現実の政治の場での効力はほとんどない。トスカニーニが抵抗してもムッソリーニ政権は強靭だった。カザルスがあれほどアピールしても、フランコ独裁政権はフランコの死によってしか終わらなかった。バーンスタインの反核の訴えも虚しく響いただけだ。

それでも、沈黙よりは——たとえ自己満足にすぎなくても——ましだ、と信じたい。チェコスロヴァキアの全体主義国家を拒絶したクーベリックの姿勢は、ビロード革命への何らかの精神的支えとなっただろう。

この本は二〇一三年十月に七つ森書館から刊行されたものの文庫化である。その元になったのは、「週刊金曜日」に二〇一一年から二年にわたり、毎回一ページ、隔週で連載したコラム「国家と音楽家」だった。二〇一一年の東日本大震災と東京電力福島第一原子力発電所事故から間もない四月に連載は始まった。連載すると決まり、準備をしていたところに震災・原発事故が起きた。原発が安全ではないこと、ひとたび事故が起きれば国家存亡の危機に瀕する可能性があることを、「3・11」は教えた。脱原発を求めるデモや集会が各地で起こり、沈黙していた文化人や藝術家も、声を上げるようになった。

そんな時期に、国家と対峙した音楽家たちの物語を書いていたのだった。

文庫として出し直すにあたり、八年ぶりに全体を通して読んだ。二十世紀の、とくに前半は、すさまじい時代だったと改めて思う。文中でも触れた当時の演奏の録音もいくつか聴き直したが、鬼気迫る。その音楽がどのような状況下での演奏なのか、予備知識があるからではあるのだが、言葉のない音楽でも雄弁に怒りや絶望や喜びが感じ取れる。音楽の力を感じさせられた。

その音楽の力は、だからこそ権力者にとっても魅力的で、統治に利用したくなるのだろう。

「週刊金曜日」での連載は二年にわたったが隔週連載だったので、回数は四十五回、総文字数約五万五千字だった。本にするにあたり、大幅に加筆し三倍以上の約十七万二千字となったので、連載時の原形は留めていない、書き下ろしに近いものとなった。第Ⅲ章「沈黙したチェロ奏者」と第Ⅳ章「占領下の音楽家たち」は新たに書き下ろした。今回の文庫化では、第Ⅴ章・第Ⅷ章に加筆した。

終章を含めて九つの国を題材としたが、「週刊金曜日」連載時には、編集部からの要望もあり、日本編も書いた。「日本代表」を誰にするかは、かなり悩んだ。日本も戦前は全体主義国家だったので、それなりに事件はあったし、苦難の人生を強いられた人、国家に翻弄された人も多い。ＮＨＫの連続テレビ小説（朝ドラ）『エール』のモデルにもなった軍歌の作曲家・古関裕而もそのひとりだ。戦後もプロテストソングを作ったフォークやロックのミュージシャンは何人もいる。しかし「誰もが知っている人」にしたかったので（連載時は『エール』はまだ制作されていない）、クラシックの音楽家ではなかったが、美空ひばりを書いた。

美空ひばりは没後こそ絶賛されているが、存命中、とくにデビュー時は良識ある人びとは批判し嘲笑し揶揄していた。やがて家族に暴力団関係者がいるとして警察の指導で公共施設でのコンサートができなくなり、ＮＨＫは『紅白歌合戦』から追放した。それでも彼女は歌うことをやめなかった。広島平和音楽祭のために作られた『一本の鉛筆』というレパートリーも持つ、反戦の思いをきちんと表明する人でもあった。結局、ＮＨＫは『紅白歌合戦』への出演を依頼せざるをえなくなった。美空ひばりは勝ったのだ。そんな話を書いた。

だから美空ひばりも国家と対峙した音楽家なのだが、他の国の音楽家たちと比べれば、その闘争はきわめて個人的なもので、この本の他の音楽家とは、「クラシックではない」という点も含めて異質なので、本書には入れなかった。また別の機会を待ちたい。

日本に国家と正面から対峙した音楽家がいないのは、戦後の日本が民主的であることの証明なのかもしれないし、国家が巧妙に国民を支配しているから顕在化しないのかもしれない。

藝術と権力の関係について考えるとき、映画『第三の男』の有名なセリフをいつも思い出す。

「ボルジア家三十年の圧政はルネサンスを生んだが、スイス五百年の平和と同胞愛は何を生んだか。鳩時計（はとどけい）だけだ」

これを真似（まね）すれば、スターリンの圧政がショスタコーヴィチを生み、戦後日本七十五年の平和は美空ひばりを生んだのだ。その個人的な闘いに勝利したことも含め、美空ひばりは日本の戦後の平和と民主主義の象徴だ。この人が忘れられたときは、その平和と民主主義が終わるときなのかもしれない。

単行本の版元だった七つ森書館は二〇一九年に社長が亡くなったのにともない廃業し、この本も入手困難になっていたが、集英社文庫の中山哲史氏の眼（め）に留まり、文庫として蘇（よみがえ）ることになった。加藤登紀子（かとうときこ）さんに解説を書いていただいたのも、望外の喜びである。

そういえば、加藤登紀子さんは美空ひばりの歌を中心にしたコンサートを開いている。

（＊は本文中の番号を示す）

◎本文で触れた演奏で録音されCD（DVD）となっているものを紹介する。パブリックドメインのものが多く、複数のレーベルから発売されているが、著者所有のCDのレーベルと番号を記す。また廃盤のものもある。

第Ⅰ章　独裁者に愛された音楽

EMI TOCE-16294	Archipel ARPCD0270
＊**1**　**マーラー　交響曲第九番**／ワルター／ウィーン・フィルハーモニー／1938年1月16日の演奏会のライヴ。これがワルターとウィーン・フィルとの戦前戦中最後の演奏となった。	＊**2**　**ベートーヴェン　交響曲第九番**／フルトヴェングラー／ベルリン・フィルハーモニー他／1942年4月19日のライヴ。世に言う「ヒトラー誕生日の第九」。

MEMORIES MR2004/2005	EMI TOCE-14054
＊**3**　**ブラームス　交響曲第一番第四楽章**／フルトヴェングラー／ベルリン・フィルハーモニー／1945年1月23日のライヴ。ベルリンでの戦中最後の演奏会。空襲の最中の演奏。	＊**4**　**ベートーヴェン　交響曲第九番**／フルトヴェングラー／バイロイト祝祭管弦楽団他／1951年7月29日、バイロイト音楽祭のライヴ。

EMI 3800222

＊5 ワーグナー《ワルキューレ》第三幕／カラヤン／バイロイト祝祭管弦楽団他／1951年8月12日のバイロイト音楽祭のライヴ。

Walhall Classics WLCD096

＊6 ワーグナー《ジークフリート》／カラヤン／バイロイト祝祭管弦楽団他／1951年8月13日のバイロイト音楽祭のライヴ。

Testament SBT4175

＊7 ワーグナー《神々の黄昏》／クナッパーツブッシュ／バイロイト祝祭管弦楽団他／1951年8月4日、バイロイト音楽祭のライヴ。

Documents 223063

＊8 ワーグナー《パルジファル》／クナッパーツブッシュ／バイロイト祝祭管弦楽団他／1951年のバイロイト音楽祭のライヴ。

第Ⅱ章 ファシズムと闘った指揮者

MEMORIES MR2194

＊9 ワーグナー《ニュルンベルクのマイスタージンガー》／トスカニーニ／ウィーン・フィルハーモニー他／1937年8月5日、ザルツブルク音楽祭のライヴ。

Appian APR6001

＊10 ブラームス　ピアノ協奏曲第一番、第二番／トスカニーニ／ホロヴィッツ（ピアノ）／ルツェルン祝祭管弦楽団他／1939年8月29日のルツェルン音楽祭のライヴ他。トスカニーニのヨーロッパでの戦前最後の演奏。

Urania URN22409

＊11 ショスタコーヴィチ　交響曲第七番《レニングラード》／トスカニーニ／NBC交響楽団／1942年7月19日のアメリカ初演のライヴ他。

Music And Arts M&ACD753

＊12 ベートーヴェン　交響曲第三番《英雄》、第五番／トスカニーニ／NBC交響楽団／1945年9月1日、5月8日のNBC 8Hスタジオでの録音。

Naxos 8110821-22

＊13 ヴェルディ《ナブッコ》序曲他／トスカニーニ／スカラ座管弦楽団／1946年5月11日、ミラノ・スカラ座の再建記念演奏会。

＊14　トスカニーニ・ラストコンサート　ワーグナー《ローエングリン》前奏曲他／トスカニーニ／ＮＢＣ交響楽団／１９５４年４月４日、カーネギー・ホールでのライヴ。トスカニーニの生涯最後の演奏会。

Altus
ALT-179

＊15　トスカニーニ追悼演奏会　ベートーヴェン　交響曲第三番《英雄》、ドビュッシー《海》他／ワルター、ミュンシュ他／シンフォニー・オブ・ジ・エア／１９５７年２月３日、カーネギー・ホールでのライヴ。

Music And Arts
M&ACD1201

第Ⅲ章　沈黙したチェロ奏者

＊16　カザルス　The Complete Published EMI Recordings 1926-1955　バッハ《無伴奏チェロ組曲第一番》他／カザルス他／１９２６年から５５年までの録音（９枚組）。

EMI Classics
6949322

＊17　プラド・カザルス音楽祭ライヴ(1953-1959)　ベートーヴェン《モーツァルト「魔笛」の主題による7つの変奏曲》他／カザルス、コルトー他／１９５３年から５９年までの録音（12枚組）。

Music And Arts
M&ACD1113

＊18　鳥の歌　ホワイトハウス・コンサート　カタロニア民謡《鳥の歌》他／カザルス（チェロ）／ホルショフスキ（ピアノ）／１９６１年11月13日、ホワイトハウスでのライヴ。

SONY
SICC-1013

第Ⅳ章　占領下の音楽家たち

＊19　アルフレッド・コルトー　アニヴァーサリー・エディション（40枚組）／コルトー（ピアノ）。

Warner Limited Box
7049072

＊20　チャイコフスキー　ピアノ協奏曲第一番他／１９４１年４月17・21日／ミュンシュ／パリ音楽院管弦楽団／コスタンティノフ（ピアノ）／ミュンシュの戦中の演奏会のライヴ。

Archipel
ARPCD0383

＊21　ベルリオーズ《幻想交響曲》、ドビュッシー《海》、ストラヴィンスキー《レクイエム・カンティクルス》／ミュンシュ／パリ管弦楽団／１９６７年11月14日、パリのシャンゼリゼ劇場でのライヴ。パリ管弦楽団の最初の演奏会。

Altus
ALT-229

第Ⅴ章 大粛清をくぐり抜けた作曲家と指揮者

BMG BVCX80203	＊22 **ショスタコーヴィチ 交響曲第五番**／ムラヴィンスキー／レニングラード・フィルハーモニー／初演の1年後の1938年暮れから39年初頭の録音。
ビクター VDC25005	＊23 **ショスタコーヴィチ《森の歌》**／ムラヴィンスキー／レニングラード・フィルハーモニー／初演直後の1949年12月12日の録音。
Altus ALT-002	＊24 **ショスタコーヴィチ 交響曲第五番**／ムラヴィンスキー／レニングラード・フィルハーモニー／ムラヴィンスキー初来日の1973年5月26日、東京文化会館でのライヴ。
Altus ALT-064	＊25 **グラズノフ 交響曲第五番、チャイコフスキー《眠りの森の美女》序曲他**／ムラヴィンスキー／レニングラード・フィルハーモニー／1979年6月8日、NHKホール。ムラヴィンスキーの日本での最後の演奏会のライヴ。

第Ⅵ章 亡命ピアニストの系譜

Naxos Historical 8112011	＊26 **パデレフスキ 彼自身が選曲したアメリカ・ビクター録音集 1914-1941 ベートーヴェン ピアノ・ソナタ第十四番《月光》第一楽章他**／1914年から30年までのアメリカでのレコーディングと、41年1月のアメリカ・デビュー50年のスピーチが収録されている。
Diapason Classic DIAP066	＊27 **ベートーヴェン ピアノ・ソナタ第二十三番《熱情》他**／ルービンシュタイン／1963年4月20日、オランダ、ナイメーヘンでのライヴ。
Euroarts 3078548	＊28 **ショパン ピアノ・ソナタ第二番《葬送》他**／ルービンシュタイン／1964年10月1日、モスクワ音楽院大ホールでのライヴDVD。CDとしてはMelodiyaの「MELCD-1001684」がある。
Ica Classics ICAC5003	＊29 **ブラームス ピアノ協奏曲第二番他**／ルービンシュタイン／ドホナーニ／ケルン放送交響楽団／1966年5月23日、スイス、チューリヒでのライヴ。

第VII章　プラハの春

Opus OPK2075	Supraphon SU4065	Andromeda ANDRCD9032	Radio Servis CR0292
＊**30**　**スメタナ《我が祖国》全曲**／ターリヒ／チェコ・フィルハーモニー／1929年9月、プラハでの録音。	＊**31**　**スメタナ《我が祖国》全曲**／ターリヒ／チェコ・フィルハーモニー／1939年6月5日、プラハの国民劇場でのライヴ。	＊**32**　**クーベリック　レア・パフォーマンス集　ドヴォルザーク　交響曲第八番他**／クーベリック／チェコ・フィルハーモニー／1946年5月19日、「プラハの春」音楽祭でのライヴ他（3枚組）。	＊**33**　**スメタナ《我が祖国》全曲**／アンチェル／チェコ・フィルハーモニー／1968年5月12日、「プラハの春」音楽祭でのライヴ。

日本コロムビア COBO4323	日本コロムビア COCO73061	Altus ALT-098
＊**34**　**ベートーヴェン　交響曲第九番**／ノイマン／チェコ・フィルハーモニー他／1989年12月14日、プラハ、スメタナ・ホールでのビロード革命記念コンサートのライヴDVD。	＊**35**　**スメタナ《我が祖国》全曲**／クーベリック／チェコ・フィルハーモニー／1990年5月12日の「プラハの春」音楽祭でのライヴ。	＊**36**　**スメタナ《我が祖国》全曲**／クーベリック／チェコ・フィルハーモニー／1991年11月2日の東京・サントリーホールでのライヴ。

第Ⅷ章　アメリカ大統領が最も恐れた男

ニューヨーク・フィルの自主制作盤	SONY 5174942	Deutsche Grammophon 429861
＊37　**シューマン《マンフレッド》序曲、リヒャルト・シュトラウス《ドン＝キホーテ》**／バーンスタイン／ニューヨーク・フィルハーモニック他／1943年11月14日、バーンスタインのニューヨーク・フィルへのデビューコンサート。	＊38　**マーラー　交響曲第二番《復活》、第五番第四楽章他**／バーンスタイン／ニューヨーク・フィルハーモニック他／第五番は1968年6月8日のロバート・ケネディ追悼ミサでの演奏。	＊39　**ベートーヴェン　交響曲第九番《合唱》**／バーンスタイン／バイエルン放送交響楽団のメンバー他／1989年のクリスマスのベルリンの壁崩壊記念コンサートのライヴ。

終章　禁じられた音楽

Arthaus Musik 100069	ワーナー・ミュージック WPBS-90192	Ars Produktion ARS38100
＊40　**ジョイント・コンサート テル・アヴィヴ1990　ベートーヴェン　交響曲第五番他**／メータ／ベルリン・フィル＆イスラエル・フィル／1990年4月18日のテル・アヴィヴでの演奏会のDVD。	＊41　**ドキュメンタリー　ラマラ・コンサート**／バレンボイム／ウエスト＝イースタン・ディヴァン・オーケストラ／2005年8月21日、パレスチナ自治区ラマラでのコンサートとドキュメンタリー映像。	＊42　**バイロイトの歴史的瞬間　イスラエル国歌《ハクティヴァ》、メンデルスゾーン交響曲第四番《イタリア》、ワーグナー《ジークフリート牧歌》他**／パーテルノストロ／ヘンシェル（バリトン）／イスラエル室内管弦楽団／2011年7月26日のバイロイト、シュタットハレでのライヴ。

〈国家と音楽家〉略年表

（▼は本書の参照頁数を示す）

西暦	〈国家と音楽家〉の出来事
1831	9月8日、ワルシャワ陥落し、ポーランド独立軍敗北▼248
1871	5月10日、普仏戦争終結、アルザスの大半とロレーヌの東半分がドイツ（プロイセン）に割譲▼149
1874	スメタナ、《我が祖国》を作曲（1879年まで）▼277
1876	8月13日、第1回バイロイト音楽祭開催▼45
1881	6月11日、プラハに「国民劇場」開場▼278〜279
1887	8月、第1回ザルツブルク音楽祭開催▼85
	パデレフスキ、ウィーンでデビュー、大成功▼252
1896	1月4日、チェコ・フィルハーモニーの第1回コンサート▼280〜281
1898	トスカニーニ、ミラノのスカラ座の指揮者に▼63
1903	4月、トスカニーニ、スカラ座の音楽監督を辞任▼64
	夏、ルービンシュタイン、パデレフスキをスイスに訪ねる▼261
1904	カザルス、バッハの無伴奏チェロ組曲を初めて公開演奏▼106
1906	5月25日、カザルス、コルトー、ティボー、初めてトリオとして演奏▼144〜145
1908	11月、トスカニーニ、ニューヨークのメトロポリタン歌劇場の指揮者に▼64
1913	パデレフスキ、パリの独立運動組織「ポーランド国民委員会」のアメリカ代表となる▼254

1914	7月、第一次世界大戦勃発▼64、145、150、254、261
	ルービンシュタイン、フランスの外人部隊で通訳・翻訳。後、慰問でピアノ演奏▼261〜262
1917	3月12日、ロシアで二月革命勃発▼187
	11月7日、ロシア革命▼206
1918	9月から翌年1月まで、コルトーとパリ音楽院管弦楽団、仏米友好のためアメリカへ演奏旅行▼147
	11月11日、第一次世界大戦終結▼65、148／旧ドイツ帝国とソ連領土が割譲され、共和制のポーランド国家が再生▼256
1919	1月、パデレフスキ、アメリカからワルシャワに帰還、ポーランド共和国首相兼外相となる▼257
	1月18日、パリ講和会議開催、パデレフスキもポーランド代表として出席▼258
	8月11日、ドイツでワイマール憲法が制定される▼17
	ターリヒ、チェコ・フィルハーモニー首席指揮者に▼283
1920	2月、パデレフスキ、スイスで暮らす。翌年ピアニストに復帰▼258
	10月13日、パウ・カザルス・オーケストラ、最初の演奏会を開催▼110
1921	12月26日、トスカニーニ、ミラノ・スカラ座に復帰▼67
1922	フルトヴェングラー、ベルリン・フィルハーモニー首席指揮者に▼25
	ミュンシュ、ライプツィヒ・ゲヴァントハウス管弦楽団のコンサートマスターに▼154
1923	10月、ヒトラー、バイロイトのワーグナー家を訪れる▼46
1924	1月21日、レーニン死去、スターリンが実権を握る▼192
1925	1月3日、ムッソリーニが議会演説で独裁体制を宣言▼68
	夏のバイロイト音楽祭にヒトラーが初めて訪れる▼46

1926	4月25日、スカラ座にてプッチーニのオペラ《トゥーランドット》世界初演をトスカニーニが指揮▼69〜73
	5月、ショスタコーヴィチの音楽院卒業制作の交響曲第一番初演。大成功▼193
1929	10月4日、トスカニーニがニューヨーク・フィルハーモニックのオープニング・コンサートに登場▼76
	10月24日、ウォール街で株価が大暴落▼76
1930	4月1日、コージマ・ワーグナー死去、8月4日、ジークフリート・ワーグナー死去▼45、78
	7月22日、トスカニーニ、バイロイト音楽祭で非ドイツ系指揮者として初めて出演▼78
	アンチェル、チェコ・フィルハーモニーにデビュー▼284
1931	春、ムラヴィンスキー、音楽院卒業演奏として《カルメン》を指揮▼209
	4月12日、スペインで無血革命による第二共和政が成立▼114
	4月15日、新政府樹立を祝う祝典がバルセロナで開かれ、カザルスがベートーヴェンの「第九」を指揮▼115
	夏のバイロイト音楽祭でフルトヴェングラーとトスカニーニが競演▼81
1932	11月1日、ミュンシュ、パリで指揮者としてデビュー▼155
1933	1月30日、ヒトラーがドイツの首相に就任。2日後、議会を解散▼16
	3月7日、ドレスデンのザクセン州立歌劇場でフリッツ・ブッシュが指揮する予定のオペラが中止▼20
	3月16日、ライプツィヒのゲヴァントハウス管弦楽団のワルター指揮の演奏会、政府から中止命令▼21
	3月20日、ベルリン・フィルハーモニーのワルター指揮のコンサートに、ゲッベルスが圧力をかけ中止。ワルターはドイツを出る▼21
	3月21日、ドイツ国会開会式。夜、フルトヴェングラー指揮のオペラをヒトラーが観劇▼19
	3月24日、ドイツで全権委任法が可決され、議会と大統領の権力が形骸化する▼18
	4月5日、クレンペラー、ベルリンを去りスイスへ▼22

1933	4月7日、ナチス、職業官吏再建法制定▼21
	7月12日、バイロイト音楽祭で、首相のヒトラーが貴賓席に招かれる。▼47、85
1934	1月、フルトヴェングラー、ベルリン州立歌劇場音楽監督に▼25
	1月、ショスタコーヴィチのオペラ《ムツェンスク郡のマクベス夫人》レニングラードで初演、絶賛を浴びる▼194
	6月、カラヤン、アーヘン市立歌劇場の音楽監督に▼38
	夏のザルツブルク音楽祭でトスカニーニが初指揮▼85
	8月1日、ドイツ国家元首法制定。首相と大統領を統合し、全権をヒトラー個人に委譲する内容▼24
	11月、フルトヴェングラー、ナチス政権に抗議し、すべての公職を辞任▼25
	クーベリック、チェコ・フィルハーモニーにデビュー▼286
	12月1日、キーロフ暗殺事件。この事件以後、スターリンの「大粛清」開始▼194～197
	12月、エーリヒ・クライバー、ベルリン州立歌劇場音楽監督を辞任、35年1月に、ドイツを去る▼22
1935	4月10日、フルトヴェングラーとヒトラーが面談▼26～27
	10月、ベルリン・フィル「第九」後、フルトヴェングラーとヒトラーが握手する写真が撮影される▼27～28
1936	1月28日、「プラウダ」、ショスタコーヴィチのオペラ《ムツェンスク郡のマクベス夫人》を批判▼198～199
	7月17日、スペイン内戦勃発。人民政権下のバルセロナの「民衆のオリンピック」が中止▼122
	8月1日、ベルリン・オリンピック開催▼119
	10月1日、フランコがスペインの叛乱軍総司令官、同時に叛乱軍総統となる▼122
	12月、ショスタコーヴィチ、交響曲第四番初演を取り下げる▼202
	12月26日、パレスチナ管弦楽団の第1回公演がテルアヴィヴで、トスカニーニの指揮で行なわれる▼87
1937	4月18日と19日のフルトヴェングラーの「第九」演奏会がヒトラー誕生日祝賀演奏会として宣伝される▼30

1937	6月11日、ソ連でトゥハチェフスキー元帥が国家反逆罪で処刑される▼203
	8月、ザルツブルク音楽祭でトスカニーニがフルトヴェングラーと最後の対面▼88～90
	11月21日、革命20年を祝うソヴィエト音楽祭でショスタコーヴィチの交響曲第五番の初演が成功▼212
	12月25日、トスカニーニがアメリカのＮＢＣ交響楽団の首席指揮者としてラジオ演奏会を開始▼91
	パデレフスキ、ショパン全集を校訂▼259
1938	1月30日、内戦に勝利した叛乱軍のフランコは国家元首兼首相（総統）となる▼129
	3月12日、ドイツ国防軍がオーストリア侵攻、翌日独墺併合が決まる。トスカニーニ、ザルツブルク音楽祭をキャンセル▼94
	4月11日、カラヤン、ベルリン・フィルハーモニーにデビュー▼41
	4月20日、フルトヴェングラーがヒトラー誕生日祝賀演奏会として、ウィーン国立歌劇場で指揮▼32、94
	4月22日と23日、ヒトラー臨席の下、フルトヴェングラーがベルリンでウィーン・フィルを指揮▼32
	8月、第1回ルツェルン音楽祭開催▼95
	9月、ムラヴィンスキー、レニングラード・フィルハーモニー首席指揮者に▼213
	9月29～30日、ミュンヘン会談でズデーテン地方のドイツ帰属が決まる▼287
	12月23日、フランコ軍がカタルーニャへの総攻撃を開始▼125
1939	1月26日、フランコ軍がバルセロナを制圧。カザルスはその直前にバルセロナを脱出し、フランスへ亡命▼125
	3月、チェコ＝スロヴァキア共和国、解体▼288
	5月2日、プラハの国民劇場でターリヒの企画による音楽祭「プラハ　音楽の五月」が開催▼288
	6月2日、カラヤンがベルリン州立歌劇場で《ニュルンベルクのマイスタージンガー》を指揮するが失敗、臨席したヒトラーの不興を買う▼42～43

1939	8月29日、第2回ルツェルン音楽祭でトスカニーニとホロヴィッツが共演▼96
	9月1日、ドイツ軍がポーランドに侵攻、第二次世界大戦▼32、96、127、158、215、259、263
	11月22日、パリでカザルスのデビュー40年記念コンサート▼128
1940	6月14日、ドイツ軍がパリへ無血入城▼160
	9月29日、ミュンシュとパリ音楽院管弦楽団の占領後最初のコンサート開催▼165
	10月、コルトーがヴィシーに移り、フランス国民教育省の青年部藝術課長になる▼162
	12月、占領下のパリで、カラヤンがアーヘン市立歌劇場を率いて公演▼165～166
1941	6月22日、ドイツ軍がソ連へ侵攻。独ソ戦の始まり▼215
	6月29日、パデレフスキが亡命政府の財源確保のための演奏旅行中にニューヨークで客死▼260
1942	3月5日、ショスタコーヴィチの交響曲第七番《レニングラード》初演▼218
	4月19日、フルトヴェングラーの「第九」演奏会がヒトラー誕生日祝賀演奏会としてベルリンで開催▼33
	7月19日、ショスタコーヴィチの交響曲第七番《レニングラード》アメリカ初演をトスカニーニが指揮▼96、218
	クーベリック、チェコ・フィルハーモニー首席指揮者に▼290
1943	7月25日、ムッソリーニ失脚。9月にドイツの傀儡政権であるイタリア社会共和国首班となる▼97
	9月8日、イタリア降伏▼97
	9月9日、トスカニーニ、戦勝演奏会を指揮▼97
	11月14日、ニューヨーク・フィル客演中のワルターの急病でバーンスタインの代役デビューが成功▼316
1944	4月、クナッパーツブッシュ、ヒトラー誕生日祝賀演奏会をベルリンで指揮▼36
	6月6日、連合国軍のノルマンディー上陸作戦が成功▼50、169
	8月25日、パリ解放▼51、169

1944	10月15日、アンチェル、アウシュヴィッツ強制収容所に送られる▼290
1945	1月30日、フルトヴェングラー、ウィーンからスイス国境を越えて亡命▼51
	2月、カラヤン、ベルリンを脱出しイタリアへ向かう▼51～52
	4月25日、ポーランドが除外された「国際機構に関する連合国会議」にルービンシュタインがピアノで抗議▼264
	4月28日、ムッソリーニ処刑▼97
	4月30日、ベルリンでヒトラーが自殺▼52、97、172
	5月7日、ドイツ軍降伏▼97、172、291
	5月8日、トスカニーニ、対独戦勝利を祝う演奏会で指揮▼97
	6月27日、カザルス、ロンドンで戦後初の演奏。放送局ではカタルーニャに向けて《鳥の歌》を演奏▼129～130
	9月1日、トスカニーニ、対日戦勝利を祝う演奏会で指揮▼98
1946	4月23日、コルトー、演奏活動解禁後初の演奏会▼173
	5月11日、トスカニーニ、イタリアに帰国、スカラ座の再建記念演奏会を指揮▼98
	5月11日、「プラハの春」音楽祭開幕▼172、272、292～293、321
1947	1月18日、19日、コルトー、戦後初のパリでのコンサート、大混乱▼174～175
	5月25日、フルトヴェングラー、戦後初めてベルリン・フィルハーモニーを指揮▼54
1948	2月、ソ連で文化・藝術への統制が強化され、政治局員ジダーノフがショスタコーヴィチらを批判、攻撃▼222
	2月、チェコスロヴァキアで共産党政権樹立、クーベリック亡命▼295～296
	5月10日、バーンスタイン、ミュンヘン近郊のユダヤ人難民キャンプで指揮▼322
	5月14日、イスラエル建国▼323
	12月、シカゴ交響楽団、フルトヴェングラーを招聘すると発表。猛反発を受け、フルトヴェングラーは辞退▼55

1948	ノイマン、チェコ・フィルハーモニー首席指揮者に▼296
1949	3月、ショスタコーヴィチがニューヨークで開催された世界平和文化科学会議に出席▼225
1950	6月2日、カザルスを音楽監督とするプラード音楽祭が開催▼133
1951	7月29日、バイロイト音楽祭再開、フルトヴェングラーの「第九」で開幕▼56
1953	3月5日、スターリン死去▼226、299
	9月8日、カラヤン、戦後初めてベルリン・フィルハーモニーを指揮▼57
	アメリカで「赤狩り」始まる▼325
1954	4月4日、トスカニーニ、最後の演奏会▼98
1956	10月23日、ハンガリー動乱。ソ連軍が侵攻し、数千人を虐殺▼230
1957	1月16日、トスカニーニ死去▼99
	9月26日、バーンスタイン《ウエスト・サイド・ストーリー》ブロードウェイ公演開始、大ヒット▼333
1958	カザルス、シュヴァイツァーと連名で米ソ両政府に核兵器廃絶を訴える▼135
	7月10日、カザルスが主宰するプラード音楽祭でコルトーとカザルスが共演▼134、177
	10月2日、バーンスタイン、ニューヨーク・フィルハーモニック音楽監督に▼334
	10月24日、カザルス、ニューヨークの国連本部で演奏▼135
1959	8月2日～10月10日、バーンスタインとニューヨーク・フィルハーモニック、アメリカのオーケストラ初の東欧・ソ連・中東ツアー▼337
1961	1月20日、ジョン・F・ケネディが第35代大統領に就任▼312、341
	11月13日、カザルス、ホワイトハウスで演奏、テレビで放映▼136、342
1962	10月、キューバ危機。ムラヴィンスキーとレニングラード・フィルハーモニーはアメリカ・ツアー▼232

1963	4月20日、ルービンシュタイン、オランダのドイツとの国境近くのナイメーヘンでリサイタル▼268
	10月24日、カザルス、ニューヨークの国連本部でオーケストラを指揮▼138
	11月22日、ジョン・F・ケネディ、暗殺▼138、347
1964	10月1日、ルービンシュタイン、モスクワで公演▼269
1967	国立パリ管弦楽団が創設、ミュンシュが初代音楽監督に就任▼179
1968	4月、チェコスロヴァキア共産党が「新しい社会主義モデル」提起、「人間の顔をした社会主義」政策▼300
	6月6日、ロバート・ケネディ、暗殺▼349
	8月20日、ワルシャワ条約機構軍がチェコスロヴァキア全土に侵攻▼301、350
	11月、アメリカ大統領選挙でニクソン勝利▼351
1969	7月、カラヤンがパリ管弦楽団の音楽顧問となり、最初のコンサート開催▼183
1971	10月24日、カザルス、ニューヨークの国連本部で演奏▼138
1973	1月19日、バーンスタイン、ニクソンの就任記念コンサートと同時刻に「平和への嘆願」コンサートを開催▼354
	1月23日、パリでベトナム和平協定案に合意、仮調印▼355
	5月、ムラヴィンスキー、初の日本公演▼237
1975	11月20日、フランコ死去。元首ファン・カルロス一世が即位し、王政復古となる▼139
1979	11月9日、カザルスの遺体がスペインに帰る。40年ぶりの帰還▼139
1981	秋、ムラヴィンスキーとレニングラード・フィルハーモニーの日本公演、中止に▼239～240
1983	8月25日、バーンスタイン、核軍縮を訴える▼359～360
1985	3月11日、ミハイル・ゴルバチョフ、ソ連共産党書記長に就任▼305
1989	9月1日、バーンスタイン、ワルシャワのポーランド侵攻50年記念イベントで演奏▼362

1989	11月9日、ベルリンの壁、崩壊▼57、305、361
	11月17日、チェコスロヴァキアで「ビロード革命」勃発▼305
	12月23日、25日、バーンスタイン、ベルリンの壁崩壊記念コンサートで「第九」を指揮▼309～310、364～365
	12月29日、チェコスロヴァキア連邦共和国大統領にヴァーツラフ・ハヴェルが就任▼306
1990	4月、ベルリン・フィルハーモニーが初のイスラエル公演。指揮はバレンボイム▼369
	5月12日、「プラハの春」音楽祭にクーベリックが帰還。バーンスタインも同音楽祭に43年ぶりに出演▼308～309、365
1992	7月25日、バルセロナ・オリンピック開会式で、4分間に編集された「第九」が歌われる▼139
1999	バレンボイムとサイードがウエスト＝イースタン・ディヴァン・オーケストラ結成▼374
2001	7月7日、バレンボイムとベルリン州立歌劇場がイスラエル音楽祭で、ワーグナーを演奏▼371～372
2005	8月21日、バレンボイム指揮のウエスト＝イースタン・ディヴァン・オーケストラがパレスチナ自治区のラマラでコンサート開催▼376～377
2011	7月25日、バイロイト音楽祭で史上初めてイスラエル室内管弦楽団のコンサート開催▼379

◆参考文献（順不同）

第Ⅰ章　独裁者に愛された音楽

『第三帝国と音楽家たち』マイケル・H・ケイター著、明石政紀訳、アルファベータ、二〇〇三

『第三帝国の音楽』エリック・リーヴィー著、望田幸男監訳、田野大輔・中岡俊介訳、名古屋大学出版会、二〇〇〇

『ヒトラーとバイロイト音楽祭―ヴィニフレート・ワーグナーの生涯（上・下）』ブリギッテ・ハーマン著、鶴見真理訳、吉田真監訳、アルファベータ、二〇一〇

『ワーグナー王朝　舞台芸術の天才、その一族の権力と秘密』ハンス＝ヨアヒム・バウアー著、吉田真・滝藤早苗訳、音楽之友社、二〇〇九

『巨匠フルトヴェングラーの生涯』ヘルベルト・ハフナー著、最上英明訳、アルファベータ、二〇一〇

『フルトヴェングラー　悪魔の楽匠（上・下）』サム・H・白川著、藤岡啓介・加藤功泰・斎藤静代訳、アルファベータ、二〇〇四

『巨匠フルトヴェングラー　ナチ時代の音楽闘争』フレート・K・プリーベルク著、香川檀・市原和子訳、音楽之友社、一九九〇

『フルトヴェングラー　音楽と政治』クルト・リース著、八木浩・芦津丈夫訳、みすず書房、一九五九

『カラヤン調書』クラウス・ラング著、村上彩訳、アルファベータ、一九九八

『カラヤン　全軌跡を追う（Ontomo mook）』音楽之友社編、音楽之友社、一九九六

『ヘルベルト・フォン・カラヤン（上・下）』リチャード・オズボーン著、木村博江訳、白水社、二〇〇一

『カラヤン　栄光の裏側に』ローベルト・C・バッハマン著、横田みどり訳、音楽之友社、一九八五

『カラヤン　帝王の光と影』ロジャー・ヴォーン著、堀内静子訳、時事通信社、一九八七

『エーリヒ・クライバー　信念の指揮者　その生涯』ジョン・ラッセル著、クラシックジャーナル編集部・北村みちよ・加藤晶訳、アルファベータ、二〇一三
『第三帝国のオーケストラ　ベルリン・フィルとナチスの影』ミーシャ・アスター著、松永美穂・佐藤英訳、早川書房、二〇〇九
『ベルリン・フィル　あるオーケストラの自伝』ヘルベルト・ハフナー著、市原和子訳、春秋社、二〇〇九
『ベルリン三大歌劇場　激動の公演史［1900-45］』菅原透著、アルファベータ、二〇〇五
『アドルフ・ヒトラー　「独裁者」出現の歴史的背景』村瀬興雄著、中公新書、一九七七
『ヒトラー全記録―２０６４５日の軌跡』阿部良男著、柏書房、二〇〇一
『アドルフ・ヒトラー（上・下）』ジョン・トーランド著、永井淳訳、集英社、一九七九

第Ⅱ章　ファシズムと闘った指揮者

『トスカニーニ　大指揮者の生涯とその時代』山田治生著、アルファベータ、二〇〇九
『トスカニーニの時代』ハーヴェイ・サックス著、髙久暁訳、音楽之友社、一九九五
『トスカニーニ　生涯と芸術』ハワード・タウブマン著、渡辺暁雄訳、東京創元社、一九六六
Harvey Sachs, *Toscanini*, Harper & Row, 1988
Mortimer H. Frank, *Arturo Toscanini The NBC Years*, Amadeus Press, 2002
『ムッソリーニ　一イタリア人の物語』ロマノ・ヴルピッタ著、中公叢書、二〇〇〇
『ムッソリーニとファシズム』ポール・ギショネ著、長谷川公昭訳、白水社・文庫クセジュ、一九七四
『ムッソリーニ（上・下）』ニコラス・ファレル著、柴野均訳、白水社、二〇一一
『イタリア20世紀史―熱狂と恐怖と希望の１００年』シモーナ・コラリーツィ著、村上信一郎監訳、橋本勝雄訳、名古屋大学出版会、二〇一〇

第Ⅲ章　沈黙したチェロ奏者

『パブロ・カザルスの生涯』ロバート・バルドック著、浅尾敦則訳、筑摩書房、一九九四
『カザルスとの対話』J・M・コレドール著、佐藤良雄訳、白水社、一九六七
『パブロ・カザルス　喜びと悲しみ』アルバート・E・カーン編、吉田秀和・郷司敬吾訳、新潮社、一九七三
『回想のカザルス』井上頼豊著、新日本新書、一九九六
『カザルスの心　平和をチェロにのせて』井上頼豊著、岩波ブックレット、一九九一
『カザルスと国際政治　カタルーニャの大地から世界へ』細田晴子著、吉田書店、二〇一三
『パブロ・カザルス　鳥の歌』ジュリアン・ロイド・ウェッバー編、池田香代子訳、筑摩書房、一九八九
『4分間の第九交響曲　カザルスの果たされた夢』石井清司著、NHK出版、一九九九
『図説・スペインの歴史』川成洋著、河出書房新社、一九九四
『スペイン　フランコの四〇年』J・ソペーニャ著、講談社現代新書、一九七七
『スペイン内戦』ピエール・ヴィラール著、立石博高・中塚次郎訳、白水社・文庫クセジュ、一九九三
『バルセロナ　地中海都市の歴史と文化』岡部明子著、中公新書、二〇一〇

第Ⅳ章　占領下の音楽家たち

『アルフレッド・コルトー』ベルナール・ガヴォティ著、遠山一行・徳田陽彦訳、白水社、一九八二
『コルトー ティボー カザルス　夢のトリオの軌跡』ジャン・リュック・タンゴー著、伊藤制子訳、ヤマハミュージックメディア、二〇〇二
『指揮者という仕事』シャルル・ミュンシュ著、福田達夫訳、春秋社、一九九四
『ナチ占領下のパリ』長谷川公昭著、草思社、一九八六
『パリとヒトラーと私　ナチスの彫刻家の回想』アルノ・ブレーカー著、高橋洋一訳、中央公論新社、二〇一一
『時の終わりへ　メシアン・カルテットの物語』レベッカ・リシン著、藤田優里子訳、アルファベータ、二

〇〇八
『革命下のパリに音楽は流れる』アデライード・ド・プラース著、長谷川博史訳、春秋社、二〇〇二
『フランス音楽史』今谷和徳・井上さつき著、春秋社、二〇一〇
『フランス現代史　英雄の時代から保革共存へ』渡邊啓貴著、中公新書、一九九八
D. Kern Holoman, *Charles Munch*, Oxford University Press, 2012

第Ⅴ章　大粛清をくぐり抜けた作曲家と指揮者

『ショスタコーヴィチ　ある生涯』ローレル・E・ファーイ著、藤岡啓介・佐々木千恵訳、アルファベータ、二〇〇二
『ショスタコーヴィチの生涯　革命と音楽』ドミートリ&リュドミラ・ソレルチンスキイ著、若林健吉訳、新時代社、一九八四
『ショスタコーヴィチ自伝　時代と自身を語る』レフ・グリゴーリエフ、ヤーコフ・プラデーク編著、ラドガ出版所訳、ラドガ出版所、一九八三
『ショスタコーヴィチの証言』ソロモン・ヴォルコフ著、水野忠夫訳、中公文庫、二〇〇一
『ショスタコーヴィチとスターリン』ソロモン・ヴォルコフ著、亀山郁夫・梅津紀雄・前田和泉・古川哲訳、慶應義塾大学出版会、二〇一八
『ロシア・ソヴィエト音楽史』ジェームズ・バクスト著、森田稔訳、音楽之友社、一九七一
『革命と音楽　ロシア・ソヴィエト音楽文化史』伊藤恵子著、音楽之友社、二〇〇二
『ムラヴィンスキー　高貴なる指揮者』グレゴール・タシー著、天羽健三訳、アルファベータ、二〇〇九
『スターリン　青春と革命の時代』サイモン・セバーグ・モンテフィオーリ著、松本幸重訳、白水社、二〇一〇
『スターリン　赤い皇帝と廷臣たち（上・下）』サイモン・セバーグ・モンテフィオーリ著、染谷徹訳、白水社、二〇一〇

『スターリンの赤軍粛清　統帥部全滅の謎を追う』平井友義著、東洋書店・ユーラシア・ブックレット、二〇一二
『大審問官スターリン』亀山郁夫著、小学館、二〇〇六
『磔のロシア　スターリンと芸術家たち』亀山郁夫著、岩波書店、二〇〇二

第Ⅵ章　亡命ピアニストの系譜

『フレデリック・ショパン』アーサー・ヘドリー著、野村光一訳、音楽之友社、一九八三
『決定版　ショパンの生涯』バルバラ・スモレンスカ＝ジェリンスカ著、関口時正訳、音楽之友社、二〇〇一
『ショパン』カミーユ・ブールニケル著、荒木昭太郎訳、音楽之友社、一九九四
『愛国の音楽者　パデレフスキー自伝』イグナッツ・パデレフスキー著、原田光子訳、第一書房、一九四〇
『パデレフスキ自伝（上・下）』イグナツィ・ヤン・パデレフスキ、メアリー・ロートン著、湯浅玲子訳、ハンナ、二〇一六
『華麗なる旋律　ルビンシュタイン自伝』アルトゥール・ルビンシュタイン著、徳丸吉彦訳、平凡社、一九七七
『ルービンシュタイン自伝　神に愛されたピアニスト（上・下）』アルトゥール・ルービンシュタイン著、木村博江訳、共同通信社、一九八三〜八四
『鍵盤の王者　ルービンスタイン物語』アリーサ・フォーシー著、横山一雄訳、音楽之友社、一九七一
『王様ルービンシュタイン　最後のロマン派』エリック・リープマン著、木村博江訳、東芝ＥＭＩ音楽出版、一九八一
Harvey Sachs, *Arthur Rubinstein: A Life*, Weidenfeld & Nicolson, 1996
『ポーランドの歴史』イェジ・ルコフスキ、フベルト・ザヴァツキ著、河野肇訳、創土社、二〇〇七
『ロシア革命と東欧』羽場久浘子編、彩流社、一九九〇

第Ⅶ章　プラハの春

『チェコ音楽の魅力　スメタナ・ドヴォルジャーク・ヤナーチェク』内藤久子著、東洋書店、二〇〇七

『カレル・アンチェル　悲運に生きたマエストロ』高橋綾著、アルファベータブックス、二〇一八

『チェコの〝勝利〟と悲劇　ソ連の武力介入』時事通信社編、時事通信社、一九六八

『戦車の下の真実　チェコ、八月二十一日の記録』コリン・チャプマン著、新庄哲夫訳、集英社、一九六八

『粛清の嵐と「プラハの春」　チェコとスロヴァキアの40年』林忠行著、岩波ブックレット、一九九一

DVD『チェコ・フィル100年』ドリームライフ、二〇〇六

DVD『クーベリック／わが祖国（1990年プラハ・ライヴ）＋祖国との再会（ドキュメント）』コロムビアミュージックエンタテインメント、二〇〇四

DVD『ノイマン&チェコ・フィル／チェコ民主化記念・歓喜の「第九」演奏会』コロムビアミュージックエンタテインメント、二〇〇四

DVD『クーベリック　チェコ・フィルハーモニー管弦楽団　1991年日本公演』NHKエンタープライズ、二〇〇八

DVD『ラファエル・クーベリック／ポートレート「ミュージック・イズ・マイ・カントリー」』NAXOS　JAPAN、二〇〇五

第Ⅷ章　アメリカ大統領が最も恐れた男

『写真集　レナード・バーンスタイン』ジェーン・フリューゲル編、ドナル・ヘナハン解説、藤岡啓介・岡田好恵訳、アルファベータ、一九九六

『レナード・バーンスタイン』ポール・マイヤーズ著、石原俊訳、アルファベータ、二〇〇一

『レナード・バーンスタイン　ザ・ラスト・ロング・インタビュー』ジョナサン・コット著、山田治生訳、アルファベータ、二〇一三

『バーンスタインの生涯（上・下）』ハンフリー・バートン著、棚橋志行訳、福武書店、一九九四
『レナード・バーンスタイン』ジョーン・パイザー著、鈴木主税訳、文藝春秋、一九九〇
『バーンスタイン　わが音楽的人生』レナード・バーンスタイン著、岡野弁訳、作品社、二〇一二
『バーンスタイン　音楽を生きる』レナード・バーンスタイン、E・カスティリオーネ著、西本晃二監訳、笠羽映子訳、青土社、一九九九
Barry Seldes, *Leonard Bernstein: The Political Life of an American Musician*, University of California Press, 2009
『ケネディ「神話」と実像』土田宏著、中公新書、二〇〇七
『アメリカの20世紀（上・下）』有賀夏紀著、中公新書、二〇〇二

終章　禁じられた音楽

『音楽に生きる　ダニエル・バレンボイム自伝』ダニエル・バレンボイム著、蓑田洋子訳、音楽之友社、一九九四
『バレンボイム音楽論　対話と共存のフーガ』ダニエル・バレンボイム著、蓑田洋子訳、アルテスパブリッシング、二〇〇八
『エドワード・サイード　OUT OF PLACE』シグロ編、佐藤真・中野真紀子著、みすず書房、二〇〇六
『バレンボイム／サイード　音楽と社会』A・グゼリミアン著、中野真紀子訳、みすず書房、二〇〇四
『サイード音楽評論（1・2）』エドワード・W・サイード著、二木麻里訳、みすず書房、二〇一二
『イスラエル・フィル誕生物語』牛山剛著、ミルトス、二〇〇〇

解説――音楽で国家を超える

加藤登紀子

本作を三度熟読しました。

一度目は、単行本として出版された数年前。

二度目は、文庫本の解説をと依頼を受けた数ヶ月前。

そして、この原稿を書くために、もう一度。

目は疲れましたけど（笑）、至福の時間でした。

偉大な音楽家たちが、厳しい緊張の中で、どのように音楽を紡いできたのか、そのありありとした苦悩や祈りや喜びを体感できたからです。

いつものことながら、これほどの詳細な資料を、どのように集めてくるのか、中川右介さんの力量に脱帽です。

国家が持つ大きな力、ほんとに怖いです。

人の命はハウスで栽培されている花のようなもので、国家というハウスが狂ってしまったら、ひとたまりもありません。

せめて、心の中だけは自由でいたい、と願って歌う仕事をしてきた私にも、何度か国家という壁にぶち当たった経験はありました。それは後で少し振り返ってみたいです。

この本が向き合った歴史は、十九世紀後半から今世紀初めまで。

二つの世界大戦という悲劇と、革命という民衆の高揚が交叉する激動の時代です。

象徴的なのは国家の力を極限まで高めたファシズム。ヒトラー、ムッソリーニ、フランコ、そしてスターリンという独裁者の登場です。

そしてヒトラーに利用され、ゲッベルスとタッグを組んだ指揮者フルトヴェングラー。ムッソリーニにもヒトラーにも抵抗したトスカニーニ。フランコに最後まで抗議の沈黙を貫いたカザルス。スターリンの恐怖政治の中で、傑作を作曲し続けたショスタコーヴィチ。

微妙なのは、ナチス占領下のフランスで、ドイツとフランスの架け橋であろうとしたピアニスト、アルフレッド・コルトーのナチス協力者とされた戦後の悲劇が、心に残ります。

去年の秋、偶然にも下関の川棚温泉で、このアルフレッド・コルトーの胸像に出逢いました。

一九五二年、日本で演奏旅行をしていたコルトーが、投宿した温泉旅館の窓から見える小さな無人島に魅せられて、「この島を買って、静かに暮らしたい」と願ったというのです。当時の村長さんは、「あなたが永久にお住みになりたいのなら、無償で差し上げます」と答えたそうです。

残念ながら、その夢は叶わず、十年後には他界してしまうのですが、今もこの地元では、「厚島」というその島を「孤留島」と呼んで、アルフレッド・コルトーの名を語り継いでいます。

一九〇五年に、パブロ・カザルスとヴァイオリニストのジャック・ティボーとアルフレッド・コルトーがトリオを組んだことがあり、その輝かしい希望の光が閉ざされたまま、やっと戦争の終わった戦後も、ティボーにもカザルスにも拒絶されたコルトーの苦しみが、この島を見つめた胸の内に見えてくるようです。

幸い一九五八年にカザルスが長く蟄居していた南フランスのプラードで開かれてきた音楽祭に、コルトーは迎えられ、カザルスとの共演を果たすことができたのですね。

ティボーは一九五三年、日本に来るための飛行機の墜落事故で亡くなっていて、その時にトリオを再現することはできなかった！　この本でそのことを知りました。

ショスタコーヴィチについては、もう何の説明をする必要もないのですが、私にとって無条件に一番身近な音楽家だったので、その曲がどんな状況の中で生まれてきたのか、知ることができて、本当に嬉しかったです。

この本の中では、「最大の汚点とされるスターリン讃歌」とされている《森の歌》は、私の小学校の頃、母がこのレコードをいつもかけていて、全部覚えてしまうくらい好きな音楽でした。

母は家で洋裁の仕事をしていたので、二人くらいのお針子さんと、この音楽をＢＧＭに楽しそうに手を動かしながら、話し込んでいたのです。

スターリンの恐怖政治に怯(おび)えながらも、絶賛される曲を作り続け、それでも演奏禁止という措置に苦しんだ彼が、一九四九年、演奏禁止を解かれ、ソヴィエトの外交を背負う立場で渡米を果たし、その解放感の中でこの《森の歌》を作曲した……。それは決して「汚点」ではない、と思います。

荒れ果てた戦後の大地を緑に変えようというスターリンの自然改造計画が、具体的に正しかったかどうか、その是非はまた別の課題としても、この歌の中にほとばしるみずみずしい大自然の風景は、素晴らしいです。

交響曲第一番も大好きでしたが、特に第五番は中学の時に熱心に観(み)ていたＮＨＫテレビの「世紀の記録」という番組のテーマでしたから、これも、その番組で観ていた二十世紀の映像とともに体に刻まれています。

さて、この本の中のもう一つの大きなテーマは、亡命者にとっての音楽。長く他国の支配下に置かれたポーランドとチェコ、スロヴァキアでは、音楽家たちが向き合うのは国家ではなく、求め続ける祖国だったのですね。

音楽家として生きていくためにはどうしても祖国を出ていくしかなかったショパン。多くの亡命者たちの中で作曲をつづけた、その溢れる音楽性は祖国ポーランドの風土や民族音楽への熱い思いだった！

そして同じようにいろんな民族の文化が複雑な歴史の中で誇り高く紡がれたチェコ、スロヴァキアでは、スメタナやドヴォルザークによって土着性のある個性豊かな民族の音楽が生まれた！　それが彼らの祖国のための闘いだったのだと思います。スメタナの《我が祖国》が、聴覚障害に苦しみながら作られたものだったとは！

「国家と音楽家」という激しい歴史の中で、これからも想定される国家の強権化と、どう向き合えばいいのか、今も大きな課題の中にいます。

総じて思うのは、音楽家を抑圧し、排除することはできても、音楽を殺すことはできない、という事実です。

この本の終章にもある「禁じられた音楽」と言われてもいい歌を、私はたくさんうたってきました。

一九三六年ヒトラー旋風の中で歌われたダミアの「暗い日曜日」、一九四三年ソヴィエトで作られた戦争映画の挿入歌「暗い夜」、第二次世界大戦の前線で歌われた「リリー・マルレーン」、ベトナム戦争の中で歌われた「美しい昔」……。演奏禁止、放送禁止とされた歌は、かえって永遠の歌になって残ります。

韓国で抗日歌として歌われた「鳳仙花（ほうせんか）」もそうです。もともと抗日のために作られた歌ではなかったけれど、日本がそれを歌うことを禁じたことから抗日歌になっていったのです。

一九九〇年、初めて韓国でコンサートを開いた時、私はこの歌を歌おうと決めていました。でもコンサートの前の記者会見で、一人の新聞記者が「日本人のあなたにこの歌をうたってほしくない、と思う人がいたらどうしますか？」と言ったのです。

その時、「ここで私が歌って、あなたが嫌だと思うなら、やめます」と私は答えて、記者会見の場でやっと覚えた韓国語で「鳳仙花」を歌いました。

記者は「もう少し正しい韓国語で歌ってほしいな」と言って、それから数人の記者が残って私に韓国語の発音を教えてくれました。コンサートで歌った「鳳仙花」は、二つの国に引き裂かれた思いを一瞬のうちに溶かす力を持っていたと、感じています。

国家というものがどうしても私たちを隔てるのなら、音楽で国家を超えるしかないのです。

音楽家であるということは、その覚悟の上にある、と改めて思いました。

（かとう・ときこ　歌手／女優）

カバー写真／最前列にヒトラー、ゲーリング、ゲッベルスが
陣取るフルトヴェングラーのコンサート（1935年5月）

本文写真／アマナイメージズ
P.217『ムラヴィンスキー　高貴なる指揮者』より
（グレゴール・タシー著　天羽健三訳　アルファベータ）

本文デザイン・図版作成／ Balcony

初出誌＝「週刊金曜日」
2011年4月29日号～2013年4月5日号に隔週連載。
第Ⅲ章と第Ⅳ章は単行本書き下ろし。

本書は、2013年10月、七つ森書館より刊行された作品に、
大幅な加筆・修正をしたものです。

集英社文庫

国家と音楽家

2022年2月25日　第1刷

定価はカバーに表示してあります。

著　者　中川右介

発行者　徳永　真

発行所　株式会社　集英社
東京都千代田区一ツ橋2-5-10　〒101-8050
電話　【編集部】03-3230-6095
【読者係】03-3230-6080
【販売部】03-3230-6393（書店専用）

印　刷　中央精版印刷株式会社　株式会社美松堂

製　本　中央精版印刷株式会社

フォーマットデザイン　アリヤマデザインストア　　マークデザイン　居山浩二

ISBN978-4-08-744355-4 C0195